Geschickt Wirke

Geschicktes Wirken

Arbeit erfolgreich meistern

Mit über 80 praktischen Übungen

Tarthang Tulku

Dharma Publishing Deutschland

Autorisierte Übersetzung aus dem Amerikanischen vom Übersetzerteam der Nyingma Gemeinschaft

Die Deutsche Bibliothek – CIP-Einheitsaufnahme
Tarthang <Tulku>:
Geschicktes Wirken : Arbeit erfolgreich meistern / Tarthang Tulku.
[Autorisierte Übers. aus dem Amerikan. vom Übersetzerteam
der Nyingma-Gemeinschaft].-
Münster : Dharma Publ., 1994
Einheitssacht.: Skillful means: Wake up! <dt.>
ISBN 3-928758-07-1

2. Auflage 2000

Originaltitel: Skillful Means: Wake Up! Mastering Successful Work
Erschienen bei: Dharma Publishing, Berkeley, USA

Druck: DHARMA Druck, Altenberge
Printed in Germany
ISBN 3-928758-07-1

Inhalt

Übungen

Vorwort zur deutschen Ausgabe

Das Leben gleicht einem magischen Schauspiel: hinreißend, aber schnell vergänglich, kaum Spuren hinterlassend. Unsere Zeit ist kurz bemessen, und wir können sie nur begrenzt kontrollieren. Ein großer Teil unserer Zeit vergeht mit Ausbildung und dem täglichen Gelderwerb, den Rest verbringen wir mit der Befriedigung unserer Grundbedürfnisse, mit Sorgen und gesellschaftlichen Ablenkungen. Doch können wir auch innerhalb dieser Einschränkungen Sinn und Wert schaffen, wenn wir Körper und Geist miteinander ins Gleichgewicht bringen, unsere spirituelle Ausrichtung vertiefen und Wege finden, um anderen Menschen Gutes zu tun.

Konzentration ist der Schlüssel zu einem sinnvollen Leben. Indem wir lernen, unsere Intelligenz und Energie zu sammeln, säen wir den Samen für wachsendes Selbstvertrauen. Schon ein geringes Bemühen kann uns zeigen, daß Bewußtheit, Konzentration und Energie gestärkt, ausgeglichen und so integriert werden können, daß sie ein Mittel werden, um höhere Ziele zu erreichen. Auf der Grundlage dieser Erfahrung wächst unsere Bereitschaft, unsere Fähigkeiten anzuwenden und Neues zu lernen. Unser Interesse nimmt zu und stärkt unsere Motivation. Wir bemerken einen gewissen Fortschritt und sehen erste Ergebnisse. Mit wachsendem Vertrauen wird unser Bemühen freudiger, wir entdecken, daß Leistung auch Vergnügen bedeutet. Während wir von einer neuen, tiefen Ebene des Interesses und der Zufriedenheit getragen werden, entwickelt sich unser Bewußtsein für Zeit und für die Notwendigkeit, sie gut zu nutzen. Aus dieser Bewußtheit erwächst eine natürliche Selbstdisziplin, die unsere Werte reicher werden läßt.

Disziplin und Leistungsfähigkeit können verschiedenen Zwecken dienen. Im Laufe der Geschichte wurden beide Begriffe immer wieder zu Schlagwörtern der Militärs oder der Geschäftswelt und erweckten negative Assoziationen, wie äußeren Zwang, Verpflichtung und Schuld. Die innere Disziplin, von der dieses Buch spricht, ist eine organische Antwort auf das Bewußtsein, daß Zeit begrenzt ist und unser Wert als Mensch davon abhängt, wie gut wir sie nutzen. Mit Hilfe der Disziplin regen wir unsere wertvollsten Ressourcen – Bewußtheit, Konzentration und Energie – in einem kreativen Bemühen an, um das Potential des menschlichen Geistes zu verstehen. Durch dieses Bemühen befreien wir uns von karmischen Mustern und ungezählten geistigen Ängsten.

Wie in Geschicktes Wirken ausgeführt wird, ist es jetzt an der Zeit, den Gegensatz zwischen einer materialistischen Arbeitsweise in der Welt und den sogenannten spirituellen Bestrebungen zu überbrücken, bei denen die Menschen sich von den weltlichen Belangen abwenden, um den damit verbundenen Enttäuschungen und Anforderungen zu entgehen. Dieser Graben hat sich in allen Kulturen auf der ganzen Welt aufgetan, sowohl in buddhistischen Ländern als auch im modernen Westen. Doch nicht alle, die an einem spirituellen Leben interessiert sind, können von heute auf morgen Mönch oder Nonne werden. Die meisten haben keine andere Wahl, als in der Welt zu leben und sich an den von Menschen geschaffenen Systemen zu beteiligen.

Um im alltäglichen Leben erfolgreich zu arbeiten, benötigen wir Stärke, Toleranz, Geduld, Disziplin, Verständnis und Mitgefühl – Qualitäten, die alle Religionen als wesentlich für ein spirituelles Wachstum betrachten. Konzentrieren wir uns mit Achtsamkeit auf die Entwicklung dieser Qualitäten, können wir die Enttäuschungen in der Welt als Übungsmöglichkeiten nutzen.

Setzen wir Einfallsreichtum, Kreativität und aufrichtige Fürsorge für andere in die Tat um, so lösen wir alle Grundlagen der Angst auf. Befreit und durch innere Disziplin gesammelt, vermögen Bewußtheit, Konzentration und Energie alle möglicherweise auftauchenden Hindernisse zu überwinden.

Wenn Arbeit darauf ausgerichtet ist, anderen Nutzen zu bringen – den Dharma zu erhalten, Wissen und Mitgefühl zu verbreiten, gütige Handlungen zu vollbringen, an gesellschaftlich wertvollen Projekten zu arbeiten – dann wird sie zu einem Weg der Verwirklichung. Entschließen wir uns zu dieser Arbeitsweise, öffnen wir möglicherweise neue Ebenen des Bewußtseins, wie die vierundachtzig großen Siddhas im alten Indien es getan haben. Unser Bemühen könnte ein Mandala des Vollbringens werden, in dem sich die Kreativität der erleuchteten Vision des Buddha zeigt.

Wir würden unsere innere spirituelle Freiheit durch die Arbeit in der Welt nicht beschränken, sondern sie mit jeder neuen Herausforderung noch strahlender werden lassen. Indem wir ein Beispiel geben, wie Arbeit in spirituelle Übung transformiert werden kann, können wir erheblich zum Wohl der weltlich lebenden Menschen beitragen und eine Form des spirituellen Lebens entwickeln, die unserer Zeit entspricht. Diese Arbeitsweise baut Stabilität und inneres Vertrauen auf, ein Verbundensein mit der Erde, das uns bei allen Vorhaben dient. Der Geist, nicht mehr verträumt oder verloren, richtet sich auf sein Ziel jenseits aller Grenzen: goldenes Licht zu werden. Diese Arbeit auf einer höheren Ebene bereitet für alle den Weg zur Befreiung, vermittelt Glauben und Bedeutung im Leben und unterstützt alle positiven Bestrebungen. Wir werden fähig, uns wirklich für das einzusetzen, woran wir glauben, und können das Beste, was wir zu geben haben, als unser Erbe hinterlassen. Am Ende unseres Lebens wird es keinen Platz für Schuldgefühle, Sorgen oder Unsicherheiten geben. Wir wissen, daß wir unser Bestes getan haben, um der Menschheit zu dienen, um die erleuchteten Lehren zu erhalten und unser eigenes Bewußtsein zu vertiefen.

Es mag an der Zeit sein, daß die zivilisierten Völker die Möglichkeit ernst nehmen, ohne Trauer, Unklarheit und Enttäuschungen zu leben. Können wir jetzt, nachdem wir weit gekommen sind, unsere Prioritäten so setzen, daß wir die verbliebenen „Fehler" im Programm des menschlichen Geistes beseitigen, die so viel Leiden verursachen? Indem wir eine neue Arbeitsweise entdecken, können wir vielen Menschen zeigen, wie sich Bewußtheit, Konzentration und Energie durch eine offene und natürliche Disziplin entwickeln lassen. Schritt für Schritt könnten wir die anscheinend unser Leben bestimmende Angst, Aggression und Enttäuschung überwinden und eine leichtere und freudvollere Seinsweise entwickeln.

Die Zukunft braucht gute Vorbilder und eine gute Führung, um die Bedürfnisse der acht Milliarden Menschen zu befriedigen. Daher ist es wichtig, die Grenzen des Wissens zu öffnen, nicht nur um des persönlichen Überlebens willen, sondern damit alle Menschen mit Würde in dieser Welt leben dürfen. Wir können zu dieser Vision beitragen und Modelle schaffen, die andere Menschen als sinnvolle und herausragende Vorbilder erkennen.

Der Buddha hat nicht gesagt, daß man der Welt nur helfen kann, wenn man die Kutte eines Mönches oder einer Nonne trägt. Manjushri, der Bodhisattva der Weisheit, manifestierte sich einmal als Nicht-Buddhist und befreite in dieser Verkörperung viele Wesen. Unsere Erscheinungsform ist vielleicht nicht so wichtig, solange wir auf der Basis von Ethik, gutem Bewußtsein und guter Disziplin gute Arbeit leisten. Ich wünsche allen, die hart arbeiten, daß sie eine Möglichkeit finden mögen, um ihre Arbeit als einen Weg der Transformation zu verstehen – einen Weg, der sie über Enttäuschungen und Leere hinaus zu einer Seinsweise führt, die mehr Freude und spirituelle Tiefe mit sich bringt. Möge dieser Weg sie führen und den Schritten der Erleuchteten folgen lassen.

Tarthang Tulku
Odiyan, Sommer 1994

Vorwort

Vor über fünfundzwanzig Jahren bin ich in die USA gekommen. Seitdem ist meine Arbeit wohl zu meinem wichtigsten Lehrer geworden. Sie war und ist mir eine Inspiration und Herausforderung, die meine Reise durchs Leben zu einem Lernen voll reicher Erfahrungen machte. Ich würde mich sehr freuen, wenn ich das auf diese Weise Gelernte mit anderen Menschen teilen könnte.

Als ich in den Westen kam, besaß ich zwar eine umfassende Ausbildung in Philosophie und Religion, stellte aber bald fest, daß ich zur Verwirklichung meiner Ziele Kenntnisse auf zahlreichen Wissensgebieten zu meistern hatte, in denen ich keine Ausbildung hatte. Dies traf auch für jene Menschen zu, die mit mir zusammenarbeiten wollten. Immer wieder mußten wir uns sehr vielfältigen Aufgaben stellen, auf die wir nicht hinreichend vorbereitet waren und für die uns nur wenige Ressourcen zur Verfügung standen. Immer wieder stellten wir fest, daß wir trotz dieser Schwierigkeiten erfolgreich sein konnten.

Im Laufe der Zeit habe ich erkannt, daß unser Erfolg mit dieser Arbeitsweise eng mit jenen Lehren und Übungen verbunden war, die ich als junger Mann erhalten hatte. Erfolg in der Arbeitswelt hängt häufig von den gleichen Faktoren ab, die ich während meiner frühen Lehrjahre schätzen gelernt hatte: Achtsamkeit, Konzentration, Disziplin, Klarheit und Verantwortungsbewußtsein. Es sind ausnahmslos Qualitäten, die sowohl auf dem geistigen Weg als auch im praktischen Leben ungeheuer nützlich sind.

Für unsere Gemeinschaft war in zweierlei Hinsicht bedeutsam, erfolgreiche Arbeitshaltungen und -einstellungen zu entwikkeln. Zum einen sind wir eine recht kleine Gruppe, die sehr ehrgeizige Ziele verfolgt. Nur wenn wir unsere Bemühungen maximieren und unsere Fähigkeiten und unser Potential optimal entfalten, konnten wir hoffen, wenigstens einen geringen Anteil der uns gestellten Aufgaben zu bewältigen. Zum anderen trug die Übung, wie effektives Arbeiten erlernt werden kann, dazu bei, daß meine Schüler den menschlichen Geist in einem lebendigen Kontext untersuchen konnten. Arbeit als spirituelle Disziplin wurde tatsächlich zum zentralen Anliegen unserer Aktivitäten.

Jemand, der sitzt und meditiert, kann sich der Selbsttäuschung hingeben, er hätte mehr erreicht, als tatsächlich geschehen ist. Müssen wir aber einen Termin einhalten oder Gehälter auszahlen, können wir uns nicht durch Bluffen oder Selbsttäuschung aus der Affäre ziehen. Für meine Schüler wie auch für mich wurde Arbeit zu einer wertvollen Gelegenheit, sowohl unsere eigenen Fähigkeiten zu stärken als auch Einsicht und würdigendes Verständnis zu entwickeln. Arbeit als Disziplin veranschaulicht auf vollkommene Weise die uralte Einsicht, daß wir lernen müssen, uns selbst gegenüber ehrlich zu sein, wollen wir unser jetziges Sein transformieren.

Erfolg bei der Arbeit hat sich als eine Übung erwiesen, die sich selbst unterstützt. Je mehr Erkenntnisse wir über menschliche Seinsweisen und Gedankenmuster praktisch anwendeten, desto erfolgreicher war unsere Arbeit. Je mehr unsere Übung dazu beitrug, in der Arbeitswelt erfolgreich zu sein, desto mehr lernten wir, deren Wert zu schätzen. Auf diese Weise konnten wir unsere Bemühungen um ein Verständnis der menschlichen Natur mit den praktischen Bemühungen um Erfolg verbinden. In Anlehnung an einen traditionellen Begriff habe ich diesen doppelten Übungsansatz „Geschicktes Wirken" genannt.

In seiner ursprünglichen Bedeutung bezieht sich der Begriff „Geschicktes Wirken" auf die Methoden, die allen Wesen, ungeachtet ihrer Umstände, Hilfe und Unterstützung bringen können. „Geschicktes Wirken", so wie wir es üben, hat dieselbe Qualität, denn die Arbeitsweisen, die wir gelernt haben, können für alle Menschen bedeutsam sein. Das konnte ich immer wieder im Umgang mit allen unseren Organisationen erkennen. Während ich Erkenntnisse und Arbeitsgänge, die Erfolg sicherstellen, bis in alle Einzelheiten hinein vermittelte und koordinierte und dabei mit Menschen aus den unterschiedlichsten Lebensbereichen zusammenkam, konnte ich Strukturen erkennen und Methoden einsetzen, die sich offenbar auf jedes Gebiet und jede Arbeit anwenden lassen.

Vor fünfzehn Jahren stellte ich einige dieser Einsichten in dem Buch „Die innere Kunst der Arbeit" vor. Dieses Buch fand bis heute ein unvermindert gutes Echo. Es war bisher der Bestseller bei Dharma Publishing. In unserer Gesellschaft sind sich die meisten Menschen schmerzhaft bewußt, daß ihnen ihre Arbeit nur wenig zu bieten hat, und es drängt sie, dies anzusprechen. „Die innere Kunst der Arbeit" kam diesem Bedürfnis möglicherweise ein wenig entgegen.

In den folgenden Jahren beschäftigte mich weiterhin die Frage, wie wir Arbeit nutzen können. Mit jedem Jahr, das verstreicht, sieht sich unsere kleine Gemeinschaft offensichtlich noch größeren Aufgaben gegenüber, obwohl uns nur begrenzte Ressourcen zur Verfügung stehen. Gleichzeitig konnten wir auf unseren bisherigen Erkenntnissen aufbauen und subtilere Aspekte des Zusammenspiels von Arbeit, Bewußtheit, Leistung und Verwirklichung erforschen. Seit mehreren Jahren dachte ich daran, ein weiteres Buch zum Thema Arbeit zu schreiben, in dem einige dieser Erkenntnisse dargestellt werden.

Ich freue mich, daß diese Absicht nun endlich Form angenommen hat.

Die hier vorgetragenen Hinweise und Gedanken sind nicht notwendigerweise neu. Erfolgreiche Menschen werden mit einigen dieser Gedanken vertraut sein. Wer sich aber intensiv um einen geistigen Weg bemüht hat, wird wahrscheinlich andere Gedanken wiedererkennen. Trotzdem müssen wir verstehen, wie die beiden Aspekte des Lebens – der praktische und der spirituelle – integriert werden können, damit sie sich gegenseitig unterstützen und fördern. Ich bin fest davon überzeugt, daß die Wertschätzung der Arbeit zu einem sinnerfüllten Leben führen kann. Ich hoffe, daß ich mit diesem Buch meine Überzeugung einem größeren Leserkreis vermitteln kann.

Sie brauchen kein spezielles Interesse an spirituellen Fragen zu haben, um von den Ideen dieses Buchs zu profitieren. Die hier beschriebenen Perspektiven und konkreten Anregungen sollen lediglich dazu beitragen, ein unbeschwertes Leben zu führen, erfolgreich zu arbeiten und in allen Lebenssituationen von Erkenntnis zu profitieren. Andererseits bietet der Ansatz des „Geschickten Wirkens“ allen bereits erfolgreichen Menschen die Möglichkeit, in ihrer Arbeit eine Qualität zu entdecken, die ihrem Tun neuen Sinn verleiht.

Ich habe dieses Buch aber noch aus einem anderen Grund geschrieben: Seitdem ich im Westen lebe, bemerkte ich zu meiner Überraschung, daß viele Menschen offenbar bereit sind, eine Lebensweise auf sich zu nehmen, die alles andere als befriedigend ist. Von Kindheit an gewöhnen sie sich daran, weit unter ihrer Leistungsgrenze zu leben. Sie lähmen ihre Energie, vernebeln ihre Intelligenz und unterminieren ihre wertvollsten Impulse, ohne es überhaupt zu merken.

Es ist äußerst schmerzhaft, diese Verschwendung zu sehen. Es gibt so viel wichtige und sinnvolle Arbeit auf der Welt. Wir können so viel Befriedigung finden, wenn wir uns ganz auf die Situationen einlassen, denen wir im Leben begegnen. Kann irgend jemand untätig bleiben, wenn er um diese Möglichkeit weiß? Wir werden zu Komplizen des allgemeinen Verschleierns, wenn wir leugnen, was wir erkannt haben. Lehnen wir aber die Verantwortung für die Lebensweise anderer Menschen ab, machen wir uns selbst des Verschleierns schuldig. Deshalb spürte ich das starke Bedürfnis, einige dieser Einsichten mit anderen zu teilen, Einsichten, die ich glücklicherweise im Laufe der Jahre entdecken konnte, in denen ich in diesem wunderbaren Land gelebt und gearbeitet habe.

Die hier vorgestellten konkreten Ideen lassen sich ungefähr zwölf Jahre zurückverfolgen. Zu der Zeit begann ich einen systematischen Ansatz über Bewußtheit, Konzentration und Energie als Faktoren zum Erfolg zu untersuchen. 1985 stellte ich zu diesem Thema eine Sammlung von Aufsätzen zusammen, „Diamond Keys" genannt, die sich vor allem an die Mitarbeiterinnen und Mitarbeiter in Odiyan, unserem Landzentrum, richteten. Nach meiner Rückkehr von einer ausgedehnten Weltreise entschied ich mich im Sommer dieses Jahres, mir das Material wieder vorzunehmen und zu überarbeiten. In Zusammenarbeit mit Zara Wallace als leitender Lektorin ergänzte ich die früheren Aufsätze mit wichtigem neuen Material, woraus das vorliegende Buch entstand.

Der sich daraus ergebende Ansatz setzt sich über die Grenzen zwischen Management, Psychologie, Kommunikation und Spiritualität hinweg. Ich bin davon überzeugt, daß er für nahezu alle Menschen und in so gut wie allen Bereichen hilfreich sein kann. Ich habe mich darum bemüht, das hier vorgetragene Material für weitere Entwicklungen offen zu halten, denn ich bin fest davon überzeugt, daß uns allen das zum Erfolg notwendige Wissen und die nötige Erfahrung bereits zur Verfügung stehen. Auch wenn wir bei unserer Arbeit nur ein einziges wirkliches Erfolgserlebnis hatten, können wir darauf aufbauen. Selbst wenn wir mehr über

Fehlschläge wissen, als uns recht ist, können wir aus unseren Fehlern lernen. Wir alle können unser Wissen miteinander teilen. Zusammen können wir zahllose Schätze entdecken – innovative Methoden und kreative Gedanken, die unsere Freunde und Ratgeber werden können.

Dieses Buch ist allen arbeitenden Menschen gewidmet, vor allem den Menschen auf dem spirituellen Weg und den Mitgliedern der Nyingma Organisation, deren unermüdlicher Einsatz für unsere gemeinsamen Ziele mich inspirierte. Unsere gemeinsame Arbeit ermöglichte es mir, diese Themen zusammenzutragen. Ich hoffe, diese Ideen werden ihnen allen reichen Ertrag bringen, zu ihrer Entwicklung beitragen und ihnen grenzenlosen Erfolg ermöglichen. Möge dieses Werk vielen Menschen Linderung schenken und ihnen helfen, die Qualitäten von Bewußtheit, Konzentration und Energie in allen Aspekten ihrer Arbeit und ihres Lebens zu erhöhen.

Tarthang Tulku
Dezember 1993

Ein Hinweis an die Leserinnen und Leser

Dieses Buch möchte unterschiedlichen Leserkreisen dienen, aber nicht alle werden es von Anfang bis Ende lesen wollen. Teil I stellt die grundlegenden Themen vor, und ich empfehle allen, ihn zu lesen. Teil II behandelt Material, das wahrscheinlich für die meisten Leser hilfreich ist, beinhaltet aber auch Anregungen für Menschen, die über keine Erfahrung im Geschäftsleben verfügen. Daher brauchen ihn Menschen mit Geschäftserfahrung nur auszugsweise zu lesen. Teil III vertieft und erweitert die Hauptthemen des Buchs, während Teil IV ergänzende Übungen für Fortgeschrittene enthält, für die sich einige Leserinnen und Leser möglicherweise nicht interessieren. Die im Anhang aufgeführte Liste „Gute Geschäftspraktiken“ ist wahrscheinlich vor allem für jene hilfreich, die gerade in die Geschäftswelt einsteigen beziehungsweise eigene Organisationen oder Projekte aufbauen.

Übungen und Notizbuch

Praktische Übungen bilden einen wesentlichen Bestandteil dieses Buches. Die meisten sollten mehr als nur einmal ausgeführt und möglichst regelmäßig bei jeder sich bietenden Gelegenheit geübt werden. Fast alle Übungen werden im Text erwähnt und beziehen sich auf die besprochenen Themen. Im Anhang steht eine Sammlung grundlegender Übungen, „Mittel zur Veränderung“ genannt. Alle können jederzeit geübt werden, jedoch werden nur einige von ihnen im Text eingeführt. Eine zweite

Gruppe von Übungen, ebenfalls im Anhang, nennt sich „Krisenmanagement". Diese Übungen sind vor allem hilfreich, um Krisen und Probleme zu überwinden. Eine vollständige Liste aller Übungen steht im Anschluß an das Inhaltsverzeichnis.

Leserinnen und Leser, die ihre Arbeitseinstellung mit Hilfe dieses Buchs ernsthaft hinterfragen möchten, wird empfohlen, ein Notizbuch zu führen. Regelmäßige Eintragungen geben Ihnen die Möglichkeit, Ihre Entdeckungen zu dokumentieren und Ihre Fortschritte festzustellen, und zwar sowohl bei der Schulung des Geistes als auch bei der Bewußtheit in Ihrer Arbeit. Wenn Sie erkennen, wo Sie gestanden und was Sie gelernt haben, können Sie vertrauensvoll in die Zukunft gehen. Ein Notizbuch führen ist auch Ausdruck Ihrer Bereitschaft, Verantwortung für Ihre Entwicklung zu übernehmen, Ihre Fortschritte auszuwerten und angesichts neuer Erkenntnisse bewußt Verbesserungen vorzunehmen.

Weitere Übungsmöglichkeiten

Informationen über Übungsprogramme zur Vertiefung der in diesem Buch vorgestellten Methoden sowie über eine praktische Ausbildung erhalten Sie bei: Nyingma Gemeinschaft e.V., Wilhelmstraße 28, D-48149 Münster.

Alle in diesem Buch erwähnten Entspannungsübungen sind beschrieben in Tarthang Tulku, *Selbstheilung durch Entspannung*, Scherz Verlag.

Geschicktes Wirken

Arbeit erfolgreich meistern

Neues Arbeiten

Die meisten Menschen arbeiten in erster Linie, um Geld zu verdienen. Natürlich erfüllt Arbeit auch andere Bedürfnisse: sie verleiht eine berufliche Identität, gibt uns Anerkennung durch andere, ein Gefühl von Macht und Können, wir unterhalten soziale Beziehungen und genießen die einfache Befriedigung, beschäftigt zu sein. Der gemeinsame Nenner dieser angestrebten Ziele liegt außerhalb des eigentlichen Arbeitsprozesses. Wir arbeiten, um bestimmte Ziele zu erreichen, doch nur selten finden wir einen Wert im eigentlichen Arbeitsprozeß.

Diese Arbeitsweise läßt uns auf einer sehr tiefen Ebene verarmen. Sind unsere Tätigkeiten nicht um ihrer selbst willen wertvoll, arbeiten wir selten mit wirklicher Freude oder spüren eine tiefe Erfüllung. Es gibt zwar solche Augenblicke, doch sie gehen bald vorüber und lassen nur eine Erinnerung an Wohlbefinden zurück.

Das ist möglicherweise der Grund, warum Menschen, die viele Jahre lang hart und erfolgreich gearbeitet haben, manchmal an einen Punkt gelangen, an dem sie den Wert ihrer bisherigen Tätigkeiten in Frage stellen. Ihre Anstrengungen gaben ihnen einen gewissen Grad an materieller Sicherheit und Bequemlichkeit. Aber haben sie ihnen geholfen, ihre menschlichen Qualitäten zu entwickeln? Konnten sie dadurch mehr Sinn und Bedeutung in ihrem Leben finden? Konnten sie dadurch der Erfüllung ihrer Lebensziele näherkommen? Sich diesen Fragen zu stellen ist nicht einfach.

Arbeiten wir ohne innere Bereitschaft, ist sie letztlich nicht sehr befriedigend. Wir müssen uns zu unserer jeweiligen Tätigkeit zwingen. Dieser innere Konflikt dämpft unseren Elan und erschöpft unseren Geist. Dadurch stumpfen unsere Sinne ab, und wir können auch in anderen Bereichen unseres Lebens immer weniger Freude empfinden. Arbeiten wir widerwillig, so arbeiten wir naturgemäß ineffektiv, und unsere Arbeit geht eher in Richtung Mittelmäßigkeit und Fehler als in Richtung Perfektion und Erfolg.

Selbst wenn wir für eine Sache arbeiten, an die wir glauben, wirkt dasselbe Muster weiter. Obwohl wir dann mit sehr viel mehr Energie und Engagement arbeiten können, sehen wir dennoch an der eigentlichen Tätigkeit vorbei und schielen auf das Ergebnis. Selten ziehen wir in Betracht, daß Arbeiten selbst eine Möglichkeit sein kann, um etwas Grundlegendes über uns zu erfahren, oder daß sie uns Gelegenheit bietet, Mitgefühl zu zeigen und anderen ein Beispiel zu sein.

Die meisten Menschen nehmen es als gegeben hin, daß jeder zu seinem eigenen Nutzen arbeitet. Tatsächlich aber scheinen wir nicht sehr geschickt zu sein, wenn wir unsere eigenen Bedürfnisse und Wünsche erfüllen wollen. Wir haben uns mit einem Lebensstil abgefunden, bei dem wir den Großteil unserer Zeit mit einer Tätigkeit verbringen, die wir nur teilweise befriedigend finden. Nach wirklicher Befriedigung suchen wir außerhalb unserer Arbeit und legen unser Leben auf Eis, während wir unserem Beruf nachgehen. Weil wir unser Glück in den Randbereichen des Lebens suchen, fördern wir schließlich negative Verhaltensmuster, wie Sucht und Flucht. Arbeit gibt uns vielleicht zeitweise eine gewisse Ich-Bestätigung, aber es gibt einen anderen, tieferen Teil unserer Selbst, den wir verkümmern lassen. Kein Wunder, daß so viele Menschen spüren, daß ihr Leben nicht im Gleichgewicht ist.

Ich komme aus einer Kultur, die eine klare Alternative zu diesen Arbeitsweisen anbot. Obwohl normale Berufe respektiert wurden, konnten jene, die nach einem sinnvolleren Lebensstil suchten, sich von weltlichen Belangen völlig zurückziehen und ihr Leben religiöser Praxis und Suche widmen. Diese Menschen schienen in ihrem Tun oft eine besondere Freude und Inspiration zu finden: ein inneres Gefühl spirituellen Friedens und Wohlergehens, das bedeutungsvoller war als der Erfolg in praktischen Bereichen.

Auch in unserer Gesellschaft gibt es Alternativen zur Arbeitswelt. Selbst wenn sich heute nur wenige Menschen völlig von der Welt zurückziehen, gibt es doch immer einige, die einen eher spirituellen Weg gehen, sei er nun mit Religion, Kunst, Dienst am Nächsten oder der Suche nach Wissen verbunden. Sie weisen materielles Streben und die praktischen Bereiche der Geschäftswelt zurück und suchen nach einer Erfüllung, die ihrer Ansicht nach mehr der fundamentalen Bedeutung menschlicher Existenz entspricht.

Lange Zeit wurde die Trennung dieser beiden Lebensweisen nicht in Frage gestellt, doch in der heutigen Welt ist diese Trennung nicht mehr haltbar. Die strengen Hierarchien und gängigen Ansichten, die diese Trennung in der Vergangenheit getragen haben, verschwinden immer mehr. Spirituelle Gemeinschaften und Individuen können es sich nicht leisten, die weltlichen Angelegenheiten anderen zu überlassen, denn sie können nicht mehr mit der Unterstützung der Gesellschaft rechnen. Andererseits profitieren die wenigsten Menschen, die in der Welt tätig sind, von den Bemühungen derer, die sich geistigen Belangen widmen, denn es fehlt das Gefühl der tiefen Verbundenheit von spirituellen mit weltlichen Bereichen.

Mit zunehmender sozialer Zerstückelung, die alle Teile der Welt erreicht, führt die Aufspaltung zwischen spirituell und weltlich zu ernsthaften Folgen. Einerseits werden spirituelle Werte immer mehr an den Rand gedrängt. Alle, die sich mit spirituellen Themen beschäftigen und sich nach dem eigentlichen Sinn fragen, haben es immer schwerer, die für diesen Weg notwendige materielle Unterstützung zu finden. Andererseits stellen sich die enormen Leistungen der westlichen Kultur auf materiellem Gebiet offenbar als hohl heraus. Sie werden von einem wachsenden Gefühl der Sinnlosigkeit und Unzufriedenheit in Frage gestellt, und der Verdacht wird stärker, das soziale Gewebe stehe kurz vor der Auflösung.

Aufgrund der Erfahrungen, die ich seit meiner Ankunft im Westen vor fünfundzwanzig Jahren gemacht habe, bin ich überzeugt, daß diese Trennung zwischen Arbeitswelt und geistiger Welt unnötig ist. Unsere Tätigkeiten können eine innere Bedeutung und einen Wert besitzen, die sie Teil des spirituellen Weges werden lassen. Wer irgendeine Art von Arbeit verrichtet, kann ein Gefühl tiefer innerer Erfüllung erleben, das zu allen Zeiten als die Frucht einer spirituellen Lebensweise galt, selbst wenn die betreffende Person sich nicht religiös berufen fühlt. Es ist nicht nötig, den Schmerz und die Leere hinzunehmen, die so viele Menschen heute erfahren. Wir brauchen nicht immer verzweifelter versuchen, das Loch in unseren Herzen zu füllen: Es gibt eine weitaus sinnvollere Alternative.

Mehr noch, wenn wir lernen, die spirituellen Werte in unsere Arbeit zu integrieren, können wir sicherstellen, daß sie von allein zu Erfolg führt. Je vollständiger Arbeit die Schönheit einer inneren Ethik zum Ausdruck bringt, desto effektiver und produktiver kann sie sein.

Dieses Buch ist von der Vision geleitet, daß es uns möglich ist, auf allen Ebenen zu wachsen. Arbeit muß nicht eine schmerzvolle Notwendigkeit oder ein Schimpfwort sein. Wenn wir Arbeit dazu benutzen, unsere Grenzen zu hinterfragen, unsere Bewußtheit zu vervollkommnen und Konzentration zu vertiefen, dann kann Arbeit sich dem Wissen öffnen, das uns erfolgreicher sein läßt und uns gleichzeitig auf tiefsten Ebenen nährt. Lassen wir uns von der Arbeit zu tieferem Wissen führen, können wir jeden Tag mit Freude und einem Gefühl beenden, etwas wirklich Nützliches geleistet zu haben. Wir können unsere eigenen Ziele erreichen und ein Beispiel setzen, das das Potential zur Veränderung der Gesellschaft in sich birgt.

Die innere Übung der Arbeit

Die organische Verbindung zwischen Arbeit und spirituellen Werten wird klarer, sobald wir danach fragen, was wir uns als Menschen wirklich vom Leben erhoffen. Auf dieser grundlegenden Ebene unterscheiden sich Geschäftswelt und der spirituelle Bereich tatsächlich kaum. Menschen möchten glücklich sein, etwas Wertvolles im Leben erreichen und auf eine gesunde und ausgeglichene Art leben. Auch wenn die Sprache, mit der wir geschäftliche und spirituelle Ziele beschreiben, sowie die Vision, wie diese Ziele erreicht werden können, sehr unterschiedlich sind, bleibt eine fundamentale Verbindung.

Auch die Mittel, mit denen diese Ziele angestrebt werden, sind einander sehr ähnlich. Sowohl Glücklichsein als auch die Fähigkeit, etwas Wertvolles zu schaffen, sind mit der geistigen Weite verbunden. Wenn wir nicht wissen, wie wir diese angeborene Fähigkeit schulen, nähren und beherrschen können, erreichen wir wenig, sowohl im spirituellen als auch im geschäftlichen Bereich.

Zum Beispiel ist die Kraft des Gebets von unserer Fähigkeit abhängig, den Geistes zu sammeln. Um diese Fähigkeit zu entwickeln, müssen wir Kontemplation lernen: uns tief in ein Gefühl, ein Bild oder eine Frage versenken, ohne uns auf Worte oder Begründungen zu verlassen. Unter einer anderen Bezeichnung ist die gleiche Fertigkeit auch für den geschäftlichen Erfolg ausschlaggebend.

Sobald wir diese Ähnlichkeiten erkennen, sehen wir, daß uns nichts daran hindert, Arbeit als einen Weg zur Erkenntnis zu nutzen. Traditionell beschäftigte sich nur eine Minderheit der Gesellschaft mit der Untersuchung des Geistes. Doch im heutigen Zeitalter der Demokratie sieht es ganz anders aus. Als Menschen haben wir alle ähnliche Ziele. Daher können wir auch alle nach Erkenntnis streben, jede auf ihre Weise, jeder auf seine Weise.

Diese Verbindung zwischen spirituellen Werten und Arbeit bestätigte sich für mich auf allen Gebieten, in denen ich mit meinen Schülerinnen und Schülern während der letzten zwei Jahrzehnte in den unterschiedlichsten Projekten und Geschäftsbereichen tätig war. Aufgrund unserer Erfahrung kann ich voller Vertrauen sagen, daß es in beiden Richtungen zu positiven Entwicklungen führt, wenn wir Arbeit und spirituelle Übung miteinander verbinden. Es ist keine Vernunftehe, sondern eine Verbindung, die uns bei der Erfüllung unseres Lebensziels helfen kann. Erfolg in einem Bereich geht Hand in Hand mit Erfolg im anderen, denn für beide ist ein und dasselbe Wissen ausschlaggebend. Indem wir beide Wege gleichzeitig gehen, können wir dieses Wissen aufblühen lassen und seinen reichen Ertrag sammeln.

Dies scheint mir eine wesentliche Entdeckung zu sein – oder vielleicht die Wiederentdeckung einer Erkenntnis, die in unserer Zeit verloren gegangen ist. Zwar gibt es im westlichen Gedankengut eine alte Tradition, daß wir der täglichen Arbeit auch eine spirituelle Bedeutung geben können, doch diese Sichtweise weiht Arbeit als Bestandteil einer göttlichen Ordnung, nicht aber als einen eigenständigen spirituellen Weg. Für viele Menschen ist jedoch diese Form des religiösen Glaubens nicht mehr überzeugend.

Dieses Buch schlägt einen ganz anderen Ansatz vor. Wir können Arbeit viel direkter mit unseren höchsten Fragen verbinden. Wir können sie als einen Weg des Erforschens und Entdeckens ansehen, ähnlich dem Weg des Gebets oder dem Weg der Meditation, dem Menschen zu anderen Zeiten und an anderen Orten folgen konnten. Arbeiten wir auf diese Weise, so können wir bei allen unseren Tätigkeiten die für den Erfolg notwendigen Techniken entwickeln.

Machen wir Arbeit zu unserer Übung, bekommen wir eine direkte, unmittelbare Rückmeldung, die für jeden spirituellen Weg außerordentlich nützlich ist. Die nüchtern am Erfolg orientierte Mentalität der Geschäftswelt mit ihrem Schwerpunkt auf Handeln und Resultaten läßt es kaum zu, daß wir uns etwas vormachen. Darüberhinaus zwingt uns die ständige Herausforderung der Arbeit, mehr Wissen zu entwickeln. Beispielsweise erfordert der erfolgreiche Umgang mit anderen Menschen, daß wir selbst mit unserem Geist vertrauter werden. Die Notwendigkeit, aus unseren Fehlern zu lernen, bringt es mit sich, daß wir uns über unsere Stärken und Schwächen ehrlich Rechenschaft ablegen müssen.

Im Grunde ist es keine Alternative, wenn wir es versäumen, die Arbeit auf diese Weise als Übungsfeld zu nutzen. Lernen wir nicht aus den Lektionen, die uns Arbeit lehrt, bereiten wir den Boden für Versagen und Unzufriedenheit auf der alltäglichen Ebene, und wir verspielen auch die Gelegenheit, wirkliche Bedeutung und tiefe Erfüllung auf der spirituellen Ebene zu finden. Obwohl viele Menschen so leben mögen, gibt es keinen Grund, so weiterzumachen.

Wird Arbeit zu einem Weg der Verwirklichung und Erfüllung, werden unsere Handlungen immer bedeutungsvoller. Wir lassen die lähmende Vorstellung hinter uns, daß Arbeitszeit eine Zeit ist, die unseren eigentlichen Fragen und Interessen verloren geht. So steht uns die Hälfte unseres Lebens wieder zur Verfügung. Nun können wir uns wirklich um uns selbst kümmern. Anstatt uns Enttäuschung und Frustration auszusetzen, können alle unsere Handlungen unseren eigentlichen Interessen dienen.

Gleichzeitig legen wir den Grundstein dafür, daß sich unsere Arbeitsweise von selbst in ihrem Wesen verändert. Ohne den Erfolg als Ziel aufzugeben, lernen wir, auf menschlichere, erfüllendere und kooperativere Weise zu arbeiten. Wir lernen, in Übereinstimmung mit unseren tiefsten Interessen zu handeln, die

Umwelt, die uns schützt und versorgt, zu achten und uns um die Bedürfnisse anderer zu kümmern.

Die Lektionen, die uns die Arbeit lehrt, haben oft mit unseren Fehlern und Versäumnissen zu tun. Aber sie können die wichtigsten Lektionen überhaupt sein. Vielleicht erkennen wir, wie wir uns bei der Arbeit selbst etwas vormachen: die Entschuldigungen und die Trägheit, die Anspannung und das Sich-Sorgen, das Ausweichen und Aufschieben. Wenn wir das alles sehen, können wir außerordentlich viel aus unserer Erfahrung lernen. Sind wir uns dessen bewußt, was wir tun, können wir den Vorsatz fassen, uns zu verändern und die Disziplin entwickeln, es auch in die Tat umzusetzen. Jetzt wird Arbeit zu einem wesentlichen Medium der Transformation, mit dem wir unsere Denkweise, unsere Einstellungen, unsere Beziehungen und unsere Handlungen verbessern können.

In der Arbeit können wir sofort überprüfen, ob die vorgenommenen Veränderungen wirksam sind. Wir können sehen, was funktioniert und was nicht, und wir können das anwenden, was am effektivsten ist. Gleichzeitig lernen wir die Kraft einer positiven Einstellung und Perspektive kennen. Wo könnten wir eine bessere Schulung finden?

Arbeit ist für jeden Aspekt menschlichen Seins wertvoll. Durch unsere Arbeit können wir uns einer reichen und gesunden Lebensweise öffnen, die auf der Fülle von Bewußtheit, Konzentration und Energie beruht. Der in dieser Seinsweise enthaltene Reichtum vertreibt endgültig das Empfinden, wir lebten in einem Mangelzustand. Unabhängig von unseren äußeren Umständen sind wir bereit, weiterzugehen und die Erfüllung immer im Blick zu haben.

Der durch Arbeit erschlossene Weg des Erforschens steht uns selbst dann offen, wenn unsere alltäglichen Verantwortlichkeiten scheinbar keine Gelegenheit zu natürlicher Kreativität bieten.

Vielleicht entspricht uns unsere gegenwärtige Arbeit nicht, vielleicht haben wir gar keine Arbeit. Wir können jedoch von dem, was wir nicht haben, genauso lernen wie von dem, was wir haben. Wir brauchen nicht nach besonderen äußeren Umständen oder nach der perfekten Arbeit zu suchen, wir können sofort beginnen.

Wir sind zum Beispiel alle mit den Ängsten und Spannungen, den Befürchtungen und den Selbstzweifeln vertraut, die unser Wohlbefinden schmälern und unsere Produktivität unterlaufen. Jetzt, in diesem Augenblick, können wir Schritte unternehmen, um uns von dieser hoffnungslosen und hilflosen Seinsweise zu befreien. Wie ein Sportler, der für den Wettkampf trainiert, können wir uns in Bewußtheit, Konzentration und Energie üben, so daß wir darauf vorbereitet sind, unter geeigneten Umständen die Stärke unserer inneren Kreativität und unseres Wissens zum Ausdruck zu bringen.

Vielleicht klingt das nach sehr hohen Zielen. Wir besitzen aber alle notwendigen inneren Ressourcen, und sie stehen uns in diesem Augenblick zur Verfügung. Dieses Buch kann vielleicht zu dieser Einsicht beitragen. Wenden Sie die hier vorgestellten Ideen, Übungen und Arbeitsweisen auf Ihr Leben an, so werden Spannungen, Sorgen und andere Hindernisse, die leistungsmindernd wirken, den Zugriff auf Ihr Bewußtsein lockern. Wenn Sie sich mit den Anregungen dieses Buchs gründlich auseinandersetzen, über ihre Bedeutung nachdenken, die verschiedenen Schritte in jedem Prozeß vor Augen visualisieren und die gewonnenen Einsichten in Ihrer Arbeit anwenden, dann verwandelt sich Ihr tägliches Leben zu Erkenntnis und zu Geschicktem Wirken in der Praxis.

Die Verantwortung liegt letztlich bei Ihnen. Sind Sie der Meinung, daß sich etwas verändert, wenn Sie den Vorschriften anderer folgen, wenn Sie versuchen, einen Plan zu erfüllen, den ein Autor für Sie aufgestellt hat, dann werden Sie Ihr eigenes

Schicksal nie erfüllen. Bleiben Sie statt dessen bei Ihrem eigenen Verständnis. Indem Sie Bewußtheit, Konzentration und Energie entwickeln, werden Sie mit der Integrität Ihres Seins in Kontakt kommen und Ihr Leben selbst in die Hand nehmen.

Ich bin davon überzeugt, daß das vorliegende Buch Ihnen helfen kann. Aber schließlich müssen Sie doch Ihr eigenes Buch schreiben und dabei Ihre Ziele, Ihr Engagement und Ihr wachsendes Verständnis berücksichtigen. Indem Sie Wissen wach werden lassen, können Sie diesen Elementen durch Ihre Handlungen und Ihre Leistungen Form geben. Sie können sich mutig auf eine Reise begeben, die Sie in unbegrenzte Dimensionen führt.

TEIL I

Zum Wissen erwachen

Das Geschenk des Wissens

Es ist eine besondere Gelegenheit, in einer Zeit großer Umwälzungen wie der heutigen geboren zu sein. Die Kulturkreise der Erde nähern sich einander an, und in jedes Land strömt aus allen Richtungen reiches Wissen, das uns über Generationen durch alle Zivilisationen der Menschheitsgeschichte überliefert wurde.

Wir könnten die größten Schätze dieses Wissens nutzen und sie für die Zukunft bewahren. Wir tragen in unserem Körper und Geist die Fülle menschlicher Intelligenz mit ihren unendlichen Möglichkeiten des Verstehens. Wir besitzen die Fähigkeit, Wissen anzuregen, es in unserem Leben zu verkörpern und zum Wohle anderer zu vermitteln.

Das dazu benötigte Medium steht uns schon zur Verfügung. Durch Geschicktes Wirken Wissen in die Welt zu bringen, kann durch unsere Arbeit geschehen, mit der wir unseren Lebensunterhalt verdienen und unsere Fähigkeiten schulen.

Wir alle haben die Fähigkeit, eine dynamische Arbeitsweise zu schaffen und zu verkörpern. Eine Arbeitsweise, in der sich unsere Intelligenz handelnd ausdrückt. Wenn wir unser inneres Potential in der Arbeit entwickeln, können wir uns über den Erfolg unseres Handelns freuen, zufriedener mit unserem Leben werden und einen leichteren und gesünderen Lebensstil entwickeln. Indem wir uns auf die ganze Bandbreite des Wissens stützen, das unser menschliches Erbe ist, können wir einen bleibenden Beitrag für unsere Gesellschaft und unsere Welt leisten.

Sobald unsere gesamte Intelligenz und unser von Herzen kommendes Interesse in unserer Arbeit aufscheinen, wird das Leben bereichert und ausgeglichen. Durch inneres Wissen und Einsichten geleitet, führen unsere Einstellungen und Handlungen von selbst zur Erfüllung. Statt uns auf Meinungen und Überzeugungen zu verlassen oder draußen nach Führung zu suchen, können wir unser Leben auf dieser vertrauenswürdigen Quelle der Einsicht und des Verstehens gründen. Wir können die Werte verkörpern, die dem Leben Ganzheit und Bedeutung geben.

Die Wurzeln des Wissens

Arbeit lehrt uns, wie wir die Wurzeln unseres Wissens auf harmonische Weise pflegen können, so daß unser Verständnis beständig wachsen und reifen kann. Sobald wir Arbeit auf diese Art zu nutzen wissen, können wir aus jeder Situation Kraft und Genuß ziehen. Wir gleichen einem Chefkoch, der aus allerlei Zutaten köstliche Gerichte kreiert.

Wir können auch auf neue Weise aus der Vergangenheit lernen. Wir brauchen uns nicht nur mit Geschichte zu befassen, um etwas zu lernen, das wir dann auf Zukünftiges anwenden, sondern wir können auch das aus Fehlern gewonnene Wissen im gegenwärtigen Augenblick lebendig werden lassen. Die Menschheit hat nur selten aus der Vergangenheit gelernt; sowohl die Gesellschaft als auch die einzelnen würden sehr davon profitieren, könnten sie herausfinden, wie diese vernachlässigte Quelle am besten zu nutzen ist. Statt alte Fehler zu wiederholen, könnten wir aus verpaßten Gelegenheiten lernen, unproduktive Verhaltensweisen aufgeben und bessere Lebens- und Arbeitsweisen für Gegenwart und Zukunft gestalten.

Damit Arbeit auf diese Weise kreativ und befriedigend wird, müssen wir bereit sein, Verantwortung zu übernehmen, wie wir Arbeit in unserem Leben nutzen. Wir alle müssen darüber nachdenken, warum wir arbeiten und ob wir wirklich unsere volle Energie und Entschlossenheit in unsere Arbeit einbringen wollen. Nehmen wir die gebotenen Gelegenheiten ernst, kann Arbeit einen Weg zu Wissen öffnen, der reich an Befriedigung und Erfüllung ist. Entwickeln wir gleichzeitig eine umfassende Vision und lassen durch Mitgefühl sowie ehrliche Überzeugung das Wissen in unser Handeln fließen, können wir unsere Arbeit mit den höchsten spirituellen Zielen verbinden.

Die Dynamik des Wissens wiederherstellen

Das in unserer Zeit aktive Wissen führt uns offenbar zu einer Gesellschaft, die kälter und geistig sowie spirituell ärmer sein wird als unsere gegenwärtige; es führt zu einer Gesellschaft, in der die grenzenlosen Möglichkeiten des Wissens verschlossen sein und sogar in Vergessenheit geraten könnten. Während der Trend zum technologischen Fortschritt ein bestimmtes Wissen stark expandieren ließ, fördert er aber auch das schnelle Verschwinden kultureller Unterschiede. Aus dieser Perspektive scheint die Bandbreite des humanen Wissens abzunehmen. Mehr noch, technologisches Wissen schafft unvorhersagbare, schwer kontrollierbare Nebenwirkungen. Während die Kulturen der Welt zu einer globalen Kultur verschmelzen und sich das technologische Wissen in den Vordergrund schiebt, zeigen sich die Begrenzungen unseres Wissens immer deutlicher, und Probleme nehmen in der Zukunft exponentiell zu.

Die Begrenzungen des gegenwärtigen Wissens werden nicht nur in unserer globalen Situation deutlich, sondern auch in unserer Lebensqualität. Unabhängig von ihrer Lebensweise sind die meisten Menschen in Körper und Geist sehr verspannt. Als Verteidiger der Sorgen bekämpfen wir uns innerlich, verletzen unseren

Geist und unsere Sinne mit ängstlichen Gedanken und negativen Urteilen, so daß wir uns nicht voll auf unsere Erfahrungen einlassen können. Unter dem täglichen Zeitdruck sind wir kaum in der Lage, die wenigen freien Minuten zu genießen. Entstehen Probleme, die wir nicht lösen können, sind wir nur entmutigt, stumpf, zynisch oder verzweifelt und haben kaum Alternativen. Diese Lebensweise ist weder besonders produktiv noch befriedigend. Wollen wir wirklich unser kurzes Leben so mißbrauchen?

Angesichts der großen Schwierigkeiten, mit denen wir heute sowohl auf persönlicher als auch globaler Ebene konfrontiert sind, kann es verführerisch sein, sich aktiver Verantwortlichkeit zu entziehen oder aber zu leugnen, daß sich etwas wesentlich ändern kann. Aber diese Antwort, die bereits den Begrenzungen unseres Wissens Ausdruck verleiht, ist zutiefst gefährlich, denn sie verurteilt uns zu Tatenlosigkeit und Stagnation. Es ist gesünder, das Wissen in unserer Lebensweise lebendig werden zu lassen.

Arbeit zu einem Weg des Wissens zu machen, ist angemessen in einer Zeit, in der traditionelle Formen des Wissens aufgegeben werden. Es ist der natürliche Weg, um Verstehen zu verkörpern und zu fördern. Wir können unsere Erfahrungen bei der Arbeit überprüfen und feiner wahrnehmen. Wir können nach verläßlichen Wissensquellen suchen, die wir miteinander teilen und unseren Kindern weitergeben können. Unsere Arbeit ist unser Versuchslabor, das Feld, auf dem wir die Werte testen können, die wir vertreten und im Handeln umzusetzen versuchen. Entscheiden wir uns für eine Arbeitsweise, die gleichzeitig ein Weg des Lernens und Erforschens, der Freude und Erfüllung ist, verpflichten wir uns einem Wissen, das letztlich der ganzen Welt dienen kann.

Mit zunehmender Weiterentwicklung der Technologie in den kommenden Jahrzehnten wird sich der Graben zwischen den Menschen, deren Arbeit in sich kreativ und herausfordernd ist, und jenen, die von der Bedeutung ihres Tuns getrennt sind, sicherlich vertiefen. Können wir durch unser eigenes Beispiel zeigen, daß Arbeit ein Weg des Wissens sein kann, tragen wir dazu bei, verschiedensten Arbeiten wieder Bedeutung zu geben. Wir können zeigen, daß Arbeit für niemanden Routine, für niemanden bedeutungslos sein muß. Durch Arbeit nimmt jeder einzelne Mensch am Wachstum des Wissens teil. Sie kann das Medium sein, durch das wir alle unsere eigene Vision dessen manifestieren, was Bedeutung hat, und einen einzigartigen Beitrag zur Gesellschaft leisten.

Arbeit in dieser Weise zu nutzen heißt Kooperation zu fördern, um Wissen zu entwickeln. Die Motivation, neues Wissen zu entdecken, ist in der heutigen Arbeitswelt in erster Linie von Konkurrenz bestimmt. Doch diese Motivation ist in sich begrenzt, und das dadurch entdeckte Wissen gilt nur für einen engen Bereich. Wenn wir zum Wohle aller Menschen zusammenarbeiten, werden sich in der jetzt entstehenden globalen Gemeinschaft mit Sicherheit lang anhaltende positive Ergebnisse zeigen. Lassen wir in unser Lebenswerk den Geist der Kooperation einfließen, können wir uns verpflichten, ein Wissen zu fördern, das allen Völkern dient.

Zusammenarbeit entsteht von selbst, wenn wir uns verpflichten, unser Wissen durch Arbeit zu entwickeln. Dann wird wohlwollendes Annehmen die Regel, selbst in Konkurrenzsituationen. Beharren wir statt dessen auf unserer eigenen Position, stärken wir konkurrierendes Verhalten statt Zusammenarbeit, verpassen wir vielleicht die Gelegenheit, neue Wege des Verstehens in unserem Leben zu entwickeln.

In unserer sich verändernden Welt ist Wissen unsere einzig verläßliche Zuflucht und echte Quelle des Erfolgs. Es ist der Schlüssel zu unseren inneren Ressourcen, so daß wir ein gesünderes und ausgeglicheneres Leben führen können. Wir haben die Verantwortung, unser ererbtes Wissen zur Bereicherung unseres Lebens zu nutzen und das Gelernte an andere weiterzugeben. Gestalten wir unsere Arbeit intelligent, handeln wir integer und mit Stärke, können wir so arbeiten, daß die Qualität des Wissens zunimmt. Während die Zeit uns in die Zukunft treibt, können wir gewährleisten, daß der Segen des Wissens allen verfügbar wird.

Bewußtheit für Zeit erwecken

Zeit vergeht Minute für Minute, Stunde für Stunde. Sobald Zeit einen bestimmten Augenblick besetzt hat, ist dieser Augenblick für immer vorbei. Unbewußt gehen wir davon aus, Zeit stehe uns immer zur Verfügung, und wir stellen uns vor, verlorene Zeit könne irgendwie ersetzt werden. Wir glauben, wir könnten sie morgen oder nächste Woche nachholen. Aber wir können Zeit nicht von der Zukunft borgen. Wenn die Zeit vorbei ist, bekommen wir sie nie mehr zurück.

Obwohl es Einheiten gibt, mit denen wir Zeit messen, können wir die dynamische Energie von Zeit nicht ohne weiteres begreifen, denn wir sind nicht zu der Erkenntnis bereit, daß Zeit – und mit ihr unser Leben – gerade jetzt, in diesem Augenblick, vergeht. Oft verhalten wir uns, als hätten wir ein paar zusätzliche Minuten in unserer Hosentasche, die wir bei Bedarf herausziehen können. Aber eine Stunde hat sechzig Minuten und nicht mehr. Ein Tag hat vierundzwanzig Stunden, nicht fünfundzwanzig. Ein Jahr hat zwölf Monate, nicht dreizehn. Unsere Zeit ist begrenzt und jeder Augenblick unersetzbar. Wenn wir bereit sind, das zu sehen, haben wir uns auf den Weg des Wissens begeben, der zu Erfolg und Transformation führt.

Denken wir wie professionelle Geschäftsleute, so wissen wir, daß jeder Augenblick wertvoll ist: Zeit ist Geld. Doch unser gewöhnliches Bewußtsein gibt uns nicht die Rückmeldung eines tieferen Wissens: Zeit ist unser Leben – unsere Energie, unser Herz, unsere Sinne. Wollen wir etwas Wertvolles in unserem Leben bewirken, so sollten wir damit beginnen, Achtsamkeit für Zeit auf dieser tieferen Ebene zu entwickeln. Können wir spüren, daß wir unbedingt jetzt handeln müssen, werden wir die uns zur Verfügung stehende Zeit voll nutzen.

In der heutigen Welt, in der niemand Zeit hat und die erbarmungslose Dynamik des Zeitdrucks uns alle belastet, ist es unabdingbar, daß wir Zeit in unser Bewußtsein aufzunehmen und diese Bewußtheit in unsere Arbeit einzubringen lernen. Wir können diesen Druck transformieren, indem wir lernen, uns mit dem Fluß der Zeit zu verbinden und entsprechend zu handeln. Wir können mit der grenzenlosen Energie der Zeit in Harmonie leben und sie in den Dienst unserer höchsten Intentionen stellen.

Zeit – Vergangenheit und Zukunft

Wie haben wir bisher unsere Zeit genutzt? Was haben wir wirklich in unserem Leben erreicht? Welche Leistungen treten hervor, wenn wir versuchen, die letzten Jahre nachzuvollziehen? Im Rückblick sehen wir, daß unsere Erinnerungen überwiegend verschwommen und undeutlich sind. Ganze Wochen und Monate sind offenbar wie im Traum verstrichen. Sogar ganze Jahrzehnte hinterlassen nur einige wenige wichtige Eindrücke. Während wir Tage und Stunden dahinlebten, bemühten wir uns vielleicht darum, bestimmte Erfahrungen zu genießen oder Besitz anzusammeln. Was können wir jetzt, wo die Zeit vorbei ist, dafür vorweisen? Machen wir uns bewußt, wie schnell Zeit vergehen kann, ohne etwas Bleibendes zu hinterlassen, stellen wir uns möglicherweise die Frage: Will ich den Rest meines Lebens auf diese Weise verbringen?

In jedem Augenblick können wir unseren höchsten Werten entsprechend handeln. In unserer gegenwärtigen Situation und unseren momentanen Verantwortlichkeiten ist es uns möglich, die

Energie auf Ziele zu richten, die uns wirklich etwas bedeuten. Wir können Achtsamkeit und Wissen entwickeln, die allen nützen. Aus unserer persönlichen Erfahrung wissen wir, daß es große Freude bereitet, Zeit auf sinnvolle Weise zu nutzen. Wir wissen, daß großzügige und produktive Arbeit befriedigt, daß sie Herz und Geist erfüllt. Mit diesem Wissen können wir uns verpflichten, unsere Zeit wirklich sinnvoll zu nutzen. Ohne diese Verpflichtung können wir uns nur schwer vorstellen, wie wir jemals etwas tatsächlich Wertvolles schaffen können.

Wieviel Zeit ist uns geblieben?

Wir meinen vielleicht, uns stünden noch Jahrzehnte zur Verfügung, um unsere Ziele zu erreichen, aber diese Sichtweise täuscht. Wenn wir Tag für Tag betrachten, wieviel Zeit bleibt uns tatsächlich für sinnvolles Handeln?

Da ist zunächst die Zeit, die wir mit Essen, Schlafen und Routinearbeiten verbringen, sowie die Zeit, die durch Störungen, wie z.B. durch Krankheiten, verloren geht. Wahrscheinlich verbrauchen diese Aktivitäten mindestens die Hälfte unserer Zeit, d.h. es bleiben uns pro Tag noch zwölf Stunden, die wir als unsere produktive Zeit ansehen können. Was geschieht nun wirklich in diesen zwölf Stunden?

Zuerst kommen all die kleinen Dinge, die an unserer Zeit nagen: die Fahrt zum Arbeitsplatz und zurück, kleinere Reparaturen und Besorgungen, Schlangestehen, eilige Dinge erledigen, Arbeiten noch einmal machen, die von Anfang an falsch gelaufen sind, und Arbeiten abschließen, die nicht rechtzeitig beendet wurden. Dann gibt es noch Pausen und Unterhaltungen, die zwar zum jeweiligen Augenblick angenehm sein mögen, aber spurlos vergehen. Ziehen wir diese Aktivitäten ab, bleiben uns täglich vielleicht noch acht Stunden für Arbeit, die unsere investierte Energie wirklich profitabel macht.

Verbringen wir aber fünf Minuten pro Stunde mit Verwirrung und Zögern, verlieren wir fast eine Stunde. Wieder ungefähr fünf Minuten, die mit müßigem Geschwätz verbracht werden, und wir verlieren noch eine Stunde. Weitere zehn Minuten, die in Tagträumereien, Groll oder unnötige Sorgen investiert werden, nehmen einen weiteren Teil unserer verfügbaren Zeit. Nun haben wir nur noch fünf oder sechs Stunden, um etwas Lohnendes zu schaffen. Können wir in sechs Stunden genügend zufriedenstellende Leistungen erbringen, damit es für den ganzen Tag reicht?

Dabei steht uns nicht einmal diese Zeit voll zur Verfügung. Emotionalität durchzieht unseren Tag wie Maserung das Holz. Sie schafft verborgenen Widerstand und Unzufriedenheit, die unsere Effektivität untergraben. Augenblicke der Freude, des Glücks und der Inspiration wechseln ab mit negativen Gedanken und Empfindungen. Manchmal kommt unsere Aufmerksamkeit zur Ruhe, und allmählich stellen sich Gefühle von Zufriedenheit und Stabilität ein. Aber dann sind wir wieder zu sehr in unseren Reaktionen und Urteilen gefangen, um uns auf die vor uns liegende Arbeit konzentrieren zu können.

Die meisten Menschen sind es nicht gewohnt, den Blick auf diese innere Ebene der Aktivität zu richten. Wenn es den Anschein hat, als arbeiteten wir, wenn unser Körper die richtigen Bewegungen ausführt und sich unser Geist so ungefähr mit den richtigen Fragen beschäftigt, meinen wir, wir würden unsere Zeit sinnvoll verbringen. Aber was ist mit negativen Gedanken und Empfindungen, die unsere Produktivität beschränken und uns unseren Spaß stehlen? Was ist mit dem ständigen Strom der inneren Ablenkungen? Sollten wir es tatsächlich als gegeben hinnehmen, daß unsere Achtsamkeit getrübt, unsere Konzentration gestört und unsere Energie zerstreut ist?

Versuchen Sie sich darüber im klaren zu werden, was Ihr Geist während einer Stunde tut. Überprüfen Sie das ungefähr alle fünf

Minuten. Vielleicht sind Sie sehr überrascht oder sogar erschrocken, wenn Sie bemerken, wieviele Minuten unter den Fingern zerrinnen, in denen Sie Geschichten erzählen, Klagen registrieren, Fantasien und innere Dialoge ausagieren, innere Bilder beobachten und auf die dramatischen Untertöne reagieren, mit denen die Emotionen jede neue Erfahrung begleiten. Wenn wir auf dieser Ebene unsere Handlungen weiter analysieren, stellen wir fest, daß von den anfänglich betrachteten sechs Stunden nur noch drei übrig bleiben. Selbst diese Schätzung ist in Wirklichkeit eher zu hoch gegriffen.

Nun steht uns nur noch etwa ein Viertel der produktiven Zeit des Tages zur Verfügung. Und was bedeutet das? Würden wir statt Zeit physischen Einsatz messen und könnten wir nur ein Viertel unserer Leistung erbringen, so gälte das als eine schwere Behinderung. Könnten wir aber statt dessen mit vollem Einsatz arbeiten, so hätten wir uns einen schlechten Dienst erwiesen. Jede Aufgabe braucht viermal so lange, ehe sie fertig ist. Es werden vier Menschen benötigt, um das zu tun, was eine wirklich einsatzfähige Person allein schaffen könnte.

Wir können es auch folgendermaßen betrachten: Bleiben uns noch vierzig Jahre für produktive Arbeit, so entspricht das in Wirklichkeit zehn Jahren vollständiger Leistung. Stehen uns noch zehn Jahre zur Verfügung, dann haben wir noch nicht einmal drei Jahre. Ist es uns möglich, unsere gesetzten Ziele in dieser Zeitspanne zu erreichen? Wenn uns unsere Tätigkeiten wirklich am Herzen liegen, wie können wir es dann hinnehmen, auf dieser ineffektiven Ebene zu handeln?

Schließlich müssen wir auch bedenken, daß sich unsere Konzentration vertiefen und unsere Achtsamkeit vergrößern würde, könnten wir beständiger und mit weniger Unterbrechungen arbeiten. Außerdem könnten wir konzentriertere Energie in unser Handeln einbringen. Arbeiten wir auf dieser Ebene, könnten wir unsere Produktivität verdoppeln. Das bedeutet, wir besitzen wirklich das Potential, unsere augenblickliche Leistung um das Achtfache zu steigern!

Vielleicht hört sich dies an, als würden wir ein „Burn-Out" und stumpfsinnige Plackerei programmieren: nur Arbeit und kein Vergnügen. Aber wenn wir uns unsere bisherigen Erfahrungen ansehen, stellen wir fest, daß wir uns immer dann zufrieden und erfüllt fühlten, wenn wir sehr effektiv und mit ganzer Konzentration arbeiteten. Je mehr wir tun, desto mehr möchten wir tun, und desto mehr Energie und leistungssteigernde Ressourcen entdecken wir.

Warum lassen wir die Gelegenheit verstreichen, auf diese Art zu leben und zu handeln? Eine vorläufige Antwort können wir finden, indem wir unsere bewußte Entscheidung betrachten, indem wir überlegen, warum wir die Rolle von Zeit in unserem Leben ignorieren.

Zwar regt sich tief in unserem Bewußtsein Widerstand dagegen, das Verstreichen von Zeit anzuerkennen, aber wir haben die Freiheit, diese Denkweise zu hinterfragen. Wir können unser Zeitbewußtsein so intensivieren, daß wir tatsächlich spüren, wie Zeit von Augenblick zu Augenblick vergeht. Mit diesem neuen Zeitbewußtsein eröffnen sich uns neue Möglichkeiten. Sind wir uns bewußt, daß wir es uns nicht leisten können, unsere Zeit zu verschwenden, können wir uns dazu entschließen, unsere Bemühungen zu konzentrieren und bessere Möglichkeiten zu finden, um unsere Energie zu nutzen. Anstatt Entschuldigungen und Ablenkungen zu suchen oder negativen Gefühlen nachzugeben, bauen wir Vertrauen in unsere Fähigkeiten und in Wissen auf. Dann wird sich schnell etwas ändern.

Übung 1 Der tägliche Zeitplan

Der Rhythmus von Aufstehen, Essen, Arbeiten und Schlafen bildet einen Rahmen für wirkungsvolles Handeln und verbindet unser Leben mit Zeit. Stellen Sie innerhalb dieses Rahmens einen täglichen Plan auf, der Zeiten für Arbeit, Reflektion, Verantwortlichkeiten in der Familie und andere Ihnen wichtige Aktivitäten enthält. Nachdem Sie diesen Plan aufgestellt und einige Tage mit ihm experimentiert haben, halten Sie ihn mindestens zwei Wochen genau ein. Durchbrechen Sie den Plan, dann nehmen Sie sich Zeit, und überdenken Sie genau, wie es dazu gekommen ist.

Möglicherweise wird Ihr Plan nach einiger Zeit zur Routine. Prüfen Sie dann, wie Sie den Plan vollständiger oder anspruchsvoller gestalten können. Fragen Sie sich, wie ernsthaft Sie sich damit beschäftigen.

Übung 2 Erreichtes überprüfen

Ihr Zeitbewußtsein entwickelt sich in dem Maße, wie genau Sie sich über die Verwendung Ihrer Zeit Rechenschaft ablegen. Nehmen Sie sich zwei Wochen lang jeden Abend einige Minuten Zeit, und überdenken Sie, was Sie im Laufe des Tages erreicht haben. Suchen Sie nach Phasen, in denen Sie Zeit verschwendeten, aber auch nach Situationen, in denen Sie spürten, daß Sie mit aller Energie arbeiteten oder handelten, und in denen Sie sich im Fluß mit der Zeit befanden. Nehmen Sie in diesen Rückblick Gefühle der Zufriedenheit, Frustration oder Enttäuschung mit auf, ohne sie zum Mittelpunkt Ihres Interesses zu machen. Lassen Sie sich von dem entstehenden Zeitbewußtsein inspirieren, sich vollständiger in die Arbeit einzubringen.

Übung 3 Zeit verdichten

Stellen Sie sich vor, die durchschnittliche menschliche Lebensspanne sei nur ein Jahr. Entwickeln Sie ein Gefühl für den Reichtum eines ganzen Lebens – das Wachstum, die Leistungen und das Verständnis – und verdichten Sie es auf zwölf kurze Monate.

Überdenken Sie, wie kostbar dieses kurze Leben ist und welche Notwendigkeit besteht, die verbleibende Zeit gut zu nutzen. Nun lassen Sie dieses Wissen sich noch weiter verdichten, und stellen Sie sich vor, die kommende Woche sei ein ganzes Leben. Bringen Sie dieses Gefühl von verdichteter Zeit in den aktuellen Rhythmus und die Ereignisse der Woche ein. Wenn Sie sich diese Ausrichtung bewahren, können Sie die notwendige Achtsamkeit entwickeln, um im gegenwärtigen Augenblick Bewußtheit für Zeit zu erwecken.

Die Zeit meistern

Ein sinnvoller Umgang mit Zeit macht unser Handeln konzentrierter und energiereicher. Wir können uns voll einsetzen und erhalten für unsere Investition den größten Gewinn. Arbeiten wird heilsam und produktiv. Wir sind erfolgreich, ohne uns dafür übermäßig anstrengen zu müssen. Auf diese Weise üben wir „Geschicktes Wirken“, eine Arbeitsmethode, die unsere Fähigkeiten fordert, Hindernisse überwindet, Widerstände und Negativität transformiert sowie uns und andere durch kreative Lösungen inspiriert.

Nehmen wir uns Zeit zu Herzen, können wir Arbeit und Zeit auf neue Weise miteinander verbinden lernen. Wir begrüßen Arbeit als Gelegenheit, uns darin üben zu können, innovatives Wissen zu schaffen und umfassendes Verantwortungsgefühl zu entwickeln. Unsere Erfahrungen bereichern uns, dadurch entwikkeln wir ein Verständnis und eine Vision, die uns zuverlässig leiten können. Arbeiten wird zu einer Lebensweise, die immer wieder neue Einsichten gewährt.

Die Dynamik der Zeit verpassen

Unsere üblichen Arbeitsmethoden sind gerade deshalb ineffektiv, weil ihnen diese Verbindung zur Zeit fehlt. Selbst wenn wir uns sehr bemühen, jede Minute strikt zu planen, sind unsere Bemühungen im allgemeinen von außen aufgesetzt, und wir üben nicht, mit der inneren Dynamik der Zeit zu gehen. Auf Dauer brechen diese aufgesetzten Strukturen zusammen.

Sind wir nicht mit der Dynamik der Zeit verbunden, können wir das Energieniveau nicht ungebrochen halten; es gelingt uns auch nicht, uns über längere Zeit konsequent zu bemühen. Deshalb sind wir nicht in der Lage, unsere ursprünglichen Vorhaben zu einem optimalen Ergebnis zu bringen. Möglicherweise planen wir sorgfältig und fangen mit Elan an, können es aber nicht durchhalten, so daß unsere Arbeit immer schlechter wird. Vielleicht fangen wir aber nur mäßig an, verbessern uns allmählich, und verlieren dann Zeit und Energie in dem Bemühen, unsere anfänglichen Fehler gutzumachen. Wird eine Arbeit nicht termingerecht fertig, können uns neue Prioritäten zwingen, sie beiseite zu legen. Eine unerledigte Aufgabe wieder aufzunehmen ist aber sehr schwer. Greifen wir sie wirklich wieder auf, können wir uns nicht mehr genau erinnern, wo wir stehengeblieben sind. Unser Interesse und unsere Umsicht haben nachgelassen, oder wir haben die erhaltenen Anweisungen vergessen. Wir müssen darum kämpfen, wieder Schwungkraft zu finden. Haben wir dann die Arbeit endlich abgeschlossen, liegen wir mit der nächsten Aufgabe bereits im Rückstand.

Ein anderer deutlicher Hinweis darauf, nicht mit der Zeit in Verbindung zu stehen, ist fehlgeleitetes und nicht mehr verfügbares Wissen. Die benötigte Information ist unter Bergen von Zetteln verloren gegangen, auf Computerdisketten versteckt oder in Notizbüchern vergraben, die niemand liest. Organisieren wir aus Trägheit, Widerwillen oder Konkurrenzdruck die Informationen nicht klar genug, damit ein anderer sie versteht, ist Wissen von vornherein der Zugang zum Strom der Zeit versperrt. Sobald uns bewußt wird, zeitlich im Verzug zu sein, verhindern wir häufig vorsätzlich, daß sich Wissen mit dem Rhythmus der Zeit verbindet. Aus mangelndem Vertrauen, mit den Folgen der von uns angeregten neuen Vorhaben sinnvoll umgehen zu können, halten wir unser Wissen zurück.

Dynamik des Versagens

Steht Bewußtheit nicht in Verbindung mit Zeit, so stößt die Arbeit auf Hindernisse oder Grenzen, die wir nicht kontrollieren können. Untersuchen wir diese Schwierigkeiten, finden wir eine Störung nach der anderen. Mal fällt ein Gerät aus, dann wird jemand krank. Mal sind die erhaltenen Anweisungen ungenau, mal wurde der Transport nicht richtig koordiniert. Dann wieder läßt sich unser Plan nicht umsetzen, oder das angestrebte Ziel ist unklar. Zu anderen Zeiten verstehen wir nicht, was getan werden muß, oder die Verantwortung wurde nicht angemessen delegiert.

Oberflächlich betrachtet, haben diese Probleme scheinbar nichts mit Zeit zu tun. In fast allen Fällen hätten die auftretenden Schwierigkeiten und ihre Auswirkungen aber durch rechtzeitiges Handeln verhindert werden können. Die Geräte hätten sachgerecht gewartet werden können. Die wegen Krankheit Fehlenden hätten wesentliche Informationen weitergeben können. Anleitungen oder Pläne hätten im voraus getestet werden können. Nun ist es zu spät.

Wird unsere Arbeit zu einer ununterbrochenen Folge von Noteinsätzen, können wir uns nicht mehr um unsere eigentlichen Ziele kümmern, sondern bemühen uns um Schadensbegrenzung. Die Zeit geht in schnelle Hilfsmaßnahmen: Brände löschen, Lecks verschließen, Risse füllen. Für kreative Handlungen oder für Freude an der Produktivität bleibt keine Gelegenheit. Alle unsere Ressourcen gehen in den Versuch, Fehler zu reparieren und unsere Pläne anzupassen. Dieser Kreislauf hält sich selbst in Gang: wir haben keine Zeit, einen sinnvollen Plan zu entwerfen, denn wir brauchen sie, um die Schwachstellen des ursprünglichen Plans auszugleichen. Wir können unsere Kommunikation nicht klären, denn wir verarbeiten noch die in vorherigen Gesprächen aufgewühlten Emotionen.

Eine kraftvolle Dynamik kann sich nicht entwickeln, solange wir zeitlich in Verzug sind. Während wir von einer Sache zur nächsten hetzen, ist unsere Konzentration schwach und unsere Wahrnehmung oberflächlich. Weil es uns nicht gelingt, über eine geringe Produktivität hinauszukommen, fühlen wir uns unzufrieden, verärgert oder wertlos. Wir werden immer launischer und emotionaler und sind schnell bereit, uns oder anderen die Schuld für ineffektives Arbeiten zuzuschieben. Wenn es wirklich schlimm wird, können wir weder klar denken noch uns sammeln oder sinnvoll handeln. Der Körper rebelliert. Kopf und Nacken schmerzen, die Schultern sind verspannt, der Rücken ist verkrampft, der Magen verstimmt. In endlosen Selbstgesprächen wiederholen wir immer wieder Bruchstücke emotional geladener Botschaften: „Ich hab' es satt", „Ich weiß nicht, was ich tun soll", „Es ist ihre Schuld", „Warum müssen sie mir das antun?"

Dieser Arbeitsstil bringt nichts als Frustrationen. Wir funktionieren zwar an der Oberfläche, sind aber unfähig, zu dem kreativen Kern unserer Arbeit vorzudringen. Wir können es nicht ertragen, unseren Mangel an Entwicklung zu sehen. Deshalb schauen wir nicht mehr richtig hin, sind nicht mehr mit dem Herzen dabei und verlieren vollends die Verbindung zur Zeit. Wir leben in einem öden, sterilen Raum. Wir sind uns fast sicher, unser Ziel zu verfehlen, bemühen uns aber nicht einmal mehr, es zu erreichen. Wissen, Intelligenz, Vertrauen, Freude und Ansporn sind für andere da, nicht für uns.

Die Dynamik der Zeit wiederherstellen

Das Gegenmittel zu diesen negativen Mustern besteht darin, Wissen unmittelbar in den Fluß der Zeit einzubringen. Das heißt, wir beginnen genau dort, nämlich beim Wissen der Zeit, und zwar nicht als einer Abstraktion, sondern als dem dynamischen Arbeits- und Handlungsablauf, den wir täglich erleben. Indem wir die Beziehung zwischen Arbeit und Zeit präzise und klar erkennen und unsere übliche Art, mit der Zeit umzugehen, hinterfragen, können wir unsere Bewußtheit zu der notwendigen Schärfe und Schnelligkeit entwickeln, die uns die Dynamik der Zeit meistern läßt.

Solange wir nachlässig mit unserer Arbeit umgehen oder einen diffusen, unstrukturierten Tagesplan aufstellen, können wir kein Gefühl für die Dynamik der Zeit bekommen. Arbeiten wir in diesem Stil, führt unsere Unklarheit zu Unterbrechungen und Schwierigkeiten, die wir fast als willkommene Ausreden begrüßen. Um Bewußtheit unmittelbar mit Zeit zu verbinden, müssen wir unser Ziel fest im Auge behalten. Dann kann unsere Energie zur Dynamik der Zeit erwachen.

Wir haben alle schon Erfahrungen mit dieser Arbeitsweise gemacht. Wenn wir einen Termin unbedingt einhalten wollen, erleben wir im Wettlauf gegen die Uhr die Zeit in unmittelbarer Dringlichkeit. Die folgende Übung benutzt diese „Termindruck-Energie" als „Rettungsseil", das uns mit der Dynamik der Zeit verbindet.

Übung 4 Rettungsseil der Zeit

Setzen Sie sich zu Beginn des Tages mehrere Termine, wann Sie etwas beenden wollen. Sie können sich zum Beispiel für jede Stunde ein festes Ziel vornehmen. Konzentrieren Sie sich auf das Ziel, rufen Sie sich die drängende Energie des Termins ins Bewußtsein. Auf diese Weise können Sie die Kraft eines jeden Augenblicks nutzen. Sie können diese Dynamik stets neu beleben, indem Sie sich über den ganzen Tag verteilt eine Reihe von Terminen setzen. Geben Sie sich selbst das Versprechen, jedes Ziel einzuhalten, damit Sie das Gefühl der Dringlichkeit immer wieder erzeugen. Vielleicht meinen Sie, die Termine nicht einhalten zu können, aber Bewußtheit und Konzentration werden Sie retten, indem sie Ihren Bemühungen und Ihrer

Intention unmittelbar Stärke und Klarheit verleihen. Halten Sie einen Termin nicht ein, setzen Sie ihn erneut fest oder gehen Sie zum nächsten über. Unterbrechen Sie den Energieimpuls nicht.

Mit dieser Übung lernen Sie, realistische Ziele zu setzen und einzuhalten, ein wesentliches Mittel, um Bewußtheit zu entwickeln und Ihre Konzentration und Energie auf ein höheres Niveau zu heben. Sobald Sie zu dieser Arbeitsweise Vertrauen gefaßt haben, überprüfen Sie Ihren Wochenplan, präzisieren Sie ihn und setzen Sie sich Termine wie für den Tagesplan. Mit Ihrem Monatsplan können sie ebenso verfahren.

Diese Übung führt zu einer Woge von Energie, die häufig als ungeheuer fruchtbar empfunden wird. Dieser Energiestoß wird erzeugt, weil wir uns Ziele setzen und sie auch einhalten. Die Übenden sind nicht nur produktiver, sie fühlen sich auch sehr viel wohler und ausgeglichener. Aber trotz dieser besonderen Erfahrung fällt es den meisten zunächst schwer, die Übung länger als ein oder zwei Tage durchzuführen. Entspricht das auch Ihrer Erfahrung, so stellen Sie sich die Frage, warum das so ist. Warum geben Sie eine Übung auf, die eine so positive Wirkung hat?

Einer der angegebenen Gründe, sich nicht vollständig auf die Dynamik der Zeit einzulassen, ist die Meinung, die Arbeit unter Höchstgeschwindigkeit mindere die Qualität der Ergebnisse. Diese Meinung beruht höchstwahrscheinlich auf der Erinnerung, beim Arbeiten unter hoher Geschwindigkeit, mit mangelnder Konzentration und nebulösem Bewußtsein innerlich „ins Schleudern“ geraten zu sein. Wenn Sie aber dynamisch arbeiten, indem Sie Geschwindigkeit mit einer leichten Aufmerksamkeit verbinden, so daß sich die Konzentration vertieft und die Energie dauerhaft wird, nimmt die Arbeitsqualität zu und nicht ab. Sie werden auch feststellen, daß höchster Einsatz Ihre Energie in Wirklichkeit noch verstärkt.

So wie Golderz erst gereinigt werden muß, damit es zu purem Gold wird, so müssen auch Bewußtheit, Konzentration und Energie, die unseren Erfolg sichern, erhitzt und abgekühlt, gedehnt und gehämmert, geformt und poliert werden, damit ihre Eigenschaften im vollen Glanz erstrahlen können. Die Dynamik der Zeit arbeitet mit diesen reinigenden Energien. So wie gewaltiger Druck Kohle in Diamanten verwandelt, so lehrt uns Termindruck, die Zeit zu meistern, statt ihr zum Opfer zu fallen.

Zeit einladen

Lebten wir als Yogis außerhalb der menschlichen Gesellschaft, so könnten wir unsere Beziehung zur Zeit ohne Rücksicht auf Termine gestalten. Aber das ist eine Lebensweise, die anderen Bereichen angehört. Unsere gegenwärtige Zeit verlangt viel: wir sind gefordert, das Wissen lebendig werden zu lassen, mit dem wir die Dynamik der Zeit nutzen können. Dann können wir unsere Energie geschickt einsetzen, unsere Fähigkeiten mit Freude ausüben und unsere Leistungen wirklich schätzen.

Sobald wir Zeit effektiv nutzen können, brauchen wir sie nicht mehr mit der gleichen Intensität zu strukturieren. Heißen wir Zeit in unserem ganzen Sein willkommen, können wir uns im Arbeitsdruck tief entspannen und der Energie der Zeit Raum geben. Unsere Bewußtheit kann in jedem Augenblick frei und leicht mit der Zeit tanzen und immer heller und strahlender werden. Weder Enge noch Ängste oder Sorgen unterbrechen den dynamischen Fluß der Energie.

Entspannen wir uns in Zeit hinein, erleben wir so viel Freude, daß wir ohne besondere Anstrengung erfolgreich sind. Wie eine professionelle Tänzerin mit ganzem Herzen tanzt, so lassen wir uns freudig auf die Herausforderungen der Arbeit ein. Wir genießen die Empfindung jeder Bewegung und jeder Geste, jeder Routinearbeit und jeder Anforderung. Arbeit wird Zusammenarbeit, an der Körper und Sinne, Intelligenz und Bewußtheit spielerisch und harmonisch mitwirken. Indem wir die Leichtigkeit und Harmonie genießen, bauen wir Stärke und Vertrauen auf. Wir lernen uns bei allen unseren Tätigkeiten zu ermutigen.

Übung 5 Stabilität entwickeln

Durch Zeitdruck fühlen wir uns häufig so verspannt und gedrängt, daß wir uns keinen Raum geben, um über andere Verhaltensweisen nachzudenken. Die folgende Übung kann dieser Verspannung entgegenwirken. Sie können diese Übung immer ausführen, sobald Sie bei der Arbeit ein paar ruhige Minuten finden.

Setzen Sie sich still hin, entspannen Sie Körper und Geist, und entwickeln Sie allmählich das Gefühl, die Organe Ihres Körpers schwebten im Meer oder im Raum. Lassen Sie Ihre Bewußtheit mit dieser stillen Weite Kontakt aufnehmen. Spüren Sie dies in Ihrem Körper, und lassen Sie es sich zu einer tief empfundenen, umfassenden Stabilität entwickeln. Erlauben Sie allen Spannungen, sich in diesen umfassenden Empfindungen aufzulösen. Wollen Sie dieses Empfinden weiterentwickeln, können Sie sich vorstellen, Ihr Körperinneres verschmilzt mit Raum oder ist mit Licht gefüllt.

Übung 6 Zeit planen

A Schreiben Sie einen Monat lang Stunde für Stunde auf, woran Sie gearbeitet haben. Halten Sie nach jeder Stunde inne, und machen Sie einen kurzen Eintrag in Ihr Notizbuch. Seien Sie vollkommen aufrichtig mit dem, was Sie tatsächlich erreicht haben. Betrachten Sie Ihre Ergebnisse immer wieder, überprüfen Sie, wie Sie Zeit nutzen und wie Sie Ihre Ziele aus den Augen verlieren. Werden Sie vollkommen vertraut damit, wie Zeit sich in Ihrer Arbeit ausdrückt.

B Fahren Sie im folgenden Monat mit Ihren Aufzeichnungen nach Ablauf jeder Stunde fort, und stellen Sie zusätzlich zu Beginn des Tages einen stündlichen Arbeitsplan auf. Vergleichen Sie am Ende des Tages den Plan mit dem tatsächlichen Geschehen. Es gibt Computer Software, die diese Aufgabe erleichtert.

Übung 7 Ziele setzen

Haben Sie an einem Tag oder sogar innerhalb einer Stunde verschiedene Aufgaben zu erledigen, dann setzen Sie für jede Aufgabe eine vernünftige Zeit fest. Bemühen Sie sich, diese Zeitvorgabe einzuhalten. Gelingt es Ihnen nicht, müssen Sie vielleicht zuerst Ihre Energie und Bewußtheit entwickeln. Setzen Sie sich vernünftige Ziele? Setzen Sie Ihre gesamte Energie ein, um die Aufgaben zu erledigen? An welchen Stellen regt sich Widerstand? Wann werden Sie müde? Was geschieht dann?

Übung 8 Einfach beginnen

Manchmal setzt eine Aufgabe sorgfältige Planung voraus, ein anderes Mal kann sofort begonnen werden, ohne irgendwelche Worte oder Gedanken zu verschwenden. Im Büromanagement gilt die Regel, ein Blatt Papier nur einmal in die Hand zu nehmen. Können Sie diese Vorgabe einhalten? Je reibungsloser Sie auf dem laufenden bleiben können, desto früher werden Sie positive Ergebnisse verzeichnen. Beobachten Sie während des kommenden Monats, wie oft Sie eine Arbeit, sobald sie anfällt, in nur wenigen Minuten erledigen können. Achten Sie darauf, das innere Gleichgewicht zu bewahren und sich durch solche Arbeiten nicht von Ihren eigentlichen Zielen ablenken zu lassen. Wie ergeht es Ihnen dabei?

Weitere Übungen über den Umgang mit Zeit finden Sie im Anhang unter „Mittel zur Veränderung“.

Bewußtheit entdecken

Haben wir den festen Entschluß gefaßt, Bewußtheit mit Zeit zu verbinden, stehen uns viele Techniken und Methoden zur Verfügung. Ehe wir sie aber tatsächlich wirksam anwenden können, müssen wir zunächst lernen, unsere Bewußtheit stärker zu zentrieren, denn sonst versanden unsere Bemühungen, und die Ergebnisse sind unberechenbar. Einmal setzen wir uns feste Termine und halten sie auch ein, aber schon am nächsten Tag vergessen wir völlig, diese Praxis fortzusetzen. Unsere Bewußtheit ist einfach nicht stark genug, um unseren Bemühungen Dauer zu geben.

Eine zentrierte Bewußtheit ist das entscheidende Element, wollen wir unsere Leistung steigern. Sie gibt uns die Energie, unsere Erfahrungen zu sichten und das, was wir als wertvoll erkannt haben, in die Tat umzusetzen. Mit einer zentrierten Bewußtheit können wir die Disziplin und Struktur entwickeln, die unsere Leistungen fördern.

Aus dem Schlaf erwachen

Leben hat etwas Vorhersagbares und Routinemäßiges, das uns schläfrig macht. Wir haben uns offenbar auf Lebens- und Verhaltensweisen eingelassen, die auf Dumpfheit beruhen und auf Unklarheit über die Ereignisse in unserem Leben. Während ein Tag in den nächsten übergeht, verlieren sich die Einzelheiten unseres Erlebens, und die Ergebnisse unseres Handelns lassen sich nur noch schwer einschätzen. Gewohnheitsmuster unterminieren die Kraft und Wirksamkeit unserer Handlungen. Mit dieser Lebensweise können wir kein Wissen entwickeln, das uns weckt und höhere Intentionen und Möglichkeiten erkennen läßt.

Der erste Schritt, dieser schläfrigen Dumpfheit entgegenzutreten, besteht darin, die Dynamik der Zeit anzuerkennen und sich zu entschließen, sie wirkungsvoller zu nutzen. Wir fassen den festen Entschluß, bewußt zu werden und die Kraft der Bewußtheit auf den gegenwärtigen Augenblick anzuwenden.

Die Menschheit besitzt eine besondere Affinität zur Bewußtheit und dem Wissen, das aus ihr erwachsen kann. Wir können uns der Vergangenheit und Zukunft ebenso bewußt sein wie der Gegenwart. Wir können uns der eigenen Ziele und Absichten bewußt sein wie auch der Stimmung und Einstellung anderer. Wir können uns der Faktoren bewußt sein, die auf vielen verschiedenen Ebenen gleichzeitig wirksam sind. Damit wir das für ein erfolgreiches Arbeiten notwendige Wissen finden können, müssen wir diese Bewußtheit entwickeln.

Bewußtheit regt die dynamischen Aspekte der Sinne und des Geistes an. Dadurch nimmt unsere Vision Gestalt an, wir können klare Ziele setzen, und dadurch wird das zur Verwirklichung dieser Ziele führende Wissen eingeladen. Wissen wir, was wichtig und wertvoll ist, so wird Bewußtheit zu einem von Herzen kommenden Interesse.

So wie ein Licht den Raum erhellt, zeigt Bewußtheit Zusammenhänge auf. Wir können sowohl die Einzelheiten erkennen als auch die weite Perspektive. Deshalb können wir Vorhersagen treffen, planen, analysieren, organisieren und uns auf etwas konzentrieren. Bewußtheit ist wie der oberste Koordinator unserer Erfahrung und kann die kraftvolle Energie des Geistes zum Erfolg führen. So wie ein Künstler aus Ton eine Statue gestaltet, vermag sie unsere Handlungen zu formen, so daß wir Ergebnisse vorweisen können.

Bewußtheit von Bewußtheit

Fangen wir etwas Neues an, richten wir die Bewußtheit zunächst auf die direkt vor uns liegende Aufgabe. Aber innerhalb nur weniger Minuten ist unsere Aufmerksamkeit zum großen Teil von inneren Dialogen, Bildern, Vorstellungen und Erinnerungen in Anspruch genommen. Unzusammenhängende Gedankenketten tauchen auf und ziehen die Bewußtheit auf sich. Bilder und Erinnerungen blitzen auf, schwirren durch die Luft und verschwinden wie Seifenblasen. Sie tragen die Bewußtheit fort, die wir darin investiert haben. Im Hintergrund der Wahrnehmung lenkt uns ein entfernter, unbestimmter Lärm ebenfalls ab und zerrt an unserer Aufmerksamkeit. Schon bald vergessen wir möglicherweise unsere Aufgabe und wenden uns etwas anderem zu. Selbst wenn uns die Dringlichkeit der Aufgabe zurückbringt, hat unsere Aufmerksamkeit nicht mehr die Sammlung, Schärfe und Klarheit, die entsteht, wenn wir wirklich gegenwärtig sind.

Verliert der Geist an Sammlung, erkennen wir nicht, daß wir unbewußt sind. In diesem Augenblick wissen wir nicht einmal, was Bewußtheit bedeutet. Ohne sich jemals bewußt zu sein, daß etwas nicht stimmt, läuft der Geist im Zickzack vor und zurück oder torkelt von einer Seite zur anderen wie ein Betrunkener, der zu gehen versucht. Äußerlich sitzen wir vielleicht an einer Stelle und arbeiten an etwas, aber im Inneren ist der Geist zersplittert und verschwommen.

Ohne uns der Bewußtheit bewußt zu sein, fehlt uns das Bewußtsein, daß wir abgelenkt sind, welche Konsequenzen unsere Handlungen haben und wie sehr es uns an Zielstrebigkeit mangelt. Widerstreitende Gedanken und endlose innere Zwiesprachen rauben uns unsere Zeit und Energie und schwächen uns auf subtile Weise. Sind wir mit deutlichen Hinweisen konfrontiert, daß wir nicht viel erreicht haben, können wir es nicht verstehen, denn schließlich waren wir doch immer beschäftigt. Daran ist aber nichts Geheimnisvolles. Zwar sind wir scheinbar wach und geschäftig, aber unser wichtigster Teil schläft.

Wie können wir erfolgreich und produktiv sein, wenn wir unsere Bewußtheit nicht entwickelt haben? Ein träger und undisziplinierter Geist treibt zunächst umher wie eine Qualle, verwandelt sich aber bald in einen von Unwillen, Wut, Gier, Eifersucht und anderen negativen Emotionen besessenen Krebs.

Diese enge Perspektive läßt kaum Licht zu und wenig Entspannung. Wir haben vielleicht kreative Gedanken, können sie aber nicht in die Tat umsetzen. Der Körper verspannt sich, die Sinne und Gedanken werden schwer und düster. Weil wir gewohnheitsmäßig auf innere Dialoge hören und von geistigen Bildern in den Bann gezogen werden, trennen wir uns von der direkten Sinneserfahrung und verlieren die Verbindung zu unserer natürlichen Intelligenz.

Je mehr wir uns auf das verlassen, was wir aus dieser Perspektive erkennen, desto mehr Gründe erfinden wir, warum es genau so sein muß, und desto wirklichkeitsgetreuer und wahrer erscheint unsere Sichtweise. In kurzer Zeit haben wir uns auf Begrenzungen festgelegt, was wir tun und erreichen können. Sobald sich diese Überzeugung in unserem Bewußtsein festsetzt, beherrscht sie alle positiven Gedanken und Haltungen, die sich einstellen könnten. Da andere Menschen die gleiche Sichtweise haben, gewinnen wir sofort ihre Sympathie und ihr Verständnis. Dadurch bestärken sie uns in der Überzeugung, unsere Möglichkeiten und Fähigkeiten seien beschränkt.

Ohne entwickelte Bewußtheit können wir uns nicht von diesen sich endlos wiederholenden Gedankenmustern befreien. Ohne uns unserer Bewußtheit bewußt zu sein, haben wir keinen

Zugang zu einer Realität jenseits der Gedankeninhalte. Wir können nur das erkennen oder mitteilen, was der veränderliche Strom der Gedanken zuläßt. Wir sind unfähig, aus einem tieferen inneren Wissen heraus zu handeln, deshalb werden wir einsam und schwach. Diese Einsamkeit hat etwas Selbstzerstörerisches und führt zu immer größerer Isolation.

Dieser unendliche Kreislauf karmischer Muster – bedrückend und hoffnungslos – wird im Buddhismus Samsara genannt. Das Leben im Samsara fühlt sich an, als würden wir ständig von einem Juckreiz geplagt. Wir kratzen uns, aber ohne Erfolg. Es juckt überall – im Körper und Geist, in Gedanken und Gefühlen. Ob wir gereizt sind und uns verteidigen, uns in Vergnügen stürzen oder in Dumpfheit flüchten, es ist alles eine Reaktion auf ein Empfinden von Un-Wohlsein und Frustration. Haben wir die Aussicht auf eine neue Arbeit, neue Beziehung oder neue Besitztümer, können unsere Hoffnungen und Erwartungen zwar für kurze Augenblicke luftige Höhen erreichen, bald aber stellen sich die alten Muster wieder ein, und unsere Stimmung sackt erneut ab.

Anstatt uns zu verdammen, diese negativen Zyklen zu durchlaufen, können wir lernen, Bewußtheit zu entwickeln. Wir können unsere negativen Muster deutlich ansehen und ihr Wissen benutzen, um zu unserem positiven Potential zu erwachen. Wir können Bewußtheit als Medizin benutzen, um Unzufriedenheit zu heilen, um Freude zu schaffen und um im Leben und bei der Arbeit ein tieferes Wissen wachsen zu lassen.

Dem menschlichen Geist bereitet es Freude, unbehindert zu forschen und seine Möglichkeiten voll auszuschöpfen. Wir können uns auf diese dynamische, mutige Kraft einlassen, denn mit ihrer Stärke können wir erfolgreich sein und unsere Ziele erreichen. Arbeit als solche kann das Mittel zur Entwicklung von Bewußtheit sein, Bewußtheit ihrerseits kann uns zu erfolgreicher Arbeit führen.

Bewußtheit zentrieren

Häufig sind wir der Meinung, Bewußtheit sei etwas ebenso Selbstverständliches wie das Gehen- oder Laufen-Können. Aber so wie Sport oder Tanz unsere Bewegungsfähigkeit erhöhen und entwickeln können, so läßt sich auch unsere Fähigkeit zur Bewußtheit verstärken, üben und auf höhere Ebenen bringen. Entwickeln wir nicht unsere Bewußtheit, verschleudern wir eine kostbare Möglichkeit und gleichen einem Menschen, der in seinem Wohnzimmer einen Konzertflügel hat, auf dem er aber lediglich mit einem Finger Melodien klimpert.

Bewußtheit wird häufig mit einer grundlegenden Wahrnehmungsfähigkeit in Verbindung gebracht, so wie wir sie beim Autofahren erleben: ein Sehen in alle Richtungen, das einer dreidimensionalen Aura um das Bewußtsein gleicht. Wollen wir unsere Bewußtheit entwickeln, ist es jedoch viel sinnvoller, jene Aspekte der Bewußtheit zu beachten, die „auf etwas zentriert sind" oder „etwas Aufmerksamkeit schenken". Können wir uns besser zentrieren, nimmt der mehrdimensionale Aspekt der Bewußtheit von selbst zu.

Üben wir uns darin, die Bewußtheit zu sammeln, müssen wir zunächst genauso ausdauernd wachsam sein wie ein Schäfer beim Hüten der Herde, denn sonst wandern Gedanken, Ideen, Erinnerungen, Bilder und emotionale Dramen ziellos umher und ziehen die Bewußtheit auf sich. Sind wir mit Bewußtheit vertrauter geworden, ist dieser Grad von Wachsamkeit nicht mehr nötig, denn Bewußtheit hat eine ihr innewohnende Qualität, uns zu erinnern und den Geist wieder zum Objekt zurückzuführen. So wie sich eine Biene von den Pollen einer schönen Blume angezogen fühlt, kann Bewußtheit zwar davonfliegen, kehrt aber immer wieder zurück.

Übung 9 Eine einfache Aufgabe

Wollen Sie bei Ihrer Arbeit eine leichte, zentrierte Bewußtheit entwickeln, beginnen Sie mit einer einfachen, kurzen Aufgabe: Beobachten Sie, ob Sie sich vom Anfang bis zum Ende Ihrer Handlungen bewußt sein können, ob Sie in Ihrer Erfahrung unmittelbar gegenwärtig sind. Bringen Sie Ihre Aufmerksamkeit immer wieder sanft zurück, sobald sie nachläßt. Ist die eine Aufgabe beendet, beginnen Sie mit der nächsten. So haben Sie jeden Tag und jede Stunde die Gelegenheit zu üben.

Übung 10 Arbeiten und Gehen

Bewußtheit läßt sich leicht entwickeln, indem wir unsere Aufmerksamkeit auf das Gehen richten. So wie wir von einem Ort zum anderen gehen, ohne wahrzunehmen, wie wir dorthin gelangt sind, so arbeiten wir auf das Endergebnis hin, ohne mit der Erfahrung des Arbeitens verbunden zu sein. Können wir mehr Bewußtheit im Gehen entwickeln, wird es sich auf das Arbeiten übertragen.

Üben Sie während des Tages, bewußt zu gehen. Sie werden feststellen, daß ein hastiges Herumlaufen häufig die Bewußtheit mindert. Gehen Sie daher zunächst am besten langsam. Sammeln Sie sich, und entwickeln Sie dabei eine sanfte Gegenwärtigkeit, so daß Ihnen das Gehen Freude macht.

Sobald Sie diese Freude spüren, können Sie sich schneller bewegen und dennoch bewußt bleiben. Öffnen Sie die Sinne für das Sie umgebende Geschehen. Allmählich werden Sie deutlicher erkennen können, wie geistige Projektionen die Tendenz haben, Ihre Bewußtheit zu beeinträchtigen. Ist die Wahrnehmung dafür stärker geworden, versuchen Sie diese bei Ihrer Arbeit bewußt zu üben.

Übung 11 Gegenwärtigkeit entwickeln

Diese Übung läßt sich beim Autofahren oder bei körperlichen Tätigkeiten ausführen. Empfinden Sie beim Arbeiten Ihren Körper. Beginnen Sie beim Kopf, und lassen Sie die Aufmerksamkeit allmählich durch den ganzen Körper wandern. Sobald Sie den gesamten Körpers deutlicher wahrnehmen, können Sie versuchen, die verschiedenen Empfindungen in ein Gleichgewicht zu bringen. Achten Sie darauf, wo Blockaden sind oder wo die Energie offenbar besonders stark ist. Mit dieser ausgeglichenen Gegenwärtigkeit als Grundlage konzentrieren Sie sich vor allem auf die Bewegung der Hände. Lassen Sie dieses Wahrnehmen immer weiter werden, bis zu einer umfassenden Bewußtheit, in der sowohl der Geist als auch der gesamte Körper zusammen gegenwärtig sind.

Bewußtheit zur Ganzheit ausdehnen

Können wir uns bei unseren Tätigkeiten immer besser sammeln, wird Bewußtheit von selbst zu Konzentration und trägt dazu bei, Energie anzuregen. Bewußtheit, Konzentration und Energie sind unsere inneren Ressourcen und bilden in ihrem Zusammenspiel das Fundament für Erfolg. Haben wir gelernt, wie wir ihr Wechselspiel fördern können, regen wir eine positive Dynamik an, die immer wieder zu Leistungen führt, die uns erfüllen.

Konzentration üben

Konzentration besitzt die Qualität der Beständigkeit oder aufrechterhaltenden Kraft. Es ist die Fähigkeit, ohne Ablenkung bei dem zu verweilen, was sich die Bewußtheit als Punkt der Sammlung gewählt hat. Konzentration läßt Bewußtheit und geerdete Energie miteinander verschmelzen und lenkt Denken und Handeln zweckgerichtet auf ein Ziel. Mit Konzentration können wir unsere Erfahrung geistig wach und klar durchdringen.

Es ist allgemein bekannt, wie wichtig Konzentration ist, und meistens gehen wir davon aus, daß wir unsere Arbeit hinreichend konzentriert und gesammelt erledigen, um erfolgreich zu sein. Zwar erkennen wir manchmal, daß unsere Sammlung häufig von zerstreuten Gedanken, Bildern oder Sorgen unterbrochen wird, aber im allgemeinen halten wir das für ganz natürlich. Stellen Sie sich aber vor, was wir alles erreichen könnten, wenn wir uns ununterbrochen konzentrieren würden. Was könnten wir mit dieser zusätzlichen Produktivität und Effektivität tun?

Ein unkonzentrierter Geist ist wie ein Kassettenrecorder, der jede Erfahrung aufnimmt, ohne das Wichtige vom Unwichtigen zu unterscheiden. Eine Zeitlang ist der Geist vielleicht auf die augenblickliche Aufgabe gerichtet. Sobald aber Ablenkungen auftauchen oder sich die Emotionen auf etwas anderes richten, folgt er ihnen. Mechanisch reagiert der Geist auf alle Gedanken oder Bilder, die unsere Interessen oder Fantasien im Vorüberziehen entstehen lassen, und ist unfähig, eine eigene Richtung zu bestimmen.

Konzentration wird von Bewußtheit geleitet. Ohne die Führung der Bewußtheit gleicht Konzentration einem Glühwürmchen, dessen Licht nur kurz aufflackert. Bewußtheit ist der Träger einer „sammelnden“ Qualität, die für Wissen typisch ist. Sie verleiht unseren Handlungen Form und Zusammenhalt und bewirkt, daß die Konzentration immer schärfer wird, bis sie mit stetiger Intensität brennt.

Energie einsetzen

Bewußtheit und Konzentration brauchen Energie, die alle Erfahrung belebende dynamische Kraft, um etwas zu bewirken. Die Energie, deren Fluß als Vitalität und Wachheit empfunden wird, ist die treibende Kraft unserer Handlungen. Sie verleiht den Sinnen und Gedanken Kraft und läßt Erfahrung lebendig werden.

Bewußtheit kann die uns zur Verfügung stehende Energie ausgleichen und lenken, so daß sie in Konzentration fließt, statt in Emotionen und wertlose Gedanken abzugleiten. Sobald dieses Wechselspiel angeregt wird, kann der Geist auf ganz neue Weise wirksam sein.

Stellen Sie sich Bewußtheit als Fahrer, Konzentration als Fahrzeug und Energie als Treibstoff vor, der uns zum gewünschten Ziel bringt. Setzen wir diese drei Ressourcen zusammen ein, können wir unsere Tätigkeit klar umreißen, die Aufmerksamkeit sinnvoll ausrichten, Schwerpunkte setzen und uns unaufhaltsam dem Ziel nähern. Dabei schärfen wir unsere Absicht und Intelligenz auf eine Weise, die in ihrer Klarheit einem Diamanten ähnelt.

Werden wir zunehmend mit dem Wechselspiel von Bewußtheit, Konzentration und Energie vertraut, werden wir feststellen, daß unterschiedliche Aufgaben unterschiedliche Kombinationen dieser drei Faktoren erfordern. Indem wir beobachten und experimentieren, um die für bestimmte Aufgaben am besten geeignete Kombination herauszufinden, lernen wir dieses Wechselspiel allmählich besser kennen. Dadurch können wir feine Anpassungen vornehmen, die uns effektiver arbeiten lassen. Während zum Beispiel bestimmte Aufgaben eine eng umrissene Konzentration erfordern, verlangen andere eine weite Perspektive, während wir für noch andere ein Zusammenspiel beider benötigen. Beim Schreiben in einer ruhigen Umgebung können wir uns ausschließlich auf unsere Ideen und unsere Sprache konzentrieren. Verbinden wir aber mehrere Geschichten miteinander, erfordert es eine offenere Konzentration.

Einige Aufgaben verlangen nach einer sanften Energie, andere wiederum benötigen eine sehr intensive. Muß man eine schwere Maschine bedienen, etwa einen Preßlufthammer, ist eine sowohl stetige als auch kraftvolle Energie notwendig. Geistige Arbeit oder graphisches Gestalten erfordern ebenfalls eine stetige Energie, jedoch sanfter in ihrer Intensität. Ähnlich verhält es sich mit dem ersten Entwurf für ein Projekt. Wir brauchen lediglich eine gute Skizze, um den kreativen Prozeß in Gang zu setzen. Ist es aber an der Zeit, den Plan detaillierter auszuarbeiten, benötigen wir eine sehr präzise und scharfe Bewußtheit, die sorgfältig jede Einzelheit in ihrem Ablauf festlegt.

Konzentration entwickeln

Bewußtheit, Konzentration und Energie wachsen auf natürliche Weise zusammen, wenn wir uns intensiv und beständig sammeln können. Vergegenwärtigen Sie sich immer wieder, daß es keinesfalls eine gewaltsame Sammlung sein muß. Sie können sanft vorgehen und darauf achten, ob Sie von Augenblick zu Augenblick mit Ihrem Erleben und Ihrer Arbeit verbunden sind. Schon nach kurzer Zeit werden sich die Ergebnisse in der Qualität Ihrer Handlungen und in Ihren Leistungen zeigen und Ihnen ein positives Feedback geben, das Sie motiviert, mit der Übung fortzufahren.

Sammlung ist zunächst eine von der Tätigkeit getrennte Aktivität, wird aber allmählich zu einem festen Bestandteil unserer Arbeit. Wir sind in Verbindung mit den Werkzeugen und den Materialien, die wir verwenden, und den angestrebten Zielen. Wir sind empfänglich für die Stimmungen und Bedürfnisse unserer Mitarbeiter und entwickeln ein „Gespür" für unser Handeln. Wir entdecken, daß jede Art von Tätigkeit ihre eigene Beschaffenheit hat, ihren eigenen Rhythmus. Da wir uns mit dieser inneren Form der Arbeit in Harmonie befinden, erfahren wir direkt und unmittelbar, was wir tun. Bewußtheit öffnet, Konzentration sorgt für eine stabile Richtung, und Energie fließt ruhig. Wir genießen zunehmend einen kreativen Austausch mit unserer Erfahrung, der unser Bemühen festigt und vertieft.

Unterscheidet sich diese Beschreibung grundlegend von der Realität Ihrer Arbeitsweise, beobachten Sie, ob Ihre Tätigkeit wirklich gesammelt ist. Sie können die oberflächliche Ebene der scheinbar emsigen Geschäftigkeit durchdringen, indem Sie sich fragen, ob Sie wirklich erfolgreich sind. Lautet die Antwort nein, setzt möglicherweise eine Flut von Entschuldigungen und Erklärungen ein. Versuchen Sie, nicht auf diese Geschichten zu hören, die lediglich Ihre Energie schwächen und jede Änderung verhindern. Begrüßen Sie statt dessen die Klarheit, die entsteht, sobald Sie sich der Situation stellen. Jetzt können Sie vielleicht einige Aspekte Ihrer Tätigkeit erkennen, die Ihnen bisher entgangen sind: nutzlose Geschäftigkeit, Wiederholungen, das Hin- und Herschieben von Unterlagen, ohne sie wirklich zu beachten, und umständliches Reden, das niemals auf den Punkt kommt.

Wenn Sie beobachten, wie gut Sie sich sammeln können, werden Sie die Funktionsweise Ihres Geistes erkennen. Ein unkonzentrierter Geist ist hauptsächlich an der Befriedigung der eigenen Bedürfnisse und Wünsche interessiert, statt sich mit dem zu beschäftigen, was zu tun ist. Zwar kann er sich möglicherweise einige Zeit sammeln, wenn er von Furcht, Eifersucht oder anderen Emotionen motiviert wird, aber diese Konzentration beruht weder auf einer geerdeten Energie noch ist sie von Bewußtheit gelenkt und verliert sich schnell.

Sobald Ihnen auffällt, daß Sie nicht gesammelt sind, schauen Sie genau hin: Können Sie erkennen, wie der Geist umherwandert und abschweift? Wie er herumtanzt und den Alleinunterhalter spielt? Wie er zu Ausflüchten rät und nach Kompromissen sucht? Machen Sie sich bewußt, daß die Zeit verrinnt, und nutzen Sie die Inspiration dieses Gedankens, um Klarheit zu finden.

Indem wir die Muster eines unkonzentrierten Geistes erforschen und uns bewußt werden, wie sehr es uns an Bewußtheit mangelt, fördern wir unausweichlich unsere Bewußtheit und können uns besser sammeln. Indem wir uns immer wieder konzentrieren, entdecken wir schließlich eine in der Sammlung liegende besondere Form der Entspannung – ein Reservoir positiver Energie – die unsere Konzentration verstärkt und zu einer erweiterten Bewußtheit beiträgt. Lassen wir diese Energie in unsere Arbeit einfließen, steht sie uns in immer größeren Maß zur Verfügung, so daß wir möglicherweise erstaunt sind, wieviel wir erreichen können.

Übung 12 Sich auf Konzentration konzentrieren

Entwickeln Sie während der nächsten Woche bei allen Ihren Tätigkeiten eine leichte, stetige Konzentration. Achten Sie darauf, wann Sie gesammelt sind und wann Sie die Konzentration verlieren. Merken Sie sich, zu welchem Zeitpunkt und unter welchen Bedingungen Ihre Konzentration besonders gut ist, und notieren Sie am Ende jedes Tages Ihre Beobachtungen. Halten Sie am Ende der Woche eine Rückschau, und versuchen Sie Muster zu erkennen.

Übung 13 Die Arbeit direkt berühren

Entwickeln Sie ein „Gespür" für zwei verschiedene, immer wiederkehrende Tätigkeiten, und erforschen Sie es. Können Sie mit einer in der Tätigkeit liegenden Struktur Verbindung aufnehmen, mit einem Rhythmus, mit einer Gestalt und Form?

Der positive Kreislauf des Erfolgs

Bewußtheit, Konzentration und Energie fördern sich gegenseitig in einem positiven Kreislauf des Erfolgs. Bewußtheit bringt Konzentration mit sich, und Konzentration bringt Energie mit sich. Achtsamkeit fördert Bewußtheit, die Sinne fördern Achtsamkeit, und Gegenwärtigkeit regt die Sinne an. Die Fülle des Daseins liegt in der Gegenwärtigkeit. Nehmen Bewußtheit und Konzentration zu und wird die Energie angeregt, erkennen wir den Wert völliger Gegenwärtigkeit in der Zeit. Wir sehen, wie wichtig es ist, durch die Sinne die Energie des Geistes mit dem unablässigen Strom der fließenden Erfahrung zu verbinden. Bewußtheit führt uns zu Wissen, Konzentration ist der Garant, daß Chancen nicht ungenutzt verstreichen, und Energie ist der Treibstoff unseres Fortschritts. Als Freunde, Helfer und Beschützer ermöglichen uns diese drei Ressourcen das Erwachen zu unserer eigenen Kreativität und Intelligenz.

Die Arena, in der dieses Zusammenspiel stattfindet, ist unsere Arbeit. Sie verwandelt das theoretische Verständnis dieser Dynamik in unmittelbare persönliche Erkenntnis, die wir wirkungsvoll umsetzen können, wo immer wir sind und was immer wir tun. So können wir uns Arbeit auch ohne spezielles Training oder besondere Anleitung nutzbar machen. Wir brauchen dafür keine teure Technologie, keine komplizierten Methoden oder ausgefeilten Theorien über Organisation und Management. Wir können uns selbst beweisen, daß Bewußtheit, Konzentration und Energie es möglich machen, bei der Arbeit Verantwortung zu übernehmen und erfolgreich zu werden.

Bewußtheit, Konzentration und Energie werden in einem präzisen Prozeß geschärft, der sie entwickelt, verstärkt, ausdehnt und optimal einsetzt. Je mehr wir sie anwenden, desto wirkungsvoller werden sie. Wir lernen, den Geist zu üben, die Sinne einzusetzen und Gedanken zu benutzen, damit unser Bestreben und unsere Absichten eine Richtung erhalten. Wir werden gefestigter, stärker, flexibler und gewinnen an Sicherheit und Offenheit.

Ein herrliches Gefühl des Wohlbefindens erfüllt uns. Wir können auf unsere Erfolge verweisen und die Qualität unserer Erfahrung beurteilen. Indem wir unsere Kreativität und Vorstellungskraft mit der Schönheit der Sinne und der aktiven Dynamik des Körpers verbinden, können wir den ungeschmälerten Reichtum unseres menschlichen Erbes in Anspruch nehmen. Dieser magische Weg des Seins kennt keine Grenzen unserer Leistungsfähigkeit.

Übung 14 Arbeit als Übungsfeld

Setzen Sie sich still hin, und reflektieren Sie darüber, wie sich Ihre Fähigkeiten in Ihrer täglichen Arbeit ausdrücken. Wo sind Ihre

Stärken? Was sind Ihre Schwächen? Berücksichtigen Sie dabei sowohl praktische Fähigkeiten und technisches Wissen als auch Einstellungen, Verständnis, Energie und emotionale Stabilität. Fragen Sie sich nun, welche besonderen Gelegenheiten Ihnen Ihre Tätigkeit gibt, um ein umfassenderes Wissen zu entwickeln und Ihre Fähigkeiten in allen diesen Bereichen zu vertiefen. Wie können Sie diese Möglichkeiten wirklich ausschöpfen?

Nachdem Sie einige Zeit ruhig über diese Themen reflektiert haben, schreiben Sie etwas darüber in Ihr Notizbuch. Kehren Sie gelegentlich zu den Fragen zurück, während Sie sich mit diesem Buch beschäftigen, und lesen Sie sich von Zeit zu Zeit Ihre Notizen durch. Welche Veränderungen können Sie erkennen?

Übung 15 Klarheit und Leichtigkeit entdecken

Beschäftigen Sie sich mit Übung A auf Seite 239, und üben Sie diese mindestens eine Woche lang täglich. Empfinden Sie diese Übung als hilfreich, fahren Sie damit einen Monat oder noch länger fort.

Die Pyramide des Wissens

Wir können das Vorhandensein von Bewußtheit, Konzentration und Energie besser erkennen, wenn wir drei verschiedene Wirkungsebenen unterscheiden. Werden wir mit diesen Ebenen vertrauter, können wir unsere Handlungen bei der Arbeit genauer beobachten. Wir lernen, uns besser zu sammeln und unsere Effektivität und Wirksamkeit zu erhöhen.

Erste Ebene

Auf der ersten Ebene ist von allen drei Ressourcen wenig vorhanden. Wir sind uns unserer Handlungen nur wenig bewußt und machen leicht Fehler. Wir können uns nur schlecht sammeln, und sowohl die Quantität als auch Qualität unserer Arbeit ist relativ gering. Nur sporadisch haben wir Erfolg in unserem Bemühen um Konzentration, und das empfinden wir als normal. Ein Großteil unserer Energie wird in Emotionen und Entschuldigungen gelenkt, so daß wenig Triebkraft für positive Leistungen übrigbleibt. Die Energie ist in emotionalen Mustern und inneren Dialogen gefangen und erschöpft sich in ihnen. Ein Ungleichgewicht der Energie in Körper und Geist führt zu Erschöpfung, Trägheit, Zerstreutheit und möglicherweise zu Krankheit. Wir sind leicht entmutigt und arbeiten oft gehetzt. Wir spüren, daß die Zeit vergeht, ohne aber zu wissen, wo sie geblieben ist.

Auf dieser Ebene erkennen wir nicht, ob Bewußtheit, Konzentration und Energie vorhanden sind. Aber vielleicht sind wir uns bewußt, daß wir nicht so erfolgreich sind, wie wir sein könnten, oder wir bemerken, daß wir Schwierigkeiten mit der Konzentration haben oder daß unsere Energie immer wieder abfällt.

Beschließen wir, diese Seinsweise zu hinterfragen, können wir immer feinere Grade von Bewußtheit, Konzentration und Energie wahrnehmen. Der entscheidende Schritt ist, mit Bewußtheit anzufangen. Dann können wir nacheinander die beiden anderen Ressourcen erkennen und voneinander unterscheiden, sie in unserer Erfahrung ausmachen, die ihnen eigene Funktion und ihren Zweck sehen, und wir nehmen wahr, wie sie sich gegenseitig unterstützen. Auf dieser Ebene machen wir Fortschritte, indem wir uns darauf konzentrieren, daß unsere Produktivität und unsere Fachkenntnisse zunehmen. Mit wachsenden Kenntnissen können wir anderen besser helfen. Trotzdem ist unsere Disziplin nicht groß genug, um grundlegende Veränderungen zu bewirken. Selbst wenn wir uns intensiv bemühen, sind unsere Anstrengungen aufgrund mangelnder Bewußtheit nicht tragfähig.

Die drei Tabellen auf den folgenden Seiten verdeutlichen, wie ein niedriges Niveau von Bewußtheit, Konzentration und Energie unsere Lebensqualität und den Wert unserer Handlungen formt.

Zweite Ebene

Auf der zweiten Ebene gehen wir eine feste innere Verpflichtung ein, mehr Bewußtheit, Konzentration und Energie zu entwickeln. Sobald wir lernen, unsere Bewußtheit zu sammeln, erhöht sich die Qualität unserer Arbeit. Wir produzieren mehr, werden motivierter und verfügen über mehr Energie. Wir werden uns unserer augenblicklichen Handlungen, Empfindungen und Gedanken deutlicher bewußt, und wir lernen, bei

Schwach entwickelte Bewußtheit

Qualitäten

Mangelnde Sammlung
Mangelndes umfassendes Verständnis
Mangelndes fachspezifisches Verständnis

Strukturen

Inneres Wissen ist unterdrückt
Eingeschränkte Wertschätzung
Begrenzte Kreativität und Vision
Organisationsprinzip: Unklarheit

Muster

Mangelnde Überzeugung und Ausrichtung
Zweifel und Zögern

Äußere Kennzeichen

Sich mit Routine zufriedengeben
Anwendung von eindimensionalen Richtlinien
Sich auf Erklärungen und Theorien verlassen
Ausflüchten freien Lauf lassen
Kurzfristiges Denken

Ergebnisse

Oberflächliche Antworten
Probleme ohne Lösungen
Umfassendere Möglichkeiten werden ausgeschlossen
Spontane Einsichten lassen nach

Schwach entwickelte Konzentration

Qualitäten

Mangelnde Sammlung
Mangelne Verbindung

Strukturen

Direkter Zugang zur Erfahrung ist unterdrückt
Interesse vertieft sich nicht
Keine Kontinuität
Organisationsprinzip: Haben-wollen

Muster

Sich mit verschwommenen Erfahrungen zufriedengeben
Verwirrung wird nicht auf den Grund gegangen

Äußere Kennzeichen

Sporadische Anstrengung
Sich zwanghaft Sorgen machen
Schnell zu verwirren
Schnell zu beunruhigen

Ergebnisse

Keine gründliche Arbeit
Kein Abschluß
Zusammenhangslose Ergebnisse
Wenig Zeit
Zerstreutsein
Möglichkeiten werden nicht wahrgenommen

Schwach entwickelte Energie

Qualitäten

Mangel an Engagement und Motivation
Mangelnde Entschlossenheit

Strukturen

Geringe Fürsorge und mangelndes Mitfühlen
Keine geerdete Energie
Organisationsprinzip: Abneigung

Muster

Zurückhalten
Passivität wird als Glücklichsein verkannt
Blasse Sinneswahrnehmung
Keine Inspiration
Schwaches Feedback

Äußere Kennzeichen

Träge und schleppend
Ablehnung von neuen Möglichkeiten
Unwillen, sich auf Ziele festzulegen
Aufgaben erscheinen überwältigend
Langeweile

Ergebnisse

Keine greifbaren Leistungen
Verpaßte Gelegenheiten
Mangel an wirklicher Freude und tiefer Befriedigung
Zeitverschwendung
Unnütze Geschäftigkeit

der Arbeit gegenwärtiger zu sein. Anstatt Entschuldigungen, Tagträumereien und Gedanken zu verstärken oder uns in Unklarheit zu verlieren, lernen wir, uns der Gegenwart in der Konzentration bewußt zu sein. Wir werden zur zentrierenden Bewußtheit, wir werden zu der Energie, die Konzentration unterstützt. Konzentration fördert einen geeinten Geist, der sich mit seinem Objekt befaßt. Nichts kann diese starke Sammlung stören: kein Geräusch, keine visuelle Wahrnehmung, keine Vorstellung oder Fantasie.

Sobald diese Konzentration ins Spiel gekommen ist, wird sie von Bewußtheit geführt, die sicherstellt, daß die Konzentration anhält. Gleichzeitig überwacht Bewußtheit die Energie, bringt sie in die Konzentration ein und erhält sie dynamisch und lebendig. Arbeit verwandelt sich in eine dynamische Herausforderung, die unsere eigenen Werte ausdrückt – ein Medium, um konkret aufzuzeigen, wer wir sind und welche Seinsweise wir gewählt haben. Diese Arbeitsweise ist ein Schritt in eine Zukunft, in der wir anderen sehr nützen und unseren Nachkommen ein positives Erbe hinterlassen können.

Obwohl wir deutliche Fortschritte gemacht haben, ist die Konzentration auf dieser Ebene noch nicht stabil. Vielleicht können wir uns am Morgen gut konzentrieren, aber am Nachmittag oder Abend läßt die Konzentration nach, und möglicherweise fühlen wir uns schnell von Geräuschen oder kleinen Unterbrechungen irritiert. Auch bleibt die Qualität der Konzentration irgendwie schwach und oberflächlich. Gedanken, Erinnerungen und Sorgen über die Zukunft tauchen auf und stören das Gleichmaß der Konzentration.

Auch die Energie fließt nicht stetig. Begeisterung und Freude können nicht aufrechterhalten werden, und der Energiefluß im Körper wird an verschiedenen Stellen blockiert. Er entlädt sich entweder in impulsiven Handlungen oder versinkt in einem dumpfen, nebulösen Bewußtsein. Weil die Energie gewissermaßen zäh und schwer fließt, ist die Qualität der Sinneserfahrung nicht erfrischend und dynamisch.

Um über diese Ebene hinausgehen zu können, ist es notwendig, die Energie qualitativ zu verbessern. Wenn sich Bewußtheit klärt und Gefühle ausgeglichener werden, kann die Energie freier durch die Körperzentren fließen, und ihre Qualität wird klar, rein und lebendig. Ungesunde körperliche und geistige Zustände klären sich; Streß, Verwirrung und dumpfe Gefühle lösen sich auf, und wir fühlen uns nicht mehr bedürftig. Daraus ergibt sich unmittelbar eine schärfere Bewußtheit, die Qualität der Konzentration wird erfrischender und tiefer. Die gerichtete Konzentration fördert eine stabile Energie, die ihrerseits die Konzentration nährt und immer subtilere Anpassungen ermöglicht. Die Sammlung vollendet sich in vollständiger Konzentration. Es gibt keine Ablenkungen mehr, und wir lernen, was es bedeutet, Zeit zu meistern. Positive Gefühle erweitern sich zu unbegrenzter Wertschätzung der Fülle und Schönheit des Lebens, wir entwickeln immer mehr Kompetenz.

Der wachsende Erfolg, der sich auf dieser Ebene einstellt, gibt unserer Energie eine positive, inspirierende Qualität, die frei von Einschränkungen ist. Weil wir von unserem Engagement bei der Arbeit und dem Prozeß der Vervollkommnung unserer Fähigkeiten so erfüllt sind, vertiefen wir unsere Kenntnisse und entdecken neue Herausforderungen. Wir können leicht Neues lernen.

Dritte Ebene

Auf der dritten Ebene sind Bewußtheit, Konzentration und Energie vollständig integriert. Bewußtheit geht ganz in der Arbeit auf, Konzentration unterstützt spontan tiefgreifende Entscheidungen, so daß die Energie ununterbrochen fließt. Auf dieser Ebene transzendiert Konzentration tatsächlich den gewöhnlichen Geist und gelangt so zu vollkommener Versenkung. Diese zeichnet sich dadurch aus, daß keine Fehler vorkommen.

Auf dieser Ebene drücken sich die Schönheit der Kunst, die Freude des Spiels und die Befriedigung des Dienens in allen Handlungen aus. Unsere Träume und Vorstellungen fließen vollständig in unsere Arbeit ein und werden zum Medium, um unsere höheren Ziele immer feiner herauszuarbeiten. Je mehr Erfahrung wir mit dieser Arbeitsweise haben, desto höhere Ziele können wir uns setzen.

Anhaltende Versenkung geht in Meditation über. Ihre offene Intensität setzt Energie und visionäres Denken frei, sie enthüllt neues Wissen und klare Bewußtheit. Bewußtheit vertieft sich zu vollkommener Einsicht, die Visionen des Wissens nehmen Form an und können auf geschickte Weise entwickelt werden, so daß sie sich in erfolgreichem Handeln zeigen.

Die Pyramide des Wissens

Während sich Bewußtheit, Konzentration und Energie durch diese Stadien entwickeln und durch Anwendung zu ausgefeilteren und schärferen Werkzeugen werden, bildet ihr aktives Zusammenspiel eine Pyramide des Wissens. Auf ihrer Spitze, dort wo die Kraft der Bewußtheit mit der Kraft der Energie und der Kraft der Konzentration in einem Punkt verschmelzen, erwacht Wissen vollständig. Dies ist die innere Bedeutung von Geschicktem Wirken: wach werden für den Körper des Wissens, so daß wir in unserer Arbeit die Werte verkörpern können, die durch die Verbindung von Weisheit und Handeln im Überfluß freigesetzt werden.

TEIL II

Strukturen für Erfolg

Aufmerksam sein

Die heute im allgemeinen propagierten Methoden zur Steigerung von Produktivität und Effektivität sind stark von speziellen Verfahren und Technologien abhängig. Theorien über Management und Produktivität gehen davon aus, daß Organisationen Mechanismen oder Organismen sind, in denen alle Beteiligten eine bestimmte Rolle spielen. Mit Regeln und Bestimmungen, die die Beziehungen der Teile zum Ganzen vorgeben, versuchen diese Theorien die menschlichen Ressourcen der Organisation zu maximieren.

Auf einer Ebene sind diese Methoden effektiv, aber sie gehen davon aus, daß Menschen bekannte, feststehende Größen sind. Es gibt zwar Programme, die Angestellte in neuen Fertigkeiten, neuen Lernmethoden und neuen Einstellungen schulen, doch es fehlt die Einsicht, daß jeder einzelne Mensch innerhalb der Organisation seine inneren Ressourcen und seine Kreativität entwickeln kann.

Geschicktes Wirken hat einen ganz anderen Ansatz. Es beruht darauf, die Kraft des Wissens anzuregen, die wir alle besitzen. Da der Einsatz von Geschicktem Wirken die Qualitäten des Geistes entwickelt, können wir unsere Arbeit auf einer Ebene verbessern, die tiefer geht als spezielle Vorgehensweisen. Wir können auf unsere Fähigkeit vertrauen, die Technologie in jedem Stadium ihrer zukünftigen Entwicklung unter Kontrolle zu haben, und wir können auch darauf vertrauen, daß unsere Arbeit uns und anderen Menschen nützen wird.

Bewußtheit im Handeln

Wollen wir diese innere Entwicklung vollziehen, ist es von entscheidender Bedeutung, Bewußtheit bei unserer Arbeit anzuregen – wir müssen lernen, aufmerksam zu sein. Indem wir Achtsamkeit entwickeln und mit Hilfe von Bewußtheit unsere innere Sammlung aufrechterhalten, erhöht sich unsere Energie, und unsere Motivation steigt, unser Wissen erweitert sich, wir können unsere Zeit besser nutzen und täglich die Ergebnisse unserer Bemühungen genießen.

Bewußtheit ist spielerisch und ungezwungen. Sie erkennt und wirkt frei von Ängsten oder Druck, frei von innerer Unruhe oder Schuldgefühlen. Immer wenn wir feststellen, daß Bewußtheit in Gedanken und Vorstellungen gefangen ist, können wir uns wieder sanft auf unsere Arbeit konzentrieren. Lassen wir etwas unbeendet, verstreicht eine Gelegenheit ungenutzt, oder erreichen wir ein Ziel nicht, können wir diese Gelegenheit nutzen, um uns behutsam und einfühlsam zu fragen, was geschieht.

Bewußtheit schaut voraus, regelt die Dinge rechtzeitig und schützt uns so vor Überraschungen und Notfallsituationen. Auf immer effektiveres Handeln bedacht, zeigt uns Bewußtheit den richtigen Weg. Sie läßt uns erkennen, wie wir Prioritäten gegeneinander abwägen, uns auf Wichtiges konzentrieren, gute Entscheidungen treffen und unsere Werte realisieren können.

Arbeit ist ein Spiegel der Bewußtheit, dessen Qualität sich in unserer Arbeitsweise ausdrückt. Wenn unsere Bewußtheit heller und schärfer wird, entwickeln wir ein besseres Verständnis vom Sinn und Zweck unserer Arbeit. Es wird klarer, woran wir glauben und wofür wir stehen, warum wir arbeiten und welche Bedeutung unsere Arbeit hat. Dieses Verständnis wird zur Grundlage einer effektiven Planung und Zielsetzung. Bewußtheit läßt uns unabhängig denken, Prioritäten setzen und sie systematisch verfolgen, sie läßt uns unsere Ziele mit Sicherheit erreichen.

Tägliche Checkliste

Reflektieren Sie zu Beginn des Tages folgende Schlüsselfragen. Fügen Sie Ihre eigenen hinzu. Vergessen Sie nicht, am Ende des Tages zu überprüfen: Wie gut haben Sie abgeschnitten?

Was sind meine heutigen Prioritäten?
Wie bleibe ich konzentriert?
Wie kann ich meinen Erfolg messen?
Wer ist von mir abhängig?
Was vergesse oder beachte ich nicht?
Was ist unklar oder nebulös?
Was ist undurchsichtig?

Wirkt Bewußtheit auf diese umfassende Weise, wächst die Aufmerksamkeit für Details bei der Arbeit von selbst, denn durch sie drücken wir unser innere Verpflichtung aus und sorgen für gute Ergebnisse.

Bewußtheit läßt sich bereits dadurch entwickeln, daß wir unsere Zeit sorgfältig gewichten und einteilen. Wir können beispielsweise beschließen, heute überhaupt nicht am Projekt A zu arbeiten, aber Projekt B zur Hälfte zu beenden, einen wesentlichen Schritt von Projekt C abzuschließen und von Projekt D, E und F jeweils kleinere Dinge zu erledigen. Teilen wir uns unsere Arbeit so ein, fördern wir positive Ergebnisse. Wir werden weder wichtige Dinge vergessen noch kleinere Angelegenheiten übergehen. Wir können uns davor schützen, von der anfallenden Arbeit überwältigt oder uns durch Schuld, Sorgen, Ärger oder Widerstand ausgelaugt zu fühlen. Wir arbeiten auf eine leichte, genußvolle Weise, die Vertrauen aufbaut.

Da Bewußtheit unsere geistigen Kräfte schärft, erleichtert sie besseres Zusammenarbeiten, trägt zu fundierten geschäftlichen Einschätzungen bei und hilft uns, sowohl finanzielle und rechtliche Belange zu klären als auch Zeitabläufe und Planungen aufzustellen. Wir können zur rechten Zeit sicherstellen, daß wir Entscheidungen treffen und kommunizieren, daß Sicherheitsvorkehrungen, rechtliche Eingaben und die Wartung von Maschinen rechtzeitig geplant und effektiv ausgeführt werden. Erfolgt alles zum richtigen Zeitpunkt, trägt es dazu bei, eine klare, geordnete und gesunde Umgebung zu schaffen, in der eine subtilere Bewußtheit entwickelt werden kann.

Beginnen wir unserer Bewußtheit bei der Arbeit Aufmerksamkeit zu schenken, beziehen wir das zunächst auf den Kopf: planen, auf Einzelheiten achten und so weiter. Später jedoch stellen wir fest, daß Bewußtheit auch eng mit den Sinnen, mit dem ganzen Körper und mit dem besonderen Wissen des Herzens verbunden ist. Mit einem bewußten Auge erkennen wir kleine Veränderungen und Möglichkeiten, die sich auftun. Mit einer bewußten Nase riechen wir problematische Stellen. Mit einer bewußten Stimme spüren wir die Wirkung, die wir auf andere haben. Sind wir uns unserer Sinne vollkommen bewußt, lassen wir die Entschuldigung, wir hätten nichts davon gewußt, nicht mehr durchgehen.

Bewußtheit für Einzelheiten schärfen

Dehnen wir die Bewußtheit auf jeden Aspekt unserer Arbeit aus, so dringt unsere Aufmerksamkeit zu einer tieferen Ebene des Engagements vor. Die wertschätzende Bewußtheit, mit der wir uns am Duft einer Blume oder dem durch einen Baum scheinenden Sonnenlicht erfreuen, hat dieselbe Qualität wie der Geist, der die Einzelheiten der alltäglichen Handlungen wahrnimmt.

Stehen wir bei der Arbeit so sehr unter Druck, daß wir uns darin gefangen fühlen, kann uns das zu dem Gedanken verleiten, sich an Kleinigkeiten zu erfreuen sei ein Luxus, den wir uns nicht leisten können. Doch dem ist nicht so. Ganz im Augenblick gegenwärtig zu sein, offen und verantwortlich, ist unerläßlich, wollen wir unsere inneren Ressourcen und die Qualität unserer Arbeit bewahren. Sind wir auf allen Ebenen bewußt, erkennen wir, was getan werden muß. Dann können wir auf das Erkannte eingehen und es vollständig ausführen, damit wir das gewünschte Ergebnis erreichen. Versuchen wir zwanghaft unsere Situation unter Kontrolle zu halten, indem wir unsere Aufmerksamkeit einengen und nicht zur Kenntnis nehmen, was um uns herum vorsichgeht, säen wir die Samen für spätere Schwierigkeiten und unterlaufen unsere eigenen Fähigkeiten.

Wir können die Bewußtheit für Einzelheiten schärfen, indem wir uns darin üben, sofort Feedback zu geben. Eine Nachricht weiterzugeben oder eine Information einzuholen, kann normalerweise schnell erledigt werden. Kleine Dinge sofort zu ändern und auf andere zu reagieren, ohne gebeten oder erinnert zu werden, erhöht die Energie aller Beteiligten und trägt dazu bei, Probleme und Verzögerungen zu vermeiden. In diesem Zusammenhang kann Ungeduld einen effektiven Beitrag leisten. Die Frustration, die entsteht, wenn wir den unzähligen kleinen Aufgaben unserer Arbeit gegenüberstehen, kann in ein Werkzeug umgestaltet werden, das wir benutzen, um es „einfach zu tun“: Schreiben Sie einfach den Brief, geben Sie einfach die Bestellung auf, erledigen Sie einfach den Telefonanruf, schließen Sie einfach das Fenster. Sich sofort um eine Kleinigkeit zu kümmern, stellt sicher, daß es eine Kleinigkeit bleibt.

Interessieren wir uns für alle Aspekte unserer Arbeit, so öffnet sich auch der Blickwinkel unserer Bewußtheit, und unsere Sichtweise erweitert sich über unsere unmittelbaren und begrenzten Angelegenheiten hinaus. Verbinden wir diese offene Sichtweise mit intensiver Konzentration, können wir mit Disziplin und Präzision zeitlich und räumlich organisieren, so daß jede Aufgabe, groß oder klein, ihren Platz und ihre Zeit hat.

Kümmern wir uns wirklich um die Einzelheiten, können wir unsere Energie leichter in kreative Arbeit lenken, statt sie in Emotionalität oder Zerstreuung fließen zu lassen. Dadurch entwickelt sich nicht nur unsere Bewußtheit weiter, sondern es erschließt sich uns auch ein großes Reservoir an Lebensenergie, das uns selbst im Angesicht von Schwierigkeiten weitermachen läßt. Wir können uns und andere auf leichte und humorvolle Weise daran erinnern, was getan werden muß, und gute Ergebnisse erzielen.

Verschwendung kontrollieren

Ein gutes Übungsfeld für Achtsamkeit ist die Abfallvermeidung. Wer beispielsweise für den Einkauf zuständig ist, kann die benötigten Materialien gewissenhaft abschätzen und nur einen kleinen Betrag für Fehler einkalkulieren. Der Verantwortliche kann dann dabei helfen, die Arbeit so abzustimmen, daß die geplanten Grenzwerte nicht überschritten werden. Dieser Ansatz fördert Disziplin und Engagement und beeinflußt alle Aspekte der Arbeit. Vergegenwärtigen wir uns, welche Konsequenzen es hat, wenn wir nur ein Pfund Stahl, einen Zentimeter Kupferrohr oder ein Dutzend Papierblätter verschwenden, können wir vermeiden, daß sich kleine Abfallmengen in großen Projekten vielfach multiplizieren. Wachheit in diesem Bereich schärft auch unsere Aufmerksamkeit für Muster, mit denen wir unsere Zeit und Energie verschwenden.

Weil wir im Westen lange Zeit davon ausgingen, alles im Überfluß zu haben, wurde uns erst in jüngster Zeit das Abfallproblem bewußt. Es ist hilfreich, sich daran zu erinnern, daß die Materialien, die wir in dieser Kultur gewöhnlich wegwerfen, in anderen Teilen der Welt als wertvolle Ressourcen betrachtet werden. In anderen, weniger privilegierten Ländern würde jeder feine Stoffrest oder jedes schöne Papierstückchen, jedes Stück Alteisen oder jeder rostige Nagel aufgehoben und benutzt werden.

Um unser Bewußtsein für das Abfallproblem zu schärfen, können wir darüber nachdenken, daß wir, wenn wir Materialien verschwenden, auch das Wissen und die Anstrengung derjenigen verschwenden, die sie herstellten. So wie zahllose Arbeiten notwendig sind, um ein Essen auf den Tisch zu bringen, so ist in den Rohstoffen vieles andere enthalten: die Naturkräfte, die sie entstehen ließen, die Maschinen, mit denen sie gewonnen oder verarbeitet wurden, und das komplexe Netz von Transport, Kommunikation, Marketing und Verkauf, das die Wirtschaft funktionsfähig macht.

Vielleicht können wir uns am wirkungsvollsten mit dem Abfallproblem auseinandersetzen, wenn wir uns auf den wahren Wert unserer Arbeit besinnen. Jede Mark, die wir falsch ausgeben, ist nicht nur verschwendet, sie fehlt auch bei dem Geld, das uns für unser Ziel zur Verfügung steht. Kaufen wir beispielsweise für ein Projekt nur ein wenig mehr ein, als eigentlich notwendig ist, damit wir uns ein „Polster" schaffen, haben wir schließlich Reste übrig statt Geld. Vielleicht finden wir für die Reste noch Verwendung, doch inzwischen ist das Geld ausgegeben, mit dem wir unser eigentliches Ziel erreichen wollten. Und wenn die Reste nutzlos herumliegen, werden sie zu Abfall, für dessen Entsorgung wir irgendwann bezahlen müssen, sei es mit Geld oder mit Energie und Zeit.

Ein Bewußtsein für Verschwendung kann zu effektiveren und wirtschaftlicheren Arbeitsweisen führen. Wenn wir Arbeitsgebiete entdecken, in denen regelmäßig Material verlorengeht oder zweckentfremdet wird, können wir die Gelegenheit nutzen, um engagierter und disziplinierter zu sein. Beispielsweise können wir klare Grenzen zwischen Arbeitsbereichen ziehen. Wir können die Grenzen zwischen Projekten bewahren, indem wir sorgfältige Aufzeichnungen und Berechnungen aufstellen, die verhindern, daß durch Nachlässigkeit Materialien von einem Projekt zum anderen wandern. Wir können unsere Ressourcen besser nutzen lernen, indem wir Bewußtsein für jeden Aspekt des Arbeitsprozesses entwickeln, nach möglichen Schwachstellen suchen und uns für Verbesserungen einsetzen.

Der Verwirrung und Vergeßlichkeit entgegenwirken

Üben wir Aufmerksamkeit, verfolgen wir im Geschäftsleben eine Haltung, die wirklich „zur Sache geht" und sehr viel mehr zu bieten hat als nur Kostenersparnis. Werden uns in jedem Bereich unserer Arbeit – in Materialien, Zeit oder inneren Ressourcen – die versteckten Kosten bewußt, können wir besser feststellen, was wir für unsere Anstrengungen zurückbekommen. Dadurch verbinden wir uns stärker mit der Realität unserer Arbeit. Unsere Bereitschaft wächst, in unserer Erfahrung gegenwärtig zu sein, Bewußtheit zu üben und uns in unsere Konzentration hinein zu entspannen. Diese Übung schult unsere Fähigkeit, Wichtiges nicht zu vergessen und auf der Grundlage dieses entscheidenden Wissens zu handeln.

In der heutigen Zeit ist es besonders wichtig, Arbeit auf diese Weise zu nutzen, denn die modernen Lebensumstände schwächen unsere natürliche Fähigkeit zur Aufmerksamkeit. Von frühester Kindheit wird unser Geist mit Vorstellungen, Bildern und Geräuschen überreizt. Unsere Bewußtheit – von der ständigen Überflutung mit Sinnesreizen und Eindrücken traktiert – stumpft ab. Wir verlieren die Fähigkeit, die Gegenwart klar zu sehen oder die Zukunft realistisch einzuschätzen.

Werden wir mit dem Schwall unserer Gedanken und Vorstellungen nicht mehr fertig, setzen wir unsere Energie nicht in tatkräftiges Handeln um, sondern investieren sie in emotionales Verhalten. Wir fallen automatisch in ein Muster des Verleugnens: „Ich kann nichts sehen", „Ich kann nichts verstehen", „Ich kann nichts tun." Je mehr wir uns dafür entscheiden, das tatsächliche Geschehen zu ignorieren, desto leichter vergessen wir, was uns wirklich wichtig ist, und desto weniger können wir unsere

Erfahrung wertschätzen. Gelegenheiten verstreichen unbemerkt, und wir werden zunehmend von einem Gefühl der Angst und Furcht bestimmt, in dem sich unser Überwältigtsein widerspiegelt. Häufig werden diese Reaktionen in psychologischen Begriffen beschrieben – Verwirrung, Neurose, Abhängigkeit, emotionale Störung – doch die tieferliegende Ursache ist die Unfähigkeit, wirkliche Klarheit in unsere Bewußtheit zu bringen.

Zu diesem Muster gibt es ein wirkungsvolles Gegenmittel: den Wunsch, erfolgreich zu sein und etwas Wertvolles schaffen zu wollen. Dank unserer starken Motivation können wir leichter erkennen, wie wichtig es ist, in unserer Arbeit aufmerksam zu sein. Wir fangen an, die Wachheit und Geistesgegenwärtigkeit zu entwickeln, die unsere natürliche Intelligenz und Energie wiederherstellen. Wenn wir erkennen, welche Kraft uns aus einem wirklich gesammelten Geist zufließt, entscheiden wir uns, unser Bewußtsein mit der ihm gebührenden Sorgfalt zu behandeln.

Übung 16 Bei dem bleiben, was zählt

Prägen Sie sich morgens die drei, fünf oder sieben wichtigsten Dinge ein, die Sie für den Tag geplant haben. Lassen Sie sich diese Liste von Zeit zu Zeit spielerisch durch den Kopf gehen – mehr im Sinne einer Vision für den Tag und nicht als ein starrer Rahmen. Mit dieser Übung halten Sie Ihre Bewußtheit scharf und wach.

Übung 17 Bewußtheit schärfen

Notieren Sie am Ende jeder Stunde in ungefähr fünf Worten, was Sie erreicht haben. Schenken Sie Entschuldigungen und Erklärungen keine Beachtung; nehmen Sie sich ein paar Sekunden Zeit für Ihre Notizen, und fahren Sie dann in Ihrer Tätigkeit fort.

Übung 18 Gedankliche Notizen

Üben Sie sich darin, Ihre Sinne weit zu öffnen, während Sie durch Ihr Büro gehen oder sich an Ihrem Arbeitsplatz bewegen, und beobachten Sie alles, was Ihnen begegnet. Machen Sie täglich einen besonderen Rundgang, und stellen Sie sich dabei vor, durch Ihren eigenen Körper zu wandern. Halten Sie Ausschau nach potentiellen Problemstellen, und notieren Sie sich jede Kleinigkeit, die zwar geändert werden muß, um die Sie sich aber nicht sofort kümmern können. Stellen Sie in sinnvollen Zeitabständen die Notizen zusammen, und entwickeln Sie einen Plan, um alles zu reparieren, zu organisieren, instandzusetzen und zu reinigen, was nicht in Ordnung ist.

Übung 19 Wertschätzung vertiefen

Versuchen Sie Ihre Bewußtheit zu öffnen, indem Sie die Geschichte und den Hintergrund Ihres Projekts oder Ihres Unternehmens betrachten und sich die Bemühungen Ihrer Vorgänger vergegenwärtigen. Ziehen Sie die positiven Ergebnisse, die Sie durch erfolgreiche Arbeit erzielen können, in Betracht, und verfolgen Sie, so weit wie möglich, wer in welcher Weise davon profitiert. Beachten Sie den gefühlsmäßigen Unterschied zwischen der Wertschätzung dieser positiven Ergebnisse und dem für Tagträumereien über Erfolg typischen Empfinden der eigenen Wichtigkeit.

Bewußtheit auf diese Weise auszudehnen, öffnet das Herz für eine tiefere Ebene des Engagements. Sie können dabei neue Möglichkeiten finden, um Ihre Arbeit weiterzuführen und sich zu engagieren. Das ist eine hilfreiche Übung, wenn Sie sich entmutigt oder frustriert fühlen.

Übung 20 Impulse für eine schärfere Bewußtheit

Erst wenn wir den Wert dessen, was wir erreichen wollen, anerkennen, können wir uns dafür einsetzen, in unserer Arbeit bewußter zu werden. Nehmen Sie sich eine Woche lang täglich Zeit, um darüber nachzudenken, was für Sie in Ihrer Arbeit wichtig ist. Betrachten Sie sowohl Ihre persönlichen Ziele als auch die des Unternehmens oder die speziellen Verantwortlichkeiten Ihrer Tätigkeit. Schreiben Sie sie in Ihr Notizbuch, legen Sie Prioritäten fest, und beginnen Sie einen Plan aufzustellen, wie Sie Ihre Ziele erreichen können. Eine auf diese Weise entwickelte Vision führt zu einem verstärkten Engagement, das von selbst unsere Bewußtheit schärft und stabilisiert.

Strukturen für Erfolg

Am Anfang eines Projektes oder Unternehmens benötigen wir Vision, Ziel und Zweck, und wir müssen Verpflichtungen eingehen, damit wir diese verwirklichen können. In der mittleren Phase erfüllen wir durch unser Handeln die eingegangenen Verpflichtungen. Am Ende reflektieren wir unser Tun und können uns an dem Erreichten freuen.

Betrachten wir zum Beispiel unser Leben als Ganzes: die erste Phase dauert bis zum Erwachsenwerden, wir schließen unsere Ausbildung ab und beginnen für unseren Lebensunterhalt zu sorgen. In diesen Jahren formulieren wir unsere Vision, bestimmen unsere Ziele und Zwecke und fangen an, sie in Handlungen umzusetzen. In den mittleren Jahren liegt die Betonung auf Arbeiten, Handeln und Leisten – unsere Werte Gestalt annehmen lassen. In den späteren Jahren bringen wir unsere Bemühungen zu einem Abschluß, wir vermögen unser Tun zu schätzen und uns mit tiefer Zufriedenheit daran zu freuen.

Auch unser Arbeitstag kann von diesem Rhythmus – Anfang, Mitte und Ende – getragen werden. Morgens bereiten wir uns auf den Tag vor und beginnen mit der Arbeit. Tagsüber erledigen wir zügig die wichtigen Dinge, so daß ein Erfolg den nächsten trägt, und gehen entschlossen mit Problemen um, damit sie den Fluß der Arbeit nicht unterbrechen. Am Ende des Tages schließen wir soviel wie möglich ab, machen uns unsere positiven Ergebnisse bewußt, so daß wir Vertrauen gewinnen und uns größeren

Anforderungen stellen können. Selbst wenn wir jeden Tag mit ähnlichen Abläufen zu tun haben oder wenn wir mit schwer lösbaren Problemen arbeiten, so können wir doch jeden Tag mit Zufriedenheit abschließen und am nächsten Morgen mit klaren, frischen Wahrnehmungen neu beginnen.

Durch diese einfache Struktur können wir die Möglichkeiten, die uns Arbeit bietet, mehr schätzen. Jeder 24-stündige Zyklus wird zu einem Ganzen, stellt unsere vielen Erfolge unter Beweis, hat Bedeutung und ist wertvoll.

Vier Stadien des Erfolgs

Fast alle erfolgreichen Unternehmungen durchlaufen vier Stadien: Grundlagen vorbereiten, tätig werden, Stärke entwickeln/Ergebnisse erzielen und den Erfolg genießen. Bewußtheit, Konzentration und Energie können den Erfolg in allen Phasen fördern.

Grundlagen vorbereiten Richten wir uns auf langfristige oder kurzfristige Ziele aus – auf das, was wir in unserem Leben erreichen wollen oder was wir morgen oder in einem Monat tun möchten – müssen wir die Grundlage dafür schaffen. Im ersten Schritt müssen wir uns über unsere Ziele klar werden, denn sonst bleibt unser Bestreben vage und träumerisch.

Auch unsere Motivation gilt es zu überprüfen. Meinen wir es ernst mit unserem Ziel, oder sind wir einfach in oberflächlicher Begeisterung gefangen? Zu Beginn einer Unternehmung sind wir fasziniert und energiegeladen, aber bald treten Verwirrung und Entmutigung an die Stelle der Begeisterung, und das Ziel rückt außer Reichweite. Ist unsere Motivation nicht tragfähig, dann sollten wir unser Ziel entsprechend anpassen.

Sobald wir uns über unsere Absichten im klaren sind, müssen wir uns auf effektives Handeln vorbereiten. Wollen wir beispielsweise

Vier Stadien des Erfolgs

Grundlagen vorbereiten
Tätig werden
Kraft entwickeln und Ergebnisse erzielen
Sich über Ergebnisse freuen

auf einem Gebiet arbeiten, auf dem wir wenig oder gar keine Erfahrung besitzen, müssen wir lernen, die für den Erfolg wichtigen Faktoren herauszufinden, nach relevanten Daten zu forschen und sie zu analysieren. Wir können in Erfahrung bringen, wie andere Personen ähnliche Projekte aufgezogen haben, welchen Problemen sie dabei begegneten und wie sie Hindernisse überwanden. Wir können über unsere Erfahrung in anderen Arbeitsbereichen nachdenken und darüber, was wir dort gelernt haben. Wo wir nicht über ausreichend eigenes Wissen verfügen, können wir zusätzliche Informationen einholen und Fachleute konsultieren.

Danach müssen wir kalkulieren, wieviel Zeit und welche Ressourcen wir benötigen, um unser Ziel zu erreichen. Indem wir Wissen und Bewußtheit aktivieren und einen realistischen Entwurf oder einen Plan erstellen, umreißen wir die ersten wichtigen Schritte. Damit rückt das Ziel als reale Möglichkeit in unser Blickfeld. Wenn wir unsere Ressourcen überprüfen – Menschen, Geld, Einrichtungen, Ausrüstung und vor allem Wissen – können wir konkrete Ziele ausmachen, die zu bestimmten Terminen erreicht werden müssen.

Da der Prozeß, in dessen Verlauf wir auf unser Ziel zugehen, selbst Wissen erzeugt, brauchen wir nicht notwendigerweise im voraus einen umfassenden Plan zu erstellen. Sobald wir die ersten Schritte kennen, sind wir zum Handeln bereit.

Tätig werden Sind Pläne und Vorbereitungen abgeschlossen, können wir unsere Vision und Ziele nutzen, unsere Intelligenz und Erfahrung in der Praxis erproben. An diesem Punkt treten oft Schwierigkeiten auf. Angst und Zweifel können unsere Energie blockieren oder dazu führen, daß wir die Zeit mit übermäßigem Planen oder mit Träumereien über den Erfolg verschwenden. Verlieren wir den Nutzen unserer Vision aus den Augen, können Begeisterung und Engagement uns leicht entgleiten. Negative Gedankenketten können unsere Motivation blockieren und die vorwärtsstrebende Energie des Bewußtwerdens und Handelns lähmen: wir schieben die Dinge hinaus, die getan werden müssen. Solche Verzögerungen lenken uns von unserer Vision und unserem Ziel ab und binden unsere Energie in Sorgen und Entschuldigungen. Bald läßt uns unsere tatkräftige Energie im Stich. Wir sind entmutigt und frustriert, unsicher, ob wir unsere Vision verwirklichen können.

Auf diese Negativität gibt es eine entscheidende Antwort: einfach aufstehen und etwas tun. Hier ist eine Handlung mit erst langfristig sichtbarem Ergebnis nicht angebracht; wir müssen einen kleinen Schritt tun – irgend etwas Passendes – etwas, das uns sofort Mut macht und uns hilft, neue und heilsame Energie zu schöpfen.

Nach dem ersten Schritt können wir auch den zweiten tun. Werden wir tätig, steigt unsere Handlungsbereitschaft, und wir fassen Mut, mehr zu tun. Bald durchschauen wir die Schwierigkeiten, erinnern uns an die inneren und äußeren Ressourcen, die uns zur Verfügung stehen, und werden uns bewußt, welche Chancen wir haben. Dann kann die günstige Gelegenheit selbst unserer Aufgabe Bewußtheit und Konzentration zuführen.

Sobald wir unsere ersten Ziele erreicht haben, sehen wir neue Verbindungen, so daß wir leichter auf die nächsten Ziele zugehen können. Das Muster wiederholt sich: Die Rückmeldung, die wir mit jedem Schritt erhalten, erweitert unser Wissen, so daß wir die folgenden Schritte effektiver durchführen können. Beginnt unsere Vision Wirklichkeit zu werden, nimmt sie auch Form für die Zukunft an. Es wird leichter, Prioritäten zu setzen und richtige Entscheidungen zu fällen. Mit jedem Schritt wird der Weg klarer und die Vision leuchtender, und die von uns gewählte Richtung führt zu wirklichen Fortschritten.

Mit jeder neuen Aufgabe, die wir annehmen, erhalten wir viele Gelegenheiten, um unsere Grenzen herauszufordern und unser Wissen anzuwenden. Wir können unsere Energie, Ziele und Ressourcen schützen, indem wir gut planen, Zeitabläufe festlegen und Termine setzen. Wir können eine leichte, positive Energie entwickeln, die Geist und Sinne erfrischt und uns vor Erschöpfung schützt, wenn das Tempo hektisch und geschäftig wird. Sinkt unsere Motivation, können wir unser Vertrauen stärken, indem wir unsere Erfolge anerkennen und unser Versagen als Gelegenheit zum Wachstum ansehen.

Kraft entwickeln und Ergebnisse erzielen Ohne Ergebnisse sind selbst die besten Absichten nicht viel wert. Haben wir uns jedoch auf den Weg gemacht und können Ergebnisse vorweisen, dann ist jeder Schritt eine Ermutigung weiterzugehen. Mit jedem erreichten Ziel wachsen unser Vertrauen und unser Wissen, so daß wir geschickter und fähiger werden.

Die innere Dynamik des Erfolgs basiert darauf, daß Bewußtheit und Energie mit Leistung, die sich im Laufe der Zeit einstellt, in Verbindung gebracht werden. Dieses Zusammenspiel läßt eine besondere Vertrautheit aufkommen, die uns weiterhin dazu veranlaßt, in unserem Tun wirklich engagiert zu sein. Andererseits bringt unser Engagement das auf Bewußtheit basierende Verstehen mit der Bereitschaft unserer geerdeten Energie zusammen. Sind wir mit dem Fluß der Zeit im Einklang und drücken dies durch unsere Handlungen aus, so erfahren wir dieselbe tiefe Befriedigung, die eine Künstlerin oder eine erfolgreiche Unternehmerin inspiriert.

Diese natürliche Ausgewogenheit zwischen praktischen Leistungen und der ihnen zugrundeliegenden Inspiration ist ein entscheidendes Element, um uns den Nutzen der Arbeit zu erschließen. Die direkte Verbindung zwischen erfolgreichem Arbeiten und spirituellen Werten erlaubt es uns, wahre Erfüllung in unser tägliches Leben zu bringen.

Die Ausrichtung auf Erfolg scheint weit entfernt zu sein von unserem üblichen Verständnis von persönlicher Entwicklung oder Befriedigung, sind diese doch stark an psychologische Belange und persönliche Wünsche gebunden. Doch dies ist wirklich eine Sache der Einstellung. Hat unser Erfolg seine Wurzeln darin, daß wir persönliche Schwierigkeiten und negative Muster überwinden, dann bilden spirituelles Wachstum, persönliche Befriedigung und praktische Erfolge eine Einheit.

Bestimmte Schwierigkeiten, die uns zu Beginn eines Projektes unsere Energie entziehen und uns veranlassen, Schritte zu verzögern, können in späteren Stadien wieder auftreten, wenn neue Frustrationen und Hindernisse im Weg stehen. Solche Reaktionen können kurz vor Ende eines Projektes besonders stark sein, fast so, als hätten wir Angst vor dem Erfolg oder zögerten, uns der nächsten Herausforderung zuzuwenden. Die meisten Menschen können mit einem gewissen Grad an Schwierigkeiten umgehen, aber irgendwann erreichen wir einen kritischen Punkt – das Faß läuft über – und wir gehen in die Defensive. Aus unseren Zweifeln und Sorgen machen wir Mauern des Widerstandes, wir bestätigen uns, daß wir nicht weiterkönnen. Wir bieten Argumente, Entschuldigungen und Gefühle auf, aktivieren verschiedene Verhaltensmuster, die uns dem Geschehen gegenüber blind machen, bis es zu spät ist.

Am besten und direktesten können wir dieser Herausforderung begegnen, wenn wir Ergebnisse erzielen. Fahren wir mit unseren Plänen fort, dann ist keine Zeit, um in Entschuldigungen zu schwelgen oder in Verwirrung zu geraten. Es ist einfach nicht nötig. Wir sind zu sehr mit dem Gegenwärtigen beschäftigt und kümmern uns nicht darum, das Vergangene zu bedauern oder uns um das Zukünftige zu sorgen. Unsere eingesetzte Energie fließt reichlich zu uns zurück, wir freuen uns über die erzielten Ergebnisse und setzen die Energie erneut ein, um unser übergeordnetes Ziel zu erreichen.

Diese Arbeitsweise ist äußerst interessant: Sie unterstützt Bewußtheit, indem sie alle Teile unserer Erfahrung eint; sie unterstützt Konzentration, indem sie unsere Bemühungen dynamisch an ein Ergebnis bindet; sie unterstützt Energie, indem sie der Bewußtheit gestattet, ihr Mitempfinden im Fluß der Zeit auszudrücken. Diese Arbeitsweise führt vielleicht nicht immer zu Erfolg, doch letztlich stößt sie auf keine Hindernisse. Die dadurch bewirkte Dynamik des Wissens ist stärker als alle Begrenzungen, die der gewöhnliche Geist setzt.

Sich über Ergebnisse freuen Sobald unsere Ziele sich zu verwirklichen beginnen, vermittelt uns jeder heranreifende Augenblick unmittelbaren Genuß. Wir können diese Freude pflegen, sie schätzen und sie wieder in unsere Arbeit einfließen lassen. Dadurch belohnen wir uns und regen unsere Motivation an, um in Zukunft noch mehr zu tun. Dieser positive Zyklus wird zur Grundlage, auf der wir alle unsere zukünftigen Vorhaben mit größerem Enthusiasmus und lebendiger Kreativität entwickeln können.

Haben wir Erfolg mit unseren Bemühungen, erkennen wir klar, wie sehr uns Geschicktes Wirken nutzt. Lassen wir dieses Verständnis in uns einsinken, wird es fortwährend in unsere Erfahrung einfließen, uns neue Möglichkeiten eröffnen und unsere Wertschätzung vertiefen. Wir können den Samen der Konzentration im Kern eines jeden Gedankens finden und uns den unerschöpflichen Fluß der Energie erschließen, der jede Handlung formt. Wir brauchen nicht den das Ego aufblähenden Stolz zu pflegen, der entsteht, wenn wir uns mit unserem Erfolg identifizieren. Stattdessen können wir auf das klare und furchtlose Wissen vertrauen, das entsteht, wenn wir die jedem Erfolg zugrundeliegende Dynamik erkennen.

Können wir uns an den Ergebnissen unserer Leistungen freuen, so ist das der erste Schritt, um in Zukunft mit noch größerer Klarheit und stärkerem Einsatz zu arbeiten. Sind wir bereit, eine umfassendere Sichtweise zu vertreten, können wir verstehen, daß unser Erfolg auch für andere möglich ist. Jetzt steht es uns offen, unsere Arbeit der Unterstützung anderer zu widmen, so daß auch sie erfolgreich werden und sich an ihrer Arbeit freuen können. Dadurch zieht unser Geschicktes Wirken immer weitere Kreise und trägt dazu bei, die ganze Menschheit aufzuwecken.

Übung 21 Übungen für den Morgen und Abend

Machen Sie mindestens zwei Wochen lang jeden Morgen und Abend die Übungen D und E in „Mittel zur Veränderung“, S. 244. Wenn Sie Fortschritte erkennen, stärken Sie damit Ihre Energie und Motivation.

Übung 22 Tagträumereien in Frage stellen

Würden wir unsere Zeit mit dem Gedanken verbringen: „Eines Tages werde ich reich sein“, ohne einen klaren Plan zu haben, wie wir diesen Wunsch verwirklichen könnten, so würden wir uns selbst zum Narren halten. Selbst wenn wir diese Zeit mit Pläneschmieden zubrächten, ohne sie aber jemals umzusetzen, würden wir unser eigenes Wissen und unsere Absichten untergraben. Diese Art Wunschdenken fördert eine Verträumtheit, die uns daran hindert, unsere Intentionen in die Tat umzusetzen. Die Alternative heißt handeln. Welchen kleinen Schritt können Sie heute tun, um der Verwirklichung eines wichtigen Zieles näherzukommen?

Übung 23 Ziele planen

Versuchen Sie für konkrete Ziele einen Zeitplan zu erstellen. Wann sollen sie erreicht werden: in drei Monaten, einem Jahr, zwei Jahren?

Definieren Sie innerhalb dieser Zeitabschnitte konkrete kurzfristige Zwischenziele, die Schritt für Schritt zu den größeren Zielen führen. Dieser Prozeß bringt Sie langsam vorwärts und baut Ihre Vision zu einem Weg aus, der Sie zu stabilen Leistungen führt.

Einen Plan während des Arbeitsprozesses spezifizieren

Um effektiv zu sein, muß ein Plan detaillierte Strategien enthalten, wie seine Ziele erreicht werden können. Wollen wir unsere Planung spezifizieren, benötigen wir ein möglichst genaues Bild. Es ist unbedingt erforderlich, den Plan schriftlich festzuhalten, um so die Kraft, Lebendigkeit und Durchführbarkeit unserer Vision zu unterstützen. Ohne schriftliche Grundlage bleibt das Unternehmen vermutlich im Bereich der unsteten Gedanken stecken.

Wenn Sie einen Plan ausarbeiten, klären Sie zunächst, welchen Weg Sie bis zu Ihrem Ziel einschlagen wollen. Bedenken Sie dabei alle Risiken und eventuellen Fehlerquellen. Es gibt viele gute Bücher zum Thema Geschäftsplanung, die als Anleitung dienen können. Haben Sie eine stabile Konzentration entwickelt, können Sie jeden Schritt der Arbeit visualisieren und das komplexe Zusammenspiel verstehen, das mit Sicherheit auf Sie zukommen wird, wenn Sie zu handeln beginnen. Sobald die Zeitabläufe für jede Phase deutlich werden, können Sie monatliche, wöchentliche und tägliche Ziele setzen.

Schritte einer klaren Planung

Falls Sie auf diesem Gebiet wenig Erfahrung oder Wissen besitzen, können die nachfolgenden Empfehlungen dazu beitragen, Ihren Plan zu präzisieren. Diese Empfehlungen kommen zum

Tragen, sobald Sie die beiden ersten Schritte abgeschlossen haben: Ziele setzen und Ihre Ressourcen überprüfen. Sie lassen sich in erster Linie in kleineren Fertigungsbetrieben anwenden, können aber auch bei den unterschiedlichsten Projekten eingesetzt werden.

Zeitvorgaben berechnen Zeitvorgaben für die verschiedenen Aufgaben verdeutlichen Ihnen, was innerhalb einer bestimmten Zeit fertiggestellt werden kann. Wenn Sie eine Meßgröße für eine dynamische, hochqualifizierte Fertigkeit gefunden haben, bekommen Sie eine klare Rückmeldung bei der Arbeit, so daß Sie Ergebnisse auswerten und erkennen können, wo Verbesserungen nötig sind. Bestimmte Arten von Arbeit sind schwer meßbar, doch gehen wir in die Details, so können wir meist einige Elemente ausmachen, die zeitlich quantifizierbar sind. Sie können andere, die sich mit derselben Arbeit befassen, darüber informieren, wie Sie Ihre Leistung messen, so daß alle eine klare Vorstellung davon bekommen, was ein akzeptables Ziel ist, und motiviert sind, nach besseren Methoden zu suchen. Eine solche Klarheit fördert auch gleichmäßige Konzentration und stabile Energie.

Menschen, die eine qualifizierte Ausbildung haben oder kreative Arbeit leisten, werden sich wahrscheinlich gegen eine solche üblicherweise mit Fabrikarbeit assoziierte Herangehensweise wehren. Aber mit konkreten Messungen durchdringen wir vage Ideen oder Begründungen, warum die Arbeit langsam vorankommt, und wir sehen klar, wo und wie wir Zeit verlieren. Viele Menschen meinen, Kreativität könne nicht beschleunigt werden oder daß wichtige, die Zeitdauer beeinflussende Faktoren außerhalb unserer Kontrolle liegen. Diese Vorstellungen können leicht als Entschuldigung dienen, um ein Projekt zu einem gemütlichen Nest zu machen, wobei wir dann das übergeordnete Ziel unserer Handlungen aus dem Auge verlieren.

Arbeit räumlich und zeitlich koordinieren Nachdem alle einzelnen Arbeitsschritte betrachtet wurden, stellen wir uns den Fluß

Fünf Schritte für die tägliche Planung

Ziele setzen
Ressourcen prüfen
Zeitvorgaben berechnen
Arbeit räumlich und zeitlich koordinieren
Offene und fließende Kommunikation

der Arbeit als Ganzes vor und visualisieren, was wann benötigt wird. Diagramme und Tabellen können deutlich machen, wie alle Aspekte der Arbeit miteinander zusammenhängen, und dienen als Hilfe, um ein System zu entwickeln, das einen Überblick über alle Vorgänge erlaubt.

Wollen Sie ein Projekt mit mehreren Personen koordinieren, müssen die einzelnen Bereiche auch räumlich und zeitlich koordiniert werden, um zu verhindern, daß eine Person oder eine Gruppe keine Arbeit hat, weil eine andere Gruppe zeitlich im Rückstand ist. Tägliche, wöchentliche und monatliche Vorausplanung führt zu größerem Verständnis, wie die Verwendung von Geld, Material, Personal, Maschinen, Werkzeugen und Fahrzeugen ineinandergreift. Mit Hilfe von Einkaufsplänen und Budgets können Sie den richtigen Zeitpunkt festlegen, wann einzelne Waren termingerecht für das Projekt eingekauft werden müssen. Planung für verschiedene Einzelbereiche klärt den speziellen Bedarf, einschließlich Materialien, Nachlieferungen und Lagerbeständen. Gleichzeitig entwickelt sich dadurch größere Klarheit und ein offeneres Bewußtsein – bessere Ergebnisse auf allen Gebieten sind die Folge. Das Ziel heißt: keine doppelten Anstrengungen, keine Materialverschwendung, keine Arbeiten zweimal machen, keinen Stillstand verursachen. Je klarer Sie den Fluß der Arbeit und das für jedes Projekt benötigte Wissen sowie die erforderlichen Ressourcen und Fähigkeiten visualisieren, desto bessere Bedingungen können Sie schaffen. Ein schriftlicher Überblick über die einzelnen Abläufe trägt auch dazu bei, den Blick zu schärfen und ineinandergreifende Prozesse zu klären.

Diese Art der Koordination erfordert, daß Sie zwischen dem hauptsächlichen Schwerpunkt der Arbeit und den nebensächlichen, aber notwendigen Arbeiten unterscheiden. Die hauptsächlichen Aufgaben erfordern gleichmäßig Energie und Kraft, während untergeordnete Aufgaben nebenbei erledigt werden können. Ein solches „nebenbei Erledigen“ erfordert gute Planung, einen Überblick über alle Arbeitsvorgänge und vor allem eine starke Motivation, die Arbeit weitergehen zu lassen, ohne das Hauptziel zu gefährden. Das durch diesen Prozeß entstehende Feedback stärkt die Konzentration und fördert einen ruhigen, ungehinderten Energiefluß.

Fließende Kommunikation Eine gute Kommunikation innerhalb eines Projektes umfaßt drei Bereiche: Zeiteinteilung, Wissen und Energiefluß. Arbeitspläne, Lieferungen und Einkäufe sind beispielsweise Gegenstand der zeitbezogenen Kommunikation. Die wissensbezogene Kommunikation beinhaltet Pläne, technische Fertigkeiten, auftretende Problemfälle, Sicherheit und das allgemeine Wohlbefinden aller Beteiligten. Die energiebezogene Kommunikation läßt sich weniger genau beschreiben: es sollte sichergestellt werden, daß alle Kolleginnen und Kollegen wissen, wie die Arbeit fortschreitet, auf welchem Energieniveau gearbeitet wird, wo Störungen vorliegen und welche Verbesserungen vorgenommen werden können. Wo fließt die Energie, und wo stockt sie? Arbeitet jede Person mit größtem Einsatz? Gibt es ein Gefühl der Zusammenarbeit?

Geben Sie immer wieder Feedback und bleiben Sie am Ball, so können Sie konzentriert bleiben und Ihre Zeitpläne einhalten, und es kann eine Energie aufrichtiger Hilfsbereitschaft entstehen. Koordinieren Sie ein Projekt, so achten Sie darauf, was geschieht, wenn Sie neue Informationen erhalten, die in den Tages-

Erfolgsregel

Ziele verfolgen, dabei bleiben, erinnern, weiterführen

plan eingreifen. Wer muß informiert werden? Was muß geändert werden? Achten Sie besonders auf Vermutungen und Meinungen, die die Kommunikation erschweren könnten. Nehmen Sie zum Beispiel an, daß andere bereits informiert wurden, so daß Sie die Information nicht weitergeben müssen? Sind Sie bereit, sich um die Klärung dieser Frage zu bemühen? Sind Sie bereit, derjenige zu sein, der jemanden erinnern muß? Merken Sie sich folgende Regel, die zum Erfolg führt: Ziele verfolgen, dabei bleiben, erinnern, weiterführen.

Manchmal heißt es, Kommunikation erfordere viele Sitzungen und endlose Reden, aber Reden kann leicht Zeit und Energie absorbieren. Um dies zu verhindern, hilft es, wenn Sie vor der Sitzung eine Notiz verteilen, die den Zweck des Treffens klarstellt, eine Tagesordnung mit den zu behandelnden Punkten auflistet und einen vorläufigen Zeitplan enthält. Stellen Sie sich vor dem Treffen drei Fragen: Kann ich wertvolle Ideen und klare Informationen vermitteln? Kann ich meine Sicht der Dinge gut darlegen? Kann ich knapp und bündig kommunizieren?

Fortschritte auswerten

Nehmen Sie sich Zeit, um Fortschritte auszuwerten, so können Sie erkennen, was Sie – kurzfristig wie auch langfristig – erreicht haben und was verbessert werden muß. Dieser Auswertungsprozeß ist für den Erfolg eines jeden Unternehmens unbedingt erforderlich, sei es nun ein kommerzielles Unternehmen, die Aufgabe, unser Leben zu leben oder die Schulung unseres Geistes.

Ihre Einschätzung ist das Maß, mit dem die nächsten Schritte bemessen werden. Haben Sie einen Jahresplan erstellt, prüfen Sie nach zwei bis drei Monaten, ob Sie Ihren Plan eingehalten haben. Bei langfristigen Plänen können Sie das Erreichte jährlich und in Abständen von drei Jahren auswerten. Lassen Sie jedem Projekt Zeit, damit es sich entfalten kann. Danach können Sie beurteilen, wie es sich entwickelt, und die notwendigen Anpassungen durchführen. Gleichzeitig empfiehlt es sich, den Fortschritt auf täglicher Basis auszuwerten. Siehe Übung E, S. 245.

Bei Ihrer Auswertung – und dies gilt besonders bei finanziellen Entscheidungen – ist es wichtig, die beiden Seiten eines Unternehmens in Einklang zu bringen: während die eine immer vorwärtsstrebt, neue Geräte, Produkte oder Personal benötigt, bremst die andere und schützt die Ressourcen der Organisation. Ehe Sie eine Entscheidung treffen, betrachten Sie die Situation aus unterschiedlichen Perspektiven. Suchen Sie einen Ausgleich zwischen den beiden Herangehensweisen. Dadurch verhindern Sie, daß die Sichtweise einer Person dominiert, Ihre eigene Denkweise wird ausgewogener. Besonders in Zeiten schneller Expansion wird die Organisation vor Schaden bewahrt, aber auch Stillstand wird vermieden.

Falls Ihre Auswertung ergeben sollte, daß das gesteckte Ziel die Kapazität der zur Verfügung stehenden Mitarbeiter oder Maschinen übersteigt, stellen Sie es aufs schärfste in Frage, und setzen Sie dabei Ihre gesamte Achtsamkeit und Konzentration ein. Sie sollten die folgenden Fragen intensiv erforschen: Wie kann die Produktivität mit den vorhandenen Ressourcen erhöht werden? Gibt es noch ungenutzte Quellen? Wie können Sie Ihre geheimen Ressourcen Achtsamkeit, Konzentration und Energie stärken? Wie können Sie Ihre Zeit besser nutzen? Ihren Raum? Wie kann die bestehende Struktur geändert oder lebendiger werden, so daß sich mehr Wissen zeigen kann?

Dieser Auswertungsprozeß braucht nicht nur zu bestimmten Zeiten durchgeführt werden. Sie können jeden Tag kreativ darüber nachdenken, was Ihrem konkreten Geschäft oder Projekt dienen würde. Beispielsweise können Sie sich fragen: Welche staatlichen, berufsständischen oder kommunalen Ressourcen stehen Ihnen zur Verfügung? Was empfehlen Experten, wie können sie stärker eingebunden werden? Pflegen Sie den Kontakt zu Personen, die in den verschiedensten Bereichen des Geschäftslebens Erfahrung haben, wie im Marketing, in der Werbung und im Umgang mit Kunden. Motivieren Sie alle, die Ihnen helfen könnten, indem Sie ihre Interessen und Fähigkeiten erkennen. Gehen Sie Hinweisen und Mitteilungen mit großer Aufmerksamkeit nach; dadurch erzeugen Sie eine positive Dynamik, die Menschen, Energie und Wissen anzieht.

Bei jedem Projekt können Sie Vorlagen für Verbesserungen erarbeiten. Wie können Sie ein besseres Produkt herstellen? Wie können Sie Verkauf, Kommunikation, Management, Finanzwesen oder Geldbeschaffung verbessern? Können Sie neue Methoden finden, um Vorhersagen zu machen? Wie können Sie effektiver mit Menschen, Energie, Geld, Zeitplanung, Qualitätskontrolle, Management und Koordination umgehen? Hören Sie niemals auf, grundlegende Fragen zu stellen oder die Standardantworten zu hinterfragen. Trennen Sie sich niemals vom Wissen.

Probleme lösen

Auch der beste Plan kann nicht alle möglicherweise auftretenden Schwierigkeiten voraussehen, und daher ist das Lösen von Problemen ein wesentlicher Bestandteil aller erfolgreichen Projekte. Jedes gelöste Problem läßt unsere Wissensspeicher anwachsen, und der Prozeß des erfolgreichen Problemlösens kann eine tief zufriedenstellende Tätigkeit sein.

Ein problemlösender Geist ähnelt einem freudigen Geist – offen und bereit, auf den gegenwärtigen Augenblick einzugehen. Die tägliche Arbeit bietet zahllose Möglichkeiten, um Probleme zu lösen. Arbeiten wir bereitwillig mit diesen Herausforderungen, können wir den Umgang mit Unerwartetem meistern und uns über jede neue Lösung freuen. Auch wenn ein Problem zunächst überwältigend erscheint, können wir zuversichtlich sein, daß wir es meistern, sobald wir es direkt angehen.

Sich einen Überblick verschaffen Jede Problemlösung beginnt damit, sich ein klares Bild von der betreffenden Situation zu verschaffen. Bewußtheit muß sowohl das Gesamtbild als auch die Einzelheiten erkennen. Vielleicht müssen wir uns mehrere Stunden oder vielleicht sogar mehrere Tage lang auf das Problem konzentrieren, es in unserem Geist wirklich präsent halten, um genau zu ermitteln, was die Ursache der Schwierigkeiten ist. Wo taucht das Problem im Arbeitsprozeß zum ersten Mal auf? Wie kommt es dazu? Vielleicht müssen wir Bereiche betrachten, die sich mit unserem spezifischen Projekt überschneiden, wie Finanzplanung, Einkauf oder Transport. Fehlt es an Fertigkeiten? Sind Zeitabläufe schlecht koordiniert? Gibt es ungenügende Kommunikation oder Planung?

Treten Schwierigkeiten auf, geschieht es leicht, daß wir schnell eigene Vorstellungen vorbringen, Schuld zuweisen oder die eigene Position verteidigen. Lernen wir statt dessen, die in der Frustration gebundene Energie zu entspannen, können wir neuen Ideen mehr Raum geben. Hören wir einfühlsam zu, was uns die Situation zu sagen hat, und geben wir anderen Zeit, ihr Wissen mitzuteilen, können wir wahrscheinlich eher zu den Wurzeln des Problems vordringen und eine gute Lösung finden.

Eine neue Richtung wählen Im zweiten Schritt fragen wir danach, welche Anpassungen vorgenommen werden können. Bewußtheit muß eine Verbindung zwischen Ideen und der praktischen Ebene herstellen, indem sie die Situation immer wieder unter verschiedenen Aspekten betrachtet. Jeweils auf nur eine Möglichkeit konzentriert, verfolgt die Achtsamkeit jeden neuen Weg, so daß wir erkennen, was nützlich ist und was nicht. Was

> **Vier Schritte zur Problemlösung**
>
> Diese vier Schritte können in nahezu allen Situationen benutzt werden:
>
> Sich einen Überblick verschaffen
> Eine neue Richtung wählen
> Eine Umleitung bauen
> Übereinstimmung erzielen

kann im Arbeitsprozeß oder Plan verändert werden? Welche Faktoren müssen erhalten bleiben?

Eine Umleitung bauen Der dritte Schritt besteht darin, sich für eine Lösung zu entscheiden und sie entschlossen durchzuführen. Die besten Lösungen berücksichtigen drei Faktoren: sie sind direkt mit dem Problem verbunden, sie spiegeln die Bereitschaft wider, eine neue Richtung einzuschlagen, und sie erhöhen Wirksamkeit und Leistungsfähigkeit. Eine gute Lösung ist wie eine Umleitung, die uns von der Gefahr wegführt. Erreicht die Entwicklung einen Wendepunkt, verhindert die Umleitung, daß wir bestimmte Wege mit unseren Handlungen einschlagen und führt uns auf einem neuen Weg zu unserem Ziel.

Übereinstimmung erzielen Im vierten Schritt wird die Zustimmung aller Beteiligten erzielt. An dieser Stelle können alle Mißverständnisse geklärt und die Entscheidungsgrundlage offengelegt werden. Wirkliche Übereinstimmung bildet eine Basis für die Gruppe, auf der sie harmonisch zusammenarbeiten und die Lösung effektiv umsetzen kann. Jede Kollegin und jeder Kollege wird verantwortlich dazu beitragen, daß die neue Richtung eingehalten wird. Einer wird den anderen daran erinnern, was auf dem Spiel steht, und Feedback anbieten, so daß eventuell notwendige zusätzliche Änderungen vorgenommen werden können. Dieser Schritt kann eine unaufhaltsame Dynamik schaffen, die die Richtung vollständig von der Schwierigkeit abwendet und positiven Ergebnissen zuführt.

Übung 24 Transformation aufzeichnen

Besinnen Sie sich auf eine Zeit, in der eine potentiell schwierige Situation, in die Sie verwickelt waren, durch eine Richtungsänderung in etwas Positives verwandelt wurde. Schreiben Sie darüber einen zusammenfassenden Bericht. Können Sie die oben erwähnten vier Schritte zur Problemlösung in dieser Situation wiederfinden? Würden Sie aufgrund Ihres Berichtes weitere Schritte hinzufügen?

Übung 25 Umgang mit Schwierigkeiten

Entwickeln wir Bewußtheit, können wir leichter Probleme erkennen, noch ehe sie uns überwältigen. Für diejenigen Fälle jedoch, in denen Schwierigkeiten sich zu bedrohlichen Krisen entwickeln, können wir uns mit Übungen darauf vorbereiten, Klarheit zu bewahren, uns auf das zu konzentrieren, was getan werden muß, und unsere Energie im Gleichgewicht halten. Dadurch stehen uns weiterhin unsere wertvollsten Ressourcen zur Verfügung, so daß wir uns auf das Problem konzentrieren können. Sie finden einige hilfreiche Übungen unter „Krisenmanagement“ auf S. 249.

Der Verantwortung Raum geben

Jede Art von Arbeit können wir in ihrer Zielsetzung erweitern und in ihren Anforderungen erhöhen, indem wir sie dazu benutzen, eine tiefer begründete Verantwortlichkeit zu entwickeln. Unser Erfolg oder Scheitern – und damit Erfolg oder Scheitern der Gesellschaft oder Organisation, für die wir arbeiten – hängen letztlich von unserer individuellen Bereitschaft ab, Verantwortung zu übernehmen. Mit wachsender Verantwortlichkeit erhöhen sich unser Verständnis, unsere Fürsorge und die Intensität unserer Mitarbeit von selbst. Unsere innere Verpflichtung, die Ergebnisse unserer eigenen Arbeit und die der anderen zu schützen, nimmt zu.

Viele Menschen übernehmen bereitwillig die Verantwortung für Erfolge, aber nur wenige wollen für Fehlschläge verantwortlich sein. Wenn etwas schiefläuft, ist die Versuchung groß, nicht hinzusehen oder auf andere zu zeigen. Der Chef sucht die Schuld bei seinen Abteilungsleitern, die Abteilungsleiter kritisieren die Beschäftigten, die Beschäftigten machen der Leitung Vorwürfe, oder sie beschuldigen sich gegenseitig. Alle schimpfen auf die Wirtschaft. Wirkliches Verantwortungsbewußtsein trifft jedoch keine solche Unterscheidungen. Wenn wir uns ein Ziel gesetzt haben und bereit sind, das Nötige zu tun, um es zu erreichen, dann übernehmen wir die Verantwortung für alle Vorkommnisse. Aus Fehlern und Niederlagen werden Bausteine für weiteres Wachstum.

Unterbrechungen im Arbeitsfluß

Scheuen wir persönliche Verantwortung, zeigen sich die Folgen als Unterbrechungen im Arbeitsfluß. Aus der Entfernung erscheint unsere Arbeit als solide, und solange wir auf eine bestimmte Rolle oder Aufgabe fixiert sind, bestätigt sich dieser Eindruck. Betrachten wir die Situation aber in einem weiteren Rahmen, so raubt unsere Weigerung, auf das Wohl des Ganzen zu achten, unseren Bemühungen die Substanz. Da gibt es die vielen Dinge, von denen jeder meint, jemand anderes werde sie schon erledigen, die Einzelheiten, um die sich niemand kümmern will, die täglichen Aufgaben, die liegenbleiben. Solche kleinen Unterlassungen werden größer und größer, bis schließlich das Gefüge auseinanderfällt. Benötigte, aber nicht besorgte Materialien führen zu Verzögerungen und gefährden ein ganzes Projekt. Der Brief, den niemand beantwortete, behindert Kommunikation. Nach und nach wird das Vertrauen untereinander erschüttert, Respekt geht verloren und die Zusammenarbeit wird zunehmend schwieriger.

Wie kann man solche Verhaltensweisen vermeiden? Wie können wir unsere Motivation steigern, mit mehr Stimmigkeit und Aufrichtigkeit handeln und unsere Entschlossenheit stärken? Die Antwort liegt darin, auf einer tieferen Ebene Verantwortung für unsere Arbeit zu übernehmen.

Nehmen Sie sich Zeit, um über den Wert Ihrer augenblicklichen Arbeit nachzudenken. Liegt Ihnen etwas an guten Ergebnissen? Liegt Ihnen etwas daran, Ihre eigenen Fähigkeiten zu entwickeln? Wenn ja, werden Sie sich von allein stärker in Ihrer Arbeit engagieren und dazu beitragen, die Ergebnisse Ihrer Bemühungen zu schützen. Sie werden von selbst bereit sein, mehr Verantwortung zu übernehmen.

Liegt uns etwas an unserer Arbeit, wird unser tägliches Handeln dieses Anliegen zum Ausdruck bringen. Ein Mensch mit diesem

Bewußtsein ist tatsächlich zu bewundern: mitfühlend, integer, großzügig im Umgang mit Zeit und Energie und bereit, der Wirklichkeit ins Auge zu sehen und das Erforderliche zu tun, um erfolgreich zu sein. Sind wir auf diese Weise verantwortlich, wird unsere Zeit wertvoll, wir nutzen jeden Tag und jede Stunde.

Inspirieren und motivieren

Wollen wir größere Verantwortung übernehmen, müssen wir uns zuerst selbst motivieren, damit wir auf Herausforderungen positiv reagieren können. Wir können nach inspirierenden Vorbildern in der Geschichte oder in unserem Arbeitsgebiet Ausschau halten und ihre Leistungen und Methoden untersuchen, und wir können die Erfolge unserer Mitarbeiter und Freunde genau betrachten. Wir können uns unterstützen und ermutigen, indem wir unsere eigenen Anstrengungen und Ergebnisse zu würdigen wissen. Indem wir uns darüber klar werden, welche Aktivitäten für uns wirklich produktiv und wertvoll sind, und unsere Energie dann entsprechend ausrichten, können wir unser Bestes geben.

Während wir unsere Arbeit planen, können wir uns von dem Gedanken inspirieren lassen, daß wir unser Ziel erreichen, und wir können uns vorstellen, wie es uns selbst und anderen nutzen wird. Wir können den Wert jedes Schrittes auf dem Weg zum Ziel schätzen, und wenn wir uns gut vorbereiten, können wir durch die erreichten Erfolge Vertrauen gewinnen. Wir können die Dynamik und die Erfordernisse jedes auf uns zukommenden Schrittes gedanklich vorwegnehmen, indem wir uns die Hindernisse vergegenwärtigen und uns bereit machen, ihnen zu begegnen.

Das Vertrauen, das aus dieser Art des Arbeitens erwächst, läßt uns unsere starken und schwachen Seiten ins richtige Verhältnis setzen. Wenn wir Fehler machen, können wir sie als Herausforderungen annehmen und aus ihnen lernen. Wenn wir Erfolge haben, können sie uns Mut machen, noch mehr zu leisten. Wenn wir jedes Weiterkommen würdigend anerkennen, werden unsere Anteilnahme und unser Engagement wachsen, und unser Energiepotential nimmt zu. So werden wir bald lernen, überflüssiges Gerede und Wunschdenken durch wirkungsvolles Handeln zu ersetzen.

Täglich und stündlich können wir üben, bereit zu sein, Probleme im voraus zu erkennen und Vorkehrungen zu treffen, die uns vor Schwierigkeiten schützen. Wir können das Verständnis anderer gewinnen und lernen, unsere Kommunikation mit allen zu verbessern. Wir können lernen, den Geist zu entspannen und für Kreativität offen zu sein. Wir können uns darin üben, unser Wissen durch Konzentration zu vertiefen.

Indem wir lernen, auf alle in unserer Arbeit aufkommenden Fragen umfassend zu reagieren, erweitert sich unsere Sachkompetenz. Wir sind gerüstet, neue Projekte anzugehen und neue Verantwortlichkeiten zu übernehmen, auch wenn sie außerhalb unseres Erfahrungshorizontes liegen. Wir möchten vielleicht Arbeit in anderen Bereichen annehmen und uns wie ein Bergsteiger anspornen, der unbekannte Gipfel erklimmt. Wenn wir verstehen, wie wir unsere inneren Kräfte aufzubauen und zu erhalten vermögen, können wir in allen unseren Handlungen erfolgreich sein.

Widerstand gegen Verantwortung überwinden

Unsere natürliche Intelligenz ist bereit, auf die Herausforderungen zu reagieren, die uns in der Arbeit begegnen – lediglich unsere seit langem bestehenden Gewohnheiten halten uns davon ab. Wir können uns beispielsweise bei dem Gedanken überwältigt fühlen, mehr Verantwortung zu übernehmen, möglicherweise fehlt uns das Vertrauen, etwas Neues anzufangen.

Vielleicht reagieren wir unwillig, wenn wir aufgefordert werden, mehr zu tun, vielleicht binden unsere Ängste unsere Energie

Motivation stärken

Lassen Sie sich inspirieren und ermutigen

- Sich mit inspirierenden Modellen auseinandersetzen
- Erfolge untersuchen: eigene und die anderer

Ergebnisse erzielen

- Gute Planung
- Voller Einsatz
- Schwerpunkt auf langfristigen Leistungen

Wert der Ergebnisse

- Fehler als Möglichkeiten sehen
- Erfolge genießen

im Widerstand. Möglicherweise erwarten wir Kritik oder sind besorgt, andere zu enttäuschen, wenn unsere Arbeit nicht erfolgreich ist oder unsere Bemühungen nicht angemessen scheinen. Vielleicht wollen wir auch weiterhin nach vorübergehenden Vergnügungen suchen, mit denen wir uns bisher die Zeit vertrieben haben.

Sobald wir mehr Verantwortung übernehmen, sind wir offener für Veränderungen, wenn wir bestimmte Verhaltensmuster wahrnehmen. Weil wir vor unserem Engagement keine Angst mehr haben, spüren wir nun im eigenen Herzen, welchen Preis wir für die Verschwendung oder den Mißbrauch unserer Talente und unserer Intelligenz bezahlen müssen. Wir sehen, wie wir neue Möglichkeiten verschenken, wenn wir den leichten und bekannten Weg wählen. Allmählich schätzen wir die Chance, wach zu werden und Bewußtheit, Konzentration und Energie zu entwickeln. Mit der Zeit werden wir zu einfühlsamen Helfern unserer wachsenden

Verantwortlichkeit. Jede Aufgabe wird ein Experiment im Geschickten Wirken – eine Methode, unsere Hindernisse umzuformen und neues Wissen auszutesten und zu vertiefen.

Zwar müssen wir möglicherweise schwer arbeiten, damit etwas geschieht oder Wichtiges geschützt wird. Wir sehen uns vielleicht auch schwierigen Problemen und Anforderungen gegenüber. Aber schließlich werden wir etwas leisten und große Zufriedenheit erfahren. Dann können wir die besondere Freude genießen, unser Wissen mit anderen zu teilen.

Sich auf Verantwortung einlassen

Lassen wir uns auf Verantwortung ein, verbinden wir uns mehr mit unserer Arbeit. Da wir wirklich etwas erreichen wollen, übernehmen wir Planung, Organisation, Gewährleistung und Absicherung des Projekts oder aber geben denen unsere volle Unterstützung, die diese Arbeiten bereits übernommen haben. Weil es „unsere" Arbeit ist, fließt unsere Energie bereitwillig aus dem Herzen und ist geerdet. Wir öffnen unsere Augen dem Geschehen und üben uns, die bestmöglichen Entscheidungen zu treffen.

Um Verantwortung für die gesamte Bandbreite eines Projekts oder Ziels zu übernehmen, müssen wir die verfügbaren physischen Ressourcen kennen: Menschen, Geldmittel, Grundstück, Gebäude, Ausstattung, Bestände und ähnliches. Diese Ressourcen bilden das Gerüst für unsere Vorhaben, das feste Fundament, auf dem wir bauen können.

Innerhalb der Organisation benötigen wir einen Überblick über Zuständigkeitsstrukturen, auch in Schlüsselbereichen, wie Management, Finanzen, Produktion und Verkauf. Beim Aufbau einer neuen Organisation ist es ein entscheidender Schritt, diese Funktionen klar zu gestalten und Verantwortungsbereiche und Pflichten festzulegen. Wir müssen Prioritäten setzen, über

Standorte entscheiden und Sonderaufgaben definieren. Verstehen wir, wie verschiedene Bereiche zusammenarbeiten, wie jeder Bereich geführt wird und wer wofür verantwortlich ist? Wir sind nur dann bereit, Verantwortung zu delegieren, wenn wir die Strukturen klar erkennen können.

Sobald das Fundament sorgfältig gelegt wurde und sicher verankert ist, können wir uns auf den Kern unseres Projekts konzentrieren. Mit Bewußtheit, Konzentration und Energie können wir beginnen, Ressourcen, wie Zeit, Energie, Geld und Material, in Schönheit und Nutzen für andere umzuwandeln.

Um ein größeres Verständnis für Ziel und Richtung der Organisation zu vermitteln sowie individuelle Kenntnisse und Fertigkeiten unter den Mitarbeitern zu entwickeln, kann es sich als wertvoll erweisen, wenn jeder mehr als einen Bereich der Arbeit kennenlernt. Zum Beispiel kann eine Mitarbeiterin, die die Hauptverantwortung für ein großes Projekt trägt, auch für nachfolgende Aufgaben bei einigen weiteren Projekten und für verschiedene Routinearbeiten zusätzlich verantwortlich sein. Besitzen die Mitarbeiter größere Kenntnisse über die Funktionsweise ihrer Organisation, entsteht Offenheit und Aufnahmebereitschaft, und sie werden ermutigt, schneller zu lernen, miteinander zu kooperieren und mehr Verantwortung zu übernehmen. Sie haben ein wachsendes Interesse, mehr zu lernen und ihre Kreativität intensiver einzusetzen. Dadurch wird jede einzelne Person ermutigt, ein Auge für Angelegenheiten zu haben, die außerhalb der Bandbreite ihrer üblichen Pflichten liegen, so daß die Ziele der Gesamtorganisation geschützt werden.

Liegt uns der Erfolg der von uns übernommenen Projekte wirklich am Herzen und treten wir mit Verantwortlichkeit, Integrität und Entschlossenheit für sie ein, entwickeln wir auf natürliche Weise Konzentration und innere Stärke, um jedes Hindernis zu überwinden. Statt Schwierigkeiten zu vertuschen oder uns Ausreden zurechtzulegen, gebrauchen wir unser Wissen, um alles aufzudecken, was übersehen wurde, versteckt oder unklar war. Bereitwilligkeit gibt Raum für Verantwortung, Verantwortung führt zu Aufmerksamkeit, und Aufmerksamkeit legt offen, was richtig und gut ist.

Verantwortung erweitern

Bewußtheit macht das nötige Wissen zugänglich, damit wir die Herausforderung jeder neuen Aufgabe annehmen können. Obwohl wir vielleicht nicht genau wissen, wie wir vorgehen sollen, betrachten wir unser Nicht-Wissen als ein offenes Feld ungeformter Möglichkeiten. Voller Enthusiasmus, unsere eigene Kreativität anzuregen, gehen wir bereitwillig ins Unbekannte. Meistens haben wir zumindest eine vage Vorstellung, wo wir anfangen können. Sobald wir unserer Intelligenz ohne Furcht und ohne Hemmungen freien Lauf lassen, können wir im Vertrauen auf unsere Fähigkeiten mutig handeln. Wir sind bereit für Erneuerungen, Untersuchungen und Experimente, bis wir die beste Vorgehensweise für unser Projekt gefunden haben.

Damit wir unsere Bewußtheit nicht wieder verlieren, ist es hilfreich, sie jeden Tag neu zu wecken, indem wir uns Mut zusprechen, jede Aufgabe direkt angehen und volle Verantwortung übernehmen für das, was wir bewirken. Diese Verantwortung ist keine Belastung, sondern Ausdruck unserer Verbundenheit mit dem, was uns wertvoll ist. Wie Elternschaft ist Verantwortlichkeit ein natürlicher Bestandteil unseres Empfindens, Verstehens und unseres Engagements, die so gut entwickelt ist, daß wir uns nicht daran erinnern müssen, verantwortlich zu sein. Unsere Hingabe an die Arbeit verleiht unserem Leben eine Integrität, die von tieferem Wissen nicht zu trennen ist.

Hingabe an diese Lebensart entsteht spontan aus der täglichen Arbeit. Unser Arbeitsstil drückt unsere innere Verpflichtung aus, verantwortlich zu sein, und Verantwortung bestimmt unseren Arbeitsstil, indem sie uns zu Wissen hinführt. Wenn wir uns bewußt sind, daß die Zukunft von der Gegenwart abhängt, verbinden wir die Zukunft mit der Gegenwart wie ein Architekt, der ein Modell für ein schönes Gebäude entwirft. Unsere Integrität und unsere innere Verpflichtung drücken sich in unserem Engagement aus, das sich auf natürliche Weise in verantwortlicher Handlung zeigt.

Wesentliches Wissen

Die Bereitschaft zur Verantwortung stellt sicher, daß wir immer besser erkennen können, wie wir Bewußtheit, Konzentration und Energie weiterentwickeln. Dieses Wissen ist grundlegender als Sachkenntnisse, Managementschulung, Psychologie oder Philosophie. Es enthält den Schlüssel für die Verbindung von bejahender Freude und Leistung. Es schafft wirkungsvolle Wege zum Erfolg und zeigt sich in entspannten und exakten Gesten, in klarer und offener Kommunikation. Wenn wir uns auf dieses Wissen gründen, strahlen wir Zuversicht und Freude aus. Unser Herz freut sich, und unsere Hände wollen Unterstützung geben.

Übung 26 Rechtfertigungen unterbinden

A Welche Gründe führen Sie gewöhnlich dafür an, daß Sie nicht stärker in Ihrer Arbeit engagiert sind? Schreiben Sie fünf Gründe auf, die Ihnen sofort einfallen. Welches Verhalten liegt jedem einzelnen zugrunde?

B Beobachten Sie, welche Rechtfertigungen Sie geben, wenn Sie das nächste Mal einen Auftrag oder eine neue Verantwortung zurückweisen. Wie lassen sich diese Rechtfertigungen mit der Liste in Verbindung bringen, die Sie vorher aufgestellt haben?

Übung 27 Checkliste für erforderliche Qualitäten

Bereiten Sie eine Liste der Fähigkeiten vor, die für Ihre gegenwärtige Arbeit erforderlich sind. In welchen Punkten könnten Sie besser werden? Nehmen Sie sich ein oder zwei Qualitäten heraus, und benennen Sie wenigstens zwei Schritte, die Sie sofort unternehmen könnten, um diese Veränderung einzuleiten. Blicken Sie nach einer Woche zurück: Wie haben Sie abgeschnitten? Immer wenn Sie eine neue Verantwortung übernehmen, können Sie eine Liste der erforderlichen Qualitäten aufstellen und sie in gleicher Weise gebrauchen, um etwas dazuzulernen.

Übung 28 Initiative ergreifen

A Denken Sie an ein frustrierendes Problem, das Ihre Arbeit an bestimmten Punkten beeinträchtigt. Was würden Sie unternehmen, wäre niemand als Sie selbst für eine Lösung verantwortlich? Nehmen Sie sich beim Beantworten dieser Frage Zeit, um einen realistischen Plan zu entwerfen, auch wenn er weit von der Wirklichkeit der gegebenen Situation entfernt scheint.

B Betrachten Sie nun die gleiche Situation, und denken Sie an die Menschen, die tatsächlich mit dem Problem zu tun haben. Wie könnten Sie sie dazu bewegen, sich an der Problemlösung zu beteiligen? Stellen Sie einen Plan auf, wie dieses Ziel zu erreichen ist, und handeln Sie danach. Geben Sie nicht auf, wenn Sie auf Hindernisse stoßen: integrieren Sie sie einfach in Ihren Plan. Setzen Sie sich eine Frist von ein oder zwei Wochen, um die Entwicklung zu überprüfen.

Übung 29 Verantwortung übernehmen

Setzen Sie sich ruhig hin, entwickeln Sie ein entspanntes Wohlbefinden in Körper und Geist. Denken Sie an einen Bereich Ihrer

Arbeit, in dem Sie mehr Verantwortung übernehmen wollen. Dies könnte eine Aufgabe oder ein Gebiet sein, das Sie bisher vernachlässigt haben, oder ein neuer Bereich, in dem Sie sich entfalten möchten. Wählen Sie ein Gebiet, das mit Sicherheit Ihre Fähigkeiten herausfordern wird. Stellen Sie sich diese Arbeit in allen Einzelheiten vor, malen Sie sich genau aus, wie Sie an der Durchführung arbeiten. Fahren Sie damit fort, bis Sie einen klaren Blick für die Erfordernisse der Arbeit gewonnen haben und für alle neuen Tätigkeiten, die Sie noch lernen müssen.

Dann beschreiben Sie kurz, was Sie erreichen möchten, wenn Sie diese neue Verantwortung übernehmen, und setzen Sie sich einen ersten zeitlichen Rahmen für die Durchführung. Sind Sie bereit, diese Tätigkeiten auch tatsächlich auszuführen, die Sie in Ihrem Plan beschrieben haben? Wenn ja, dann fangen Sie damit an. Prüfen Sie Ihre Entwicklung nach drei Monaten, verpflichten Sie sich innerlich, alles anzuwenden, was Sie seit Beginn der Planung gelernt haben. Sehen Sie sich Ihre Fortschritte nach weiteren drei Monaten erneut an, überdenken Sie Ihre Irrtümer, und nehmen Sie sich fest vor, jede neue Einsicht mit anderen zu teilen.

Übung 30 Eigentümer werden

Setzen Sie sich ruhig hin und lassen Sie die Spannungen in Körper und Geist los. Machen Sie sich ein Bild von Ihrem Arbeitsplatz – das Gebäude von außen und innen – und von den Menschen, mit denen Sie zusammenarbeiten. Stellen Sie sich vor, Sie seien Eigentümer dieser Firma oder Organisation. Stellen Sie sich weiterhin vor, jede ausgegebene Mark käme aus Ihrer eigenen Tasche, jeder Erfolg spiegele den Wert Ihrer eigenen Vision wider und sei Beweis Ihrer Fähigkeit, diese Weitsicht mit Leben zu erfüllen. Welche Gefühle ruft es hervor, wenn Sie diese Haltung einnehmen und weiterentwickeln?

Bemerken Sie jede negative Reaktion, die mit der eingenommenen Perspektive einhergeht, besonders Neid oder Groll gegenüber den „wirklichen" Eigentümern. Betrachten Sie sorgfältig die Werturteile, die diesen Einstellungen zugrunde liegen. Können Sie diese negativen Reaktionen beiseite lassen und mit Hilfe der Besitzer-Perspektive ein Verständnis entwickeln, das Sie aus dieser einschränkenden Haltung befreit? Auch wenn Ihnen der mit Besitztum verbundene finanzielle Gewinn oder gesellschaftliche Status versagt bleibt, werden Sie vielleicht entdecken, daß die Einstellung, Eigentümer zu sein, auf einer viel tieferen Ebene Gewinn bringt.

Lassen Sie sich in den nächsten zwei Wochen während Ihrer gesamten Arbeitszeit von dieser Einstellung leiten. Wie verändert sich Ihr Blick für die Arbeit? Wie wird Ihr Verantwortungsbewußtsein beeinflußt? Wie beeinflußt diese Denkweise Ihr Handeln?

Subtilere Ebenen der Entscheidungsfindung

Gute Entscheidungsfindung läßt sich am besten dadurch sicherstellen, daß wir unseren Wissensstand soweit wie möglich erweitern. Dies können wir tun, indem wir uns ständig um mehr Bewußtheit bemühen: indem wir Einfühlungsvermögen in unsere eigene Situation entwickeln, in die Zukunft planen und Raum für das Unerwartete lassen.

Je komplexer und anspruchsvoller das Projekt ist, desto wichtiger sind unabhängiges Denken und ein eindringliches Infragestellen, das überkommene Annahmen kritisch überprüft. Wir können Experten konsultieren, müssen aber vielleicht ihre Aussagen gegeneinander abwägen und viele Alternativen prüfen, bevor wir Entscheidungen treffen. Lassen wir uns beraten, können wir nach Möglichkeiten suchen, die Intensität der Bewußtheit und der kreativen Intelligenz einzuschätzen, die die Berater einbringen. Können sie sich konzentrieren und ihre Kenntnisse optimal umsetzen? Können sie das ihnen vermittelte Wissen klar weitergeben? Falls nicht, werden ihre Aussagen nicht sehr zuverlässig sein.

Um in unserer Arbeit einen neuen Kurs einschlagen zu können, ist es wichtig, durch praxisnahe Tests oder Modelle mögliche Schwierigkeiten zu erkennen und sich auf diese Fälle vorzubereiten. Übersehen wir die möglicherweise auftretenden konkreten Probleme, so kann der Schock, der durch das plötzlich auftauchende Hindernis ausgelöst wird, dessen negative Wirkung um ein Vielfaches verstärken. Daher ist es auch wichtig, Rücksprache mit anderen zu halten, deren Erfahrungen uns helfen können.

Das zentrale Element einer effektiven Entscheidungsfindung ist vorausschauende Planung. Sehen wir Schwierigkeiten auftauchen, können wir entschlossen etwas dagegen unternehmen. Wenn wir auf eine günstige Gelegenheit aufmerksam werden, können wir uns bereithalten, um sie zu nutzen. Behalten wir die zu erwartenden Ergebnisse unseres Handelns im Auge, betrachten wir unsere Situation sorgfältig von allen Seiten und machen wir uns neue Wissensquellen zugänglich, so können wir unsere Ziele und Verpflichtungen einhalten, die Überraschungen des Lebens besser bewältigen und uns vor den negativen Auswirkungen von Fehlern schützen.

Schauen wir voraus, so können wir umsichtig planen, uns gut vorbereiten, die notwendigen Informationen sammeln und sicherstellen, daß die wichtigen Fragen bedacht wurden. Es ist eine hilfreiche Übung, sich vorzustellen, welche Auswirkungen ein Plan oder eine beabsichtigte Entscheidung in der Zukunft haben wird. Eine weitere Übung besteht darin, den Geist zu entspannen und Abfolgen komplexer Details vor dem inneren Auge vorüberziehen lassen, so wie Wasser durch ein Flußbett. Indem wir einfach beobachten, ohne Angst zu bekommen oder uns emotional hineinziehen zu lassen, können wir vielleicht unerwartete Abweichungen und Verwicklungen rechtzeitig voraussehen.

Langfristig denken

Jede unserer Entscheidungen hat sowohl kurz- als auch langfristige Auswirkungen. Im allgemeinen konzentrieren wir uns auf schnell greifbare Resultate, besonders wenn wir meinen, wir werden an den unmittelbaren Ergebnissen gemessen. Aber meistens zeugt es von größerer Verantwortlichkeit, wenn wir uns auf langfristige Auswirkungen konzentrieren, vor allem auf den erwarteten Nutzen unserer Tätigkeit. Wir sollten lernen, Fragen zu stellen, die diese zentralen Themen deutlich herausarbeiten, und uns nicht mit verschwommenen Antworten – weder unseren eigenen noch denen der anderen – zufriedengeben. Was ist unserem Unternehmen zuträglich? Welche Trends zeichnen sich auf unseren wichtigsten Märkten ab? Welche Auswirkungen wird unsere gerade geplante Maßnahme in zwanzig Jahren haben? In hundert Jahren? Wie werden andere Projekte und Zielsetzungen, die wir verfolgen oder die uns wichtig sind, davon beeinflußt?

Weil wir es versäumt haben, uns auf dieses Langzeitdenken einzulassen, sind ernsthafte Schwierigkeiten in unserer Gesellschaft entstanden. Je größer der technologische Fortschritt, desto mehr wird sich diese Aussage bewahrheiten. Wir haben gewaltige Veränderungen ausgelöst und durchgreifende Lösungsversuche in Angriff genommen, ohne daß wir über ein Wissen verfügten, das zu den Wurzeln unserer Probleme vordringen und die Konsequenzen unserer Handlungen absehen konnte. Durch schmerzhafte Erfahrung haben wir gelernt, was es heißt, ohne wahre Bewußtheit zu handeln. Entscheidungen, die auf dieser Grundlage getroffen werden, sind kaum dazu geeignet, uns unseren Zielen näherzubringen.

Ein gutes Beispiel für die Folgen einer derartigen Entscheidungsfindung – ein Beispiel, aus dem wir viele wertvolle Lehren ziehen können – ist die Umweltverschmutzung, die den größten Teil dieses Jahrhunderts nahezu ungehindert zugelassen wurde. Heute wissen wir, daß wir nicht damit fortfahren können, Erde, Ozeane, Atmosphäre und Weltall mit Müll und gefährlichen Rückständen zu verseuchen. Uns wird jetzt sehr eindringlich bewußt, daß ein Geschehen zu irgendeiner Zeit und an irgendeinem Ort weitreichende Konsequenzen in der Zukunft haben wird. Doch ist dieses Wissen zu spät gekommen, um wirklichen Schaden abzuwenden. Die Folgen unserer früheren Handlungen umzukehren, erweist sich als eine Herausforderung von gewaltigen Ausmaßen. Es ist schwierig, genau zu sagen, wie wir diese Auswirkungen früher hätten erkennen und abwenden können, aber eins ist klar: unser bester Schutz vor solchen Methoden ist eine Bewußtheit, die sowohl scharf als auch einfühlsam ist – bereit, die Konsequenzen unseres Handelns bis weit in die Zukunft zu verfolgen und unseren Weg in eine positive Richtung zu lenken.

Mit Unsicherheit umgehen

Oft können wir nicht mit Sicherheit voraussagen, wohin ein bestimmter Handlungsablauf führen wird, aber das ist kein Grund, überhaupt nicht anzufangen. Wir können zunächst mit kleinen Schritten beginnen, die Ergebnisse beobachten und Vertrauen entwickeln. Dieses Vertrauen vertieft unsere Konzentration und verbindet uns mit einer geerdeten Energie. Dann kann sich Bewußtheit ausweiten, sich neuen Möglichkeiten öffnen und uns ein zuverlässiges Feedback geben. Manchmal vermittelt uns ein kleines Experiment genügend Wissen, so daß wir uns mit ganzem Herzen für eine Sache einsetzen können.

Gelegentlich müssen wir eine Entscheidung treffen, obwohl wir uns bewußt sind, daß wir weder genügend Erfahrung noch das umfassende Wissen besitzen, die uns den besten Weg aufzeigen könnten. In solchen Fällen sollten wir nicht nur eine umsichtige Analyse durchführen, sondern auch unsere Energie entspannen und den Geist beruhigen, so daß wir unsere eigene Gefühlslage und die Begleitumstände besser wahrnehmen können. Es könnte auch zweckmäßig sein, die zur Wahl stehenden Möglichkeiten mit einer erfahrenen Beraterin oder einem erfahrenen Berater zu besprechen. Mit ihrer Hilfe können wir klären, was für uns auf dem Spiel steht, und vielleicht können sie uns neue Sichtweisen und konkrete Informationen geben, die wir übersehen haben.

Möglicherweise haben wir bereits viel Erfahrung, wie wir den Einfluß externer Faktoren auf unsere Entscheidungen einschätzen können. Es gibt jedoch einen subtileren und umsichtigeren Ansatz, der sowohl unseren eigenen Gedanken und Emotionen als auch denen anderer Menschen mindestens ebensoviel Bedeutung beimißt wie den externen Faktoren. Die Entscheidung, dieses differenzierte Wissen zu entwickeln, ist ein Wendepunkt in unserem Leben, denn dies Verständnis läßt uns die Konsequenzen jedes Wortes, jeder Geste oder Handlung in unsere Überlegungen miteinbeziehen. Es eröffnet uns eine verborgene Dimension unserer Handlungen und Kommunikation, eine Ebene der Zielgerichtetheit und Reaktionsbereitschaft, die eine tiefe Auswirkung auf Erfolg oder Mißerfolg unserer Entscheidungen hat.

Ohne das Wissen, wie wir uns auf dieser Ebene bewegen können, verhalten wir uns wie ein sehr kurzsichtiger Mensch, der versucht, ohne Brille auf der Autobahn zu fahren: es ist sehr riskant. Sind wir jedoch für diese innere Dimension empfänglich, können wir Entscheidungen mit sehr viel größerem Vertrauen treffen. Diese Klarheit ist in der heutigen Weltgemeinschaft, in der die Konsequenzen unseres Tuns möglicherweise weitreichende Auswirkungen haben, besonders dringend erforderlich.

Die Grenzen unseres Wissens anerkennen

Trotz größter Bemühungen werden dennoch Situationen entstehen, die so unvorhersehbar und heikel sind, daß wir uns nicht im voraus darauf einzustellen vermögen. Es gibt keine Modelle, auf die wir bei unserer Entscheidungsfindung zurückgreifen könnten. In solchen Fällen ist es besonders wichtig, sich mit den anderen Kolleginnen und Kollegen zu besprechen und Übereinstimmung zu erzielen. Durch gemeinsames Nachdenken und Planen können wir Stärken und Schwächen untereinander ausgleichen und uns darin unterstützen, die Stellen aufzudecken, an denen emotionale Reaktionen die Klarheit trüben. Wir können uns gegenseitig darin unterstützen, die Bewußtheit so weit wie möglich zu schärfen, und dann die Entscheidung treffen.

Wenn wir unsicher sind, sollten wir am besten behutsam vorgehen. Handeln wir zu rasch, machen wir vielleicht Schritte, die unsere Mittel übersteigen, nur begrenzten Gewinn bringen oder unerwünschte Qualitäten fördern. Wie jemand, der ein ihm unbekanntes Gerät bedient, sollten wir uns zuerst die Auswirkungen bewußt machen, statt impulsiv zu handeln. Wenn wir die Angelegenheiten sorgfältig klären und mit Überlegung vorbereiten, gefährden wir nicht unsere früheren Erfolge.

Trotz allem ist es wichtig anzuerkennen, daß wir immer auch Fehler machen werden, wenn wir die Verantwortung für Entscheidungen übernehmen. Oft stellt sich heraus, daß Handlungen, die zunächst richtig erschienen, unvorhergesehene negative Konsequenzen haben. Das heißt jedoch nicht notwendigerweise, daß sie aufgegeben werden sollten. Vielleicht bringt unsere Entscheidung kurzfristige Schwierigkeiten mit sich, vielleicht werden die erwarteten Gewinne erst im Laufe der Zeit sichtbar. Wenn sich die Resultate unseres Handelns zeigen, sollten wir weiterhin mit unserer vollen Bewußtheit jede neue Entwicklung wahrnehmen. Eine von gesammelter Konzentration und ausgewogener Energie getragene Bewußtheit wird uns immer am besten aufzeigen, für welche Vorgehensweise wir uns entscheiden sollen.

Selbst wenn sich eine Entscheidung als falsch erweist, können wir daraus lernen, indem wir uns verdeutlichen, wie und wodurch die Fehlentscheidung zustande kam. Dadurch können wir uns zukünftig in ähnlichen Situationen anders verhalten und vielleicht auch zu der wertvollen Erkenntnis gelangen, wie begrenzt die Methoden unserer Entscheidungsfindung sind. Wir sollten die Auswirkungen aller Ereignisse in Hinblick auf unsere langfristigen Ziele betrachten. Dadurch kann ein Fehlschlag auf dem Weg zum Erfolg trotzdem eine wertvolle Erfahrung sein, die uns unseren eigentlichen Zielen näherbringt.

Übung 31 Die Vergangenheit sondieren

A Überdenken Sie ausführlich eine frühere Entscheidung, die negative Konsequenzen hatte. Nehmen Sie sich ein paar Minuten Zeit, sich an die Reihenfolge der Ereignisse zu erinnern. Versuchen Sie, die Situation wieder lebendig werden zu lassen, indem Sie sich die Einzelheiten vor Augen führen und nach Faktoren suchen, die Sie damals eventuell nicht bemerkt haben. Schreiben Sie sich dann die Antworten zu folgenden Fragen auf: Wie wurde die Entscheidung getroffen? Wer war daran beteiligt? Wie sorgfältig wurde die Entscheidung vorbereitet und recherchiert? Welche Hinweise gab es auf zukünftige Schwierigkeiten? Welche Haltungen, Stimmungen oder Emotionen beeinflußten die Entscheidung? Was wurde nicht beachtet? Was würden Sie aufgrund Ihres heutigen Wissens anders machen? Warum glauben Sie, daß dieses Verhalten effektiver sein wird? Wenn Sie aus dieser Übung neues Wissen gewinnen, empfinden Sie es in allen seinen Aspekten.

B Denken Sie in derselben Weise ausführlich über eine Entscheidung nach, die positive Konsequenzen hatte. Empfinden Sie diese Fragen jetzt anders?

C Überdenken Sie die Handlung eines Freundes oder einer Ihrer Kolleginnen und Kollegen, die Sie erschreckt oder überrascht hat. Setzen Sie sich ruhig hin, und nehmen Sie sich einige Minuten Zeit, um sich an die Handlung selbst und die wesentlichen Worte, Tätigkeiten, Stimmungen und Gesten zu erinnern, die zu der Handlung führten. Teilte die Person etwas mit, das Sie und andere nicht hören oder zugeben wollten? Was wurde nicht mitgeteilt? Was wurde nicht beachtet? Würden Sie aufgrund Ihres heutigen Wissens anders handeln oder sprechen?

D Gehen Sie der Reihe nach folgende Punkte durch, damit Sie aus diesen und anderen früheren Erfahrungen lernen können:

1. Erinnern Sie sich vollständig an das Ereignis.
2. Fragen Sie sich: „Was wurde übersehen?"
3. Machen Sie sich vollständig bewußt, was damals übersehen wurde, und lassen Sie es so lebendig und „gegenwärtig" werden wie möglich.
4. Visualisieren Sie, wie Ihr jetziges größeres Verständnis in der vergangenen Situation neues Wissen anregt.

Sie können diese Sequenz drei- bis viermal wiederholen, oder aber bis sich das Gefühl einstellt, daß Sie alles erfaßt haben. Daß Sie wirklich alles erfaßt haben, sehen Sie daran, daß das Ergebnis in Ihrer Visualisation harmonisch und ausgewogen wird. Vermeiden Sie jedoch sorgfältig, dieses Ergebnis vorzeitig zu erzwingen.

Übung 32 Licht berühren

Leserinnen und Leser, die schon Erfahrung mit Entspannungsmethoden für Geist und Sinne haben, können durch diese Übung eine subtilere Bewußtheit anregen. Dadurch können sie innovatives Wissen in die Entscheidungsfindung einbringen.

Stellen Sie sich zunächst Raum ohne Licht vor, dunkel und still. Allmählich zeigt sich ein sanftes Leuchten und breitet sich im ganzen Raum aus. Dieses Licht hat keine Quelle und kann nicht erfaßt werden, aber es erhellt alles und kann durch innere Bewußtheit gesehen und berührt werden. Lassen Sie diese Bewußtheit offener werden und in kontemplatives Betrachten übergehen. Die Kontemplation weitet sich in das Licht hinein aus und berührt es mit einer Gefühlsqualität, die ebenfalls Licht ist – in einem fast körperlichen Sinn.

Halten Sie die Kontemplation des Lichtes mit einer gewissen Leichtigkeit, ohne psychologische Schwere oder Eigenschaft, Spannung oder Ausdehnung, bis das Licht selbst erhellt und durchscheinend wird. Ohne erzwungene Kontemplation und ohne Polaritäten, Schwere oder eine auf der Subjekt-Objekt-Beziehung beruhende Gegensätzlichkeit kann diese Kontemplation zum Körper des Lichtes werden – einem vollständig offenen Kanal, der weder von einem Subjekt noch von „Dinglichkeit" oder irgendeiner anderen Art von „-heit" in Besitz genommen ist.

Diese anfängliche Kontemplation besitzt eine Qualität, die in ihrer Entwicklungsfähigkeit keine Grenzen kennt. Sie umfaßt Bewußtheit ohne den Zwang, Energie in die Bewußtheit zu lenken. Sie besitzt drei Aspekte: Kontemplation der Bewußtheit, Kontemplation der Entspannung und Kontemplation der konzentrierten Aufmerksamkeit. In jedem dieser Aspekte enthält sie völlige Lichtheit. Ohne die Anspannung einer Bewußtheit „von etwas", ohne die Aufmerksamkeit auf etwas zu richten, ohne zu klassifizieren oder zu fixieren mit dem Ziel, etwas lebendig zu machen oder Interpretationen anzupassen, verschmilzt diese lichte Kontemplation mit Licht und Raum, bis sich das Licht selbst mit dem Raum verbindet. Kontemplation und Entspannung, beide auf einzigartige Weise offene, nicht voneinander getrennte Einheiten oder Qualitäten, treffen sich in der Tiefe des Geistes und verschmelzen in einem einzigen, integrierten Körper, der sich Wissen öffnet.

Wach werden durch Disziplin

Die Herausforderungen durch unsere tägliche Arbeit sind wie ein Weckruf für die Bewußtheit. Sie erinnern uns daran, unsere Zeit und Energie gut zu nutzen. Bewußtheit fördert ihrerseits Konzentration. Vertieft und erweitert sich die Konzentration, läßt sie Disziplin wachsen, und Disziplin schafft die Grundlage für die stetige Ausrichtung anhaltender Konzentration.

Meist empfinden wir Disziplin als etwas Negatives. Sie erscheint uns als harte Beschränkung, die uns von einer äußeren Autorität auferlegt wurde. Wahre Disziplin ist jedoch einfühlsam und erwächst aus innerem Wissen. Disziplin gewinnt an Gestalt, wenn wir den Wert unserer Zeit, unserer Energie und der von uns bewußt angestrebten Ziele verstehen. Sie stützt sich auf die Kraft der Bereitwilligkeit, statt uns gegen unseren Willen zu etwas zu zwingen.

Durch Selbstdisziplin können wir unsere Handlungen so ausrichten, daß sie sich an den Prinzipien orientieren, die wir am meisten achten. Auf diese Weise fördert sie positive Qualitäten, wie Bereitschaft, Ordnung, effektives und wirksames Handeln und Harmonie. Dadurch gibt sie uns die Kraft, unsere Vision und unser Vorhaben in die Tat umzusetzen. Sind wir diszipliniert, bringen wir unser Auftreten mit unserem Wesen in Einklang, was zu Integrität und einer tiefen Aufrichtigkeit führt.

Mit Hilfe von Disziplin können wir uns sowohl auf das Bekannte als auch auf das Unbekannte vorbereiten. Wie ein erfahrener

General planen wir unvorhersehbare Situationen mit ein, während wir über die gegenwärtige Situation die Kontrolle bewahren. Tritt das Unerwartete ein, sind wir darauf vorbereitet, alles umzustellen oder die Richtung zu wechseln. Mit mehr Erfahrung gibt es immer weniger Ereignisse, die uns wirklich überraschen können: wir erwarten das Unerwartete, und es ist in unsere Pläne miteinbezogen.

Unsere Ressourcen ausschöpfen

Durch Selbstdisziplin können wir unsere Ressourcen voll ausschöpfen. Sie fördert eine auf die gegenwärtige Handlung gerichtete konzentrierte Sammlung, die keinerlei Störung oder Unterbrechung zuläßt. Die durch Konzentration vor Störungen geschützte Bewußtheit wird schärfer und energiereicher. Wenn Gedanken aufsteigen oder durch den Geist ziehen wie ein Windstoß über den See, kann die Bewußtheit ihnen Einhalt gebieten, so daß sie weder die Konzentration noch die Energie zu schwächen vermögen.

Diese stärkende Bewußtheit vertreibt restlos die Ansicht, Disziplin sei einschränkend oder begrenzend. Wir erkennen, daß das Gegenteil von Disziplin – ein ungeübter Geist – nichts mit wirklicher Freiheit zu tun hat, denn dies führt nicht zu anhaltendem Glück. Wir können deutlich sehen, wieviel Zeit und Energie wir schon verschwendet haben, indem wir einfach diesem oder jenem Impuls folgten, weil wir uns nicht bewußt waren, was wir mit unserem Bewußtsein von einem Augenblick zum anderen taten. Beobachten wir, wie schnell ein unsteter Geist unsere Absichten unterminiert, haben wir das selbstverständliche Bedürfnis, die notwendige Disziplin zu entwickeln, so daß wir gesammelt bleiben und unsere Aufmerksamkeit und Energie produktiv einsetzen können.

Disziplinierte Bewußtheit ermöglicht sorgfältige Planung und Organisation. Wir können unsere Ziele formulieren und alternative

Strategien entwickeln, um jedes Ziel zu erreichen. Im Verlauf des Geschehens wissen wir, welchen Weg wir einschlagen müssen, und besitzen die notwendige Flexibilität und Klarheit, um Zeit, Raum und Wissen entsprechend einzusetzen.

Mit disziplinierter Konzentration können wir dem Plan folgen, für den wir uns entschieden haben, so daß wir jede Aufgabe stetig zu Ende bringen. Diese Ausrichtung läßt uns unsere Energie besser kontrollieren und fördert die natürliche Dynamik der Arbeit. Unsere Zeit und Energie versickern nicht mehr in den Lücken zwischen den Aufgaben, unsere Arbeit wird nicht ständig unterbrochen. Sind wir diszipliniert genug, um den Fluß unserer Arbeit nicht zu unterbrechen, wachsen Bewußtheit, Konzentration und Energie von selbst. Wir spüren eine tiefe Freude, denn wir sind völlig am Geschehen beteiligt. Deshalb können wir sofort auf neue Entwicklungen reagieren und die notwendigen Änderungen vornehmen.

Disziplinierte Energie ermöglicht uns, Angefangenes zu beenden. Sie ist stark und beständig, harmonisiert Körper und Geist, sie bildet ein Gegengewicht zu impulsiven und rücksichtslosen Handlungen und chaotischer Aktivität. Ihre Stabilität läßt uns im Einklang mit unserem Vorhaben handeln und abschließen, was getan werden muß.

Übung 33 Die Sammlung intensivieren

Um festzustellen, in welchen Bereichen wir mehr Disziplin benötigen, müssen wir genau hinsehen, wie wirkungsvoll und effizient unsere Arbeit ist und welche Qualität sie besitzt. Wie oft müssen Sie zum Beispiel im Laufe des Tages etwas suchen? Wie oft vergessen Sie, was Sie gerade vorhaben? Ändern Sie im Laufe des Tages Ihren Plan? Können Sie sich auf die Qualität Ihrer Arbeit verlassen? Wie oft unterbrechen Krisensituationen Ihren Fortschritt? Üben Sie sich darin, sich diese Fragen ganz neutral zu stellen. Es geht nicht darum, jemandem Vorwürfe zu machen, sondern Problembereiche zu identifizieren, in denen eine intensivere Konzentration notwendig ist.

Die auf Selbstdisziplin beruhende Geduld fördert unsere Fähigkeit zur Konzentration. Dieses durch stetige Aufmerksamkeit gewonnene Wissen läßt uns umsichtigere Entscheidungen treffen, denn systematisches Planen und Analysieren wird zu einem natürlichen Merkmal unseres Denkens. Weil wir uns unseres Fortschritts bewußt sind, wissen wir auch, wie weitere Verbesserungen vorgenommen werden können. Wir entwickeln eine entspannte und wache Intelligenz, die mühelos Ressourcen und Informationen sammelt, Verbesserungen entwirft und auf die augenblickliche Tätigkeit anwendet, so daß wir Erfolg haben.

Sobald wir uns bereitwillig um Disziplin bemühen, stellen wir fest, daß wir uns bei allen unseren Tätigkeiten leichter und freudiger fühlen. Schon ein klein wenig Disziplin läßt in uns ein Gefühl von Klarheit und Ordnung entstehen, wodurch sich auch der ganze Tag frisch und unbelastet anfühlt. Genießen wir diese Frische, wächst unsere Freude an Disziplin, somit ist der Grundstein für Erfolg gelegt.

Übung 34 Konzentration stärken

Machen Sie sich bewußt, wie Sie die Dynamik der Arbeit durch Kleinigkeiten unterbrechen: der erneute Gang zur Kaffeemaschine, die zwanzig Sekunden, die Sie aus dem Fenster blicken. Diese kleinen Unterbrechungen der Konzentration mögen unbedeutend scheinen, aber sie unterminieren die Qualität Ihrer Arbeit und Ihrer Leistungen. Entwickeln Sie die Disziplin, keinen „Urlaub“ von Bewußtheit zu nehmen. Wie reagieren Sie darauf?

Erfolgskontrolle

Sie können disziplinierte Arbeit auch dadurch fördern – und das ist eine eigenständige Disziplin – daß Sie Bewußtheit, Konzentration und Energie als Maßstab gebrauchen, um Ihre Arbeit einzuschätzen und festzustellen, ob Sie sich in Richtung Erfolg oder Mißerfolg bewegen. Die Maßstäbe und Normen, die wir auf unsere Arbeit anwenden, gelten auch für unser persönliches Leben. Sie eignen sich ebenso, um Erfolg oder Mißerfolg von Organisationen, Erziehungssystemen und sogar von nationaler und internationaler Politik einzuschätzen.

Die folgenden kurzen Beschreibungen können als Kontrolle dienen, um die Qualität der Bewußtheit, Konzentration und Energie in Ihrem Erleben festzustellen. Erkennen Sie negative Tendenzen, so ist das ein Hinwies, sich dort mehr zu bemühen.

Bewußtheit

Mangelt es uns an Bewußtheit, verrinnt die Zeit, und wir können unsere Arbeit nicht zu Ende bringen. Uns fehlt die geistige Klarheit, um zu erkennen, was tatsächlich funktioniert und was nicht. Wir wissen nicht, wie wir den Geist schulen oder üben können. Wir erkennen zwar, daß uns entscheidendes Wissen fehlt, aber wir fühlen uns zu unsicher, um irgend etwas zu unternehmen. Wir verschieben die notwendige Handlung auf später, oder wir denken nicht mehr daran. Statt dessen überlassen wir uns Tagträumereien und Fantasien, bis es uns zur Gewohnheit wird, unkonzentriert zu leben.

Konzentration

Können wir uns nicht konzentrieren, können wir uns auch nicht auf die Besonderheiten der vor uns liegenden Arbeit einlassen. Daher sind wir uns bald im unklaren über unsere Ziele und den Zweck unserer Handlungen. Haben wir uns an ineffektives

Bewußtheit

Diese Qualitäten stehen für Bewußtheit:

Positiv Aufmerksam, achtsam, rücksichtsvoll, wach, respektvoll, sorgfältig, umsichtig, interessiert, begeistert, gewissenhaft, gründlich, genau, entschieden, feinsinnig, sensibel, aufgeweckt, wach, klar, wachsam, meisterhaft, intelligent, verständnisvoll, empfänglich, feinfühlig

Negativ Gedankenlos, rücksichtslos, gelangweilt, achtlos, gleichgültig, unbedacht, gefühllos, stumpf, oberflächlich, unachtsam, vergeßlich, zerstreut, fahrlässig, unbewußt, verwirrt, tagträumerisch, nachlässig, unsensibel

Arbeiten gewöhnt, reden wir uns ein, wir könnten nicht mehr schaffen, oder wir verwenden unsere gesamte Energie auf das Aufzählen und Erklären der Schwierigkeiten, die uns am Erfolg hindern. Auf die eine oder andere Weise blockieren wir uns selbst und können nicht entschieden handeln.

Energie

Ohne Energie sind unsere Bemühungen schwerfällig, sporadisch und unzusammenhängend. Daher sind wir bei der Verwirklichung unserer Ziele sehr eingeschränkt. Die Bedeutung von Energie zur Verwirklichung von Zielen wurde bei uns lange verschleiert, weil die Technik, die eine Energie anderer Art verfügbar macht, in der westlichen Gesellschaft eine große Rolle spielt. Der Traum, die Technik könne uns mit grenzenloser

Konzentration

Diese Qualitäten stehen für Konzentration:

Positiv Hingebungsvoll, beteiligt, eifrig, engagiert, bedacht, gründlich, gesammelt, bemüht, unerschütterlich, loyal, entschlossen, beharrlich

Negativ Abschweifend, unruhig, zerstreut, benommen, verwirrt, hilflos, chaotisch, unentschlossen, instabil, zögernd

Energie versorgen, ist aber ausgeträumt. Wir erkennen jetzt, daß Energie ohne Intelligenz und Bewußtheit zerstörerisch ist und unvorhergesehene Folgen nach sich zieht. Eine der großen Herausforderungen der kommenden Jahrzehnte wird darin bestehen, ob wir genügend lernfähig sind, menschliche Energie als Ressource zu entwickeln und sie auf positive Ziele anzuwenden.

Zusammenhänge erforschen

Bewußtheit, Konzentration und Energie sind auf einer tieferen Ebene nicht voneinander zu trennen. Obwohl Konzentration sich zum Beispiel mehr auf den Geist und Energie mehr auf den Körper bezieht, besitzen Körper und Geist jeweils ihre eigenen Formen von Bewußtheit, Konzentration und Energie.

Das Zusammenspiel zwischen diesen drei Ressourcen kann manchmal auf ganz bestimmte Weise ins Ungleichgewicht geraten. Wenn Bewußtheit kein Ziel wählt, auf das Energie gerichtet werden kann, wird Energie unbeständig, chaotisch und verworren und schließlich immer dumpfer. Energie ohne Konzen-

Energie

Diese Qualitäten stehen für Energie:

Positiv Aktiv, lebhaft, kraftvoll, fleißig, unternehmungslustig, dynamisch, stark, effektiv, intensiv, begeistert, beherzt, ermutigend, inspirierend, erfrischend, warm

Negativ Träge, dumpf, faul, müde, gelangweilt, schwach, kraftlos, nutzlos, ineffektiv, hilflos, unfähig, unproduktiv, entmutigt, eingeschüchtert

tration ist zerstreut und ruhelos: statt produktiv zu sein, beruht sie auf Unzufriedenheit, neigt zu emotionalen Extremen und kann in sich zusammenbrechen. Ohne Energie sind Bewußtheit und Konzentration bald erschöpft. Wenn sie aber trotzdem noch vorhanden sind, versinken wir in Tagträumen oder in eine angenehme, aber grundsätzlich bedeutungslose Bilderwelt.

Verstehen wir diese Zusammenhänge besser, können wir entdecken, wie ein Faktor innerhalb des anderen wirksam ist. Wenn wir zum Beispiel zwar sehr konzentriert, aber ohne wirkliche Bewußtheit sind, können wir innerhalb dieser Konzentration das Bewußtsein entdecken, nicht bewußt zu sein. Wir können das Gleichgewicht wiederherstellen, indem wir verschiedene Arten von Bewußtsein anregen: das Bewußtsein geistiger Vorgänge, das Bewußtsein von Handlungen und ihren Konsequenzen, das Bewußtsein körperlicher Empfindungen und so weiter. Entwickeln wir dieses Gleichgewicht von Bewußtheit, so regen wir die Energie an, die zu Konzentration führt.

Das Ungleichgewicht im Zusammenspiel von Bewußtheit, Konzentration und Energie läßt sich in einzelnen Menschen, in einem Arbeitsprojekt oder im Aufstieg und Niedergang von Unternehmen erkennen. Möglicherweise lassen sich solche Unausgewogenheiten sogar im Schicksal ganzer Nationen und Kulturen ausmachen. Je mehr wir nach dem Zusammenspiel dieser drei Ressourcen suchen, desto besser verstehen wir, wie es dazu beiträgt, unser Schicksal als Mensch zu gestalten.

Übung 35 Der Kreislauf der Sinne

A Diese Übung bringt Bewußtheit in ein Gleichgewicht. Setzen Sie sich entspannt hin, und lassen Sie Ihre Bewußtheit nacheinander in jeden einzelnen Sinn wandern. Entwickeln Sie allmählich einen Rhythmus, in dem Ihre Bewußtheit durch die Sinne kreist. Lassen Sie diesen Rhythmus immer schneller werden, bis er innerhalb mehrerer Minuten eine Geschwindigkeit erreicht hat, die unangenehm zu werden beginnt. Versuchen Sie, sich in dieses Unbehagen hinein zu entspannen, und lassen Sie sich nacheinander auf alle Sinne mit größerer Offenheit ein, so daß sich die in dieser Dynamik steckende Energie zu intensiverer Bewußtheit entwickelt.

B Sie können die vorherige Übung noch weiter entwickeln, indem Sie die gleiche Bewußtheit erst zum Atem bringen und dann zu der Körperempfindung in den Augen und hinter den Augen. Fügen Sie diese beiden Elemente dem Kreislauf der Sinne hinzu. Machen Sie sich bewußt, wie die Dynamik des Kreislaufs ein eigenständiges Element in diesem Kreisen bildet.

C Versuchen Sie auch in anderen Bereichen Ihrer Erfahrung die gleiche Dynamik zu erkennen: zum Beispiel bei einem spontanen Lachen, beim kreativen Denken oder, während Sie sich neue Möglichkeiten des Erfolgs vorstellen. Entwickeln Sie Ihr Einfühlungsvermögen, damit es jeden Aspekt Ihrer Erfahrung energiereicher macht.

Bewußtheit, Konzentration und Energie intensivieren

Das Zusammenspiel von Bewußtheit, Konzentration und Energie kann auch auf subtileren Ebenen erforscht werden. So läßt sich zum Beispiel innerhalb von Energie eine tiefere, kontemplative Qualität entdecken, die der Stille inmitten von Bewegung gleicht. Sie wirkt meditativ und beruhigend, stabilisiert Bewußtheit, regt innovatives Wissen an und läßt die Sinne hell strahlen. Diese Qualität trägt dazu bei, daß sich die in alle Richtungen wirkende Bewußtheit zeigen kann und verleiht den geistigen Aktivitäten eine Art Leuchten im Hintergrund. Es ist wie ein „Sehen", das nicht auf bestimmte Dinge gerichtet ist und im Vordergrund die Qualität von Schärfe besitzt, im Hintergrund aber die der Wachsamkeit. Im Körper zeigt sich diese „sehende" Energie als eine leichte Bewußtheit, die mit Körper und Sinnen in Wechselwirkung steht und sogar bis in die Zellen hinein vordringt.

Wir können Energie so anregen, daß wir in ihrer Stille zur Ruhe kommen, uns auf der Ebene des Körpers der Bewußtheit öffnen und uns von dieser Bewußtheit in die Konzentration tragen lassen. Innerhalb dieser Konzentration läßt sich die Möglichkeit ahnen, daß sich die Körperzellen dem Wissen und höheren Ebenen von Bewußtheit öffnen können.

Übung 36 Bewußtheit, Konzentration und Energie beobachten

Bewußtheit, Konzentration und Energie können Sie in ihrer Wirkung leicht beobachten, indem Sie jeden Tag aufschreiben, wie sich diese Faktoren in Ihrer Erfahrung zeigen. Beachten Sie, wie sich folgende Faktoren auswirken: das Wetter, Ihre Arbeitsbedingungen, die besonderen Anforderungen Ihrer gerade zu erledigenden Arbeit, Ihre körperliche und geistige Verfassung, Ernährung, Emotionen, Empfindungen und Erfahrungen, häusliche Situation und so weiter.

Beachten Sie auch Ihre Mitmenschen, und beobachten Sie Verhaltensmuster. Junge Menschen zeigen zum Beispiel mühelos Energie, Menschen mittleren Alters sind eher gesammelt und konzentriert, während alte Menschen am besten Bewußtheit entwickeln können.

Ein weiterer für die Auswertung relevanter Faktor ist der Einfluß, den die jeweilige Art der Tätigkeit auf Bewußtheit, Konzentration und Energie hat, und das Maß, in welchem sie erforderlich sind. Bei manchen Tätigkeiten kann es sogar gefährlich sein, wenn bestimmte Arten von Konzentration nicht entwickelt werden. Andere Tätigkeiten erfordern eine andere Konzentration, die eher Bewußtheit gleicht, um sinnvolle Ergebnisse zu erzielen. Künstler und Musiker benötigen eine Bewußtheit, die mit Einfühlungsvermögen verbunden ist, während ein erfolgreicher Börsenmakler eine Bewußtheit braucht, die sich auf Einzelheiten richtet und gleichzeitig allgemeine Trends im Auge behält, wobei beide Tendenzen im Gleichgewicht stehen müssen. Möglicherweise lassen sich auch in verschiedenen ethnischen oder kulturellen Gruppen unterschiedliche Muster entdecken.

Übung 37 Ein Diagramm zur Selbstbeobachtung

Diese Übung benutzt Bewußtheit, Konzentration und Energie als Mittel zur Beurteilung, wie Sie arbeiten und wie Sie Ihre Disziplin verbessern könnten. Die Aufgabe besteht im wesentlichen darin, das Auf und Ab jedes einzelnen Faktors im Laufe des Tages aufzuzeichnen.

Ihre Werte können Sie in das auf der nächsten Seite stehende Diagramm eintragen. Fotokopieren Sie es dreißigmal in Vergrößerung, und tragen Sie einen Monat lang Bewußtheit, Konzentration und Energie ein. Jeder Faktor kann einen Wert zwischen eins (am niedrigsten) und zehn (am höchsten) annehmen. Während Sie sich regelmäßig beobachten, können Sie deutlicher erkennen,

Uhrzeit				
Konzentration				
Bewußtheit				
Energie				
Produktivität				
Befriedigung				

Datum:

Bemerkungen:

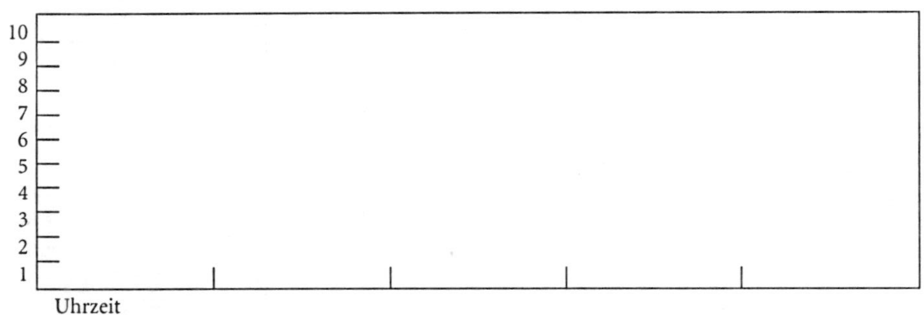

Sie können den Platz auf der linken Seite nutzen, um für jeden Faktor eine Kurve zu zeichnen. Farbige Bleistifte eignen sich gut dafür.

wie sowohl die Art der Tätigkeit als auch der Grad von Leistung und Zufriedenheit zu unterschiedlichen Ergebnissen führen. Machen Sie möglichst drei Eintragungen pro Tag: morgens, mittags und gegen Ende des Nachmittags. Bei Bedarf können Sie am späten Abend noch eine vierte Eintragung hinzufügen. Achten Sie bei jeder Eintragung auf negative Urteile oder Schuldgefühle, die ein weiteres Bemühen erschweren. Nehmen Sie diese Eintragungen auf leichte und freudige Art vor, so daß Ihr Interesse an den Messungen wächst. Dadurch können Sie sich weiter auf Ihre Tätigkeit konzentrieren und Ihre Bewußtheit einladen, sich völlig mit dem Fluß der Konzentration zu verbinden.

Beachten Sie nicht nur die Aufzeichnungen jedes einzelnen Faktors, sondern auch ihr Zusammenwirken. Eine Faustregel hilft Ihnen, ein Ungleichgewicht zu erkennen: Gleichgewicht liegt vor, wenn der am wenigsten ausgeprägte Faktor mindestens halb so wirksam ist wie der am meisten ausgeprägte Faktor. Liegt die Konzentration zum Beispiel bei 8, sollten Energie und Bewußtheit bei 4 oder höher liegen, denn sonst entstehen Verzerrungen, und der am stärksten entwickelte Faktor, die Konzentration, wird absinken.

In diesem Zusammenspiel sollte Konzentration der wichtigste Faktor sein. Wenn Sie den Durchschnitt dieser drei Faktoren ermitteln, sollte er daher zugunsten der Konzentration gewichtet sein. Versuchen Sie es zunächst mit einem Verhältnis von 2 : 1 : 1, und beobachten Sie, ob dies Ihrer Erfahrung entspricht. Eine weitere Faustregel besagt: ein Durchschnitt, der sich zwischen 5 und 7 bewegt, führt wahrscheinlich zu guten Ergebnissen. Ein Durchschnitt von 9 oder 10 kommt dem nahe, was in der buddhistischen Tradition als Samadhi bezeichnet wird.

Bei dem Versuch, die Qualität von Bewußtheit, Konzentration und Energie in ihrer Wirkung numerisch zu erfassen, müssen Sie Ihren eigenen Maßstab entwickeln, denn bisher verfügen wir noch nicht über die allgemeine Erfahrung, die als Grundlage einer objektiveren Vorgehensweise dienen könnte. Letztlich zählen Ihre eigenen Erfahrungen und Verhaltensmuster. Mit Hilfe dieser detaillierten Erhebung gewinnen Sie Daten und Wissen über Ihre eigenen Fähigkeiten und Verhaltensmuster. Sie lernen, wie Sie Ihr Potential besser ausschöpfen können, und schaffen die Grundlage für noch größere Herausforderungen und Möglichkeiten.

Kommunikation

Gute Zusammenarbeit beruht auf guter Kommunikation. Um mit anderen Menschen klar kommunizieren zu können, müssen wir aber zunächst mit uns selbst gut kommunizieren. Kommunikation ist mehr als nur die einfache Weitergabe von Information von einem zum anderen durch mündliche oder schriftliche Mitteilungen. Sie ist auch eine Sache der Emotionen, Einstellungen und Absichten, die in der Stimme, durch Gesten, Handlungen und Entscheidungen zum Ausdruck kommen. Wenn wir diesen größeren Zusammenhang nicht beachten, werden unsere Bemühungen um Kommunikation wahrscheinlich erfolglos sein.

Gute Kommunikation geschieht auf dem Hintergrund eines von Herzen kommenden Interesses, das auf Einfühlungsvermögen und Aufrichtigkeit beruht. Ohne dieses Engagement werden unsere Versuche zur Kommunikation häufig durch subtile negative Emotionen behindert, die Einfühlungsvermögen und Bewußtheit beeinträchtigen. Halten uns diese Emotionen gefangen, können wir anderen nur schwer zuhören und werden wahrscheinlich auch selbst nicht gehört. Während wir zum Beispiel der Ansicht sind, etwas Notwendiges zu vermitteln und somit etwas Positives zu tun, drücken wir in Wirklichkeit möglicherweise Ungeduld, Ärger, Angst, Ablehnung oder Verlangen aus. Haben wir starke Emotionen, machen wir häufig die andere Seite für die sich daraus ergebende mißglückte Kommunikation verantwortlich.

Sind wir uns umfassend unserer eigenen Geisteszustände bewußt, haben wir die notwendige Klarheit, besser kommunizieren zu können. Wir können lernen, auf neutrale Weise aufmerksam zu sein und so zu beobachten, welche Handlungen und Stimmungen unsere Bemühungen um Kommunikation unterminieren, und dann etwas dagegen unternehmen. Unsere zunehmende Bewußtheit, das sich entwickelnde Einfühlungsvermögen und die größere Besonnenheit lassen uns immer feinfühliger auf den subtilen inneren Rhythmus eingehen, der den Fluß unserer Emotionen und Gedankenabläufe bestimmt. Dadurch können wir uns auch leichter in andere Menschen einfühlen.

Der Zugang zu guter Kommunikation ist Klarheit, und Geduld ist der Schlüssel. Geduld läßt uns feiner hinhören. Dadurch verstehen wir den Sinn des Gesagten und hören nicht nur die Worte. Wir sehen mehr, ohne die Augen zu verschließen oder einer Sache aus dem Weg zu gehen. Wir können beobachten und dadurch feststellen, ob andere wirklich verstehen, was wir vermitteln wollen. Wir können ausprobieren, etwas auf verschiedene Weisen zu sagen und durch bildhafte Sprache das Verstehen erleichtern. Wir können andere bitten, das von uns Gesagte mit eigenen Worten wiederzugeben, um sicherzugehen, daß die Kommunikation deutlich war. Lernen wir, mit jedem Menschen auf positive und von Grund auf wirksame Weise in Verbindung zu treten, wird Kommunikation zu einem Prozeß des Mitteilens, einer Öffnung zum Wissen.

Sobald Kommunikation dem Erfolg statt dem Selbstschutz dient, verbessert sich unsere Fähigkeit zu wirkungsvoller Kommunikation drastisch. Unsere Antworten kommen leicht und flüssig, sie sind kurz, klar und präzise. Wir können überflüssiges Reden abkürzen und sofort zum Kern der Sache kommen. Unsere harten Kanten werden weicher, unsere Geduld und unser Wohlwollen nehmen zu. Wir können alle Themen, über die wir sprechen wollen, auf inspirierende und motivierende Weise zum Ausdruck bringen. Das hilft allen Beteiligten, ihre Energie auf das zu richten, was zu tun ist. Wir sprechen so, daß sich andere bereitwillig daran beteiligen wollen und es alle ermutigt, sich auf ihre Stärken und positiven Qualitäten zu verlassen. Wir verstehen immer besser, wie wir den individuellen Arbeitsansätzen unserer Mitmenschen Raum geben können, und tragen so dazu bei, daß ihnen ihre Arbeit zunehmend etwas bedeutet. Unser wohltuender Einfluß fördert gegenseitiges Vertrauen und gemeinsames Verständnis.

Über Probleme sprechen

Mit zunehmender Erfahrung können wir auch lernen, offener über Probleme zu sprechen. Schmerzhafte Erfahrungen haben die meisten Menschen gelehrt, wie schwierig es ist, etwas Negatives zu vermitteln. Hinter allen Gründen, warum wir etwas nicht ansprechen wollen, steht Angst: wir wollen einer Konfrontation und den Emotionen ausweichen, andere daran hindern, uns auf unsere Fehler hinzuweisen, oder alles zugedeckt lassen, was wir uns lieber nicht ansehen möchten.

Die Weigerung, ein tatsächlich vorhandenes Problem anzugehen, mag uns als eine realistische Vorgehensweise erscheinen. Vielleicht ist es wirklich nicht „unser“ Problem. Wenn wir keine Lösung sehen, warum sollten wir es dann überhaupt ansprechen? Dies ist aber eine kurzsichtige Perspektive, denn wenn wir einfach teilnahmslos sind und ein Problem vernachlässigen, das anderen Menschen Schaden zufügen könnte, verursachen auch wir Schaden und werden ebenso darunter leiden.

Ein Problem zu vernachlässigen macht uns zu Komplizen des Verschweigens. Unsere Weigerung, diesen Bereich des vorsätzlichen Ignorierens in Frage zu stellen, verleiht dem Nichtwissen die Macht, unsere Ziele und kreative Arbeit zu gefährden. Dadurch werden alle Beteiligten um Wissen betrogen, die Gemeinschaft, für die wir arbeiten, wird geschädigt.

Statt in schwierigen Situationen einer Konfrontation aus dem Weg zu gehen, können wir lernen, die Angst vor der Konfrontation mit unseren Worten zu „durchdringen" und ehrlicher miteinander umzugehen. Selbst wenn wir zunächst keine Lösungen anzubieten haben, können Zuhören und Fragenstellen neue Perspektiven und Möglichkeiten aufdecken. Zwar ist es ein notwendiger Schritt, den negativen Aspekt einer Situation einzugestehen und Fehler und Mißerfolge zu erkennen, aber es ist nicht notwendig, den negativen Aspekt immer wieder zu betonen. Statt dessen können wir einen positiven Weg einschlagen, indem wir uns und andere darin bestärken, von Fehlern zu lernen und nach dem Erfolg und positiven Potential Ausschau zu halten.

Legen wir Schwierigkeiten offen, noch ehe sie sich zu ernsthaften Problemen entwickelt haben, finden wir mit größerer Wahrscheinlichkeit rechtzeitig Lösungen. Frühzeitig Probleme anzugehen kann uns viel Schmerz und Leid, Zeit und Energie ersparen. Mit größerer Aufrichtigkeit stellen wir fest, daß wir einander wirklich vertrauen können und daß ein offenes Kommunizieren sich positiver auswirkt als ein Zudecken.

Kooperieren Arbeitskolleginnen und -kollegen auf verantwortliche und umsichtige Weise, können sie einen positiven und dynamischen Arbeitsstil entwickeln. Er trägt dazu bei, daß sich gefestigte Persönlichkeiten entwickeln, die sich bereitwillig einer sinnvollen Arbeit widmen, und unterbindet die oberflächliche Kumpanei, die als Ersatz für ein echtes Engagement dient und daher ein erfolgreiches Arbeiten unterminiert. Wenn wir durch Worte und Taten kommunizieren, die wirklich unseren Werten und Zielen entsprechen, üben wir auf unsere Mitmenschen konsequent einen positiven Einfluß aus und nähern uns von selbst unseren Zielen.

Übung 38 Offenere Kommunikation

Wir alle kennen eine Person, mit der oder dem wir nur schwer kommunizieren können. Versuchen Sie ganz besonders bewußt zu sein, wenn Sie das nächste Mal mit diesem Menschen zu tun haben. Wählen Sie Ihre Worte umsichtig, und hören Sie sorgfältig zu, ohne das Gesagte persönlich zu nehmen. Lassen Sie alle Streitigkeiten, Widersprüche und emotionalen Reaktionen sein, und vermeiden Sie durch diplomatisches Verhalten jede Konfrontation. Nehmen Sie sich später Zeit, Ihre Beobachtungen in Ihr Notizbuch zu schreiben.

Übung 39 Gruppendiskussion

Welche Probleme gibt es in Ihrer Arbeitsgruppe, die Sie nicht offen anzusprechen wagen? Fragen Sie einige Ihrer Kolleginnen und Kollegen, ob auch sie eine Änderung oder Aussprache für notwendig halten. Entsteht dadurch das Bedürfnis nach einem Treffen, um die Angelegenheit zu besprechen? Denken Sie daran, daß es immer einfacher ist, Probleme frühzeitig anzusprechen als später.

Übung 40 Arbeitsbeziehungen

Wählen Sie sich jemanden, mit dem Sie gut zusammenarbeiten können, und fassen Sie den Entschluß, alles zu tun, um diese Kollegin oder diesen Kollegen zu unterstützen: Probleme gemeinsam angehen, Anregungen geben und offen und klar kommunizieren. Sie können Ihr gegenseitiges Verständnis auch dadurch vertiefen, daß Sie sich um eine Kommunikation bemühen, die nicht auf Worten beruht.

Übung 41 Kommunikation visualisieren

A Gibt es bei der Arbeit Schwierigkeiten, können Sie das Problem und alle daran Beteiligten visualisieren. Stellen Sich sich dann vor, Sie präsentierten den anderen vollständig Ihre Sicht der Situation. Lassen Sie sich nicht davon abhalten, Ihren Humor und Ihr Verständnis vom Sinn und Reichtum des Lebens einzubringen. Stellen Sie sich die Szene in allen Einzelheiten vor, bis jeder verstanden hat und sich das Problem auflöst.

B Stellen Sie sich morgens vor Arbeitsbeginn vor, Ihre Kolleginnen und Kollegen seien Ihre Freunde, alle hätten dieselben Ziele und Intentionen und sie könnten einfach und unbeschwert kooperieren, weil sich alle gegenseitig unterstützen und gut miteinander kommunizieren. Halten Sie sich diese Vorstellung und die damit verbundenen Gedanken immer wieder vor Augen, während Sie mit Ihrer Arbeit beginnen. Üben Sie dies mehrfach während des Tages.

Machen Sie diese Übung zwei Wochen lang täglich. Diese zuversichtliche, liebevolle Haltung zieht Unterstützung an: andere erkennen, daß Sie etwas Positives anzubieten haben, und arbeiten gerne mit Ihnen zusammen. Widerstände aller Art werden sich allmählich auflösen.

Übung 42 Die Energie der Kehle

Die dynamische Energie der Kehle verbindet die Kraft der Stimme mit der Kraft der Worte. Versuchen Sie jedesmal mit der Energie der Kehle in Verbindung zu bleiben, wenn Sie bei Ihrer Arbeit sprechen. Entspannen Sie zunächst Kehle und Bauch, und achten Sie – soweit wie möglich – auf den Ton Ihrer Stimme und auf die Qualitäten, die Sie auf einer Ebene vermitteln, die hinter dem Inhalt der Worte liegt. Sie können diese Fähigkeit dadurch vertiefen, daß Sie Ihr Klangbewußtsein mit Ihrem Atem verbinden. Befindet sich die Energie der Kehle in Harmonie und kann frei fließen, werden Sie sich gut und sehr wirkungsvoll ausdrücken können.

Entwickeln Sie eine gleichmäßige und wohltuende Sprechweise, ohne sich von Ihren emotionalen Reaktionen beirren zu lassen. Im Laufe des Übens werden Sie feststellen, daß der Klang der Worte Ihnen ein lebhaftes Feedback gibt, wodurch Sie den Energiefluß in der Kehle regulieren können. Weitere Anregungen, wie Sie die Kehle öffnen und entspannen können, finden Sie in Übung 10 auf Seite 44, sowie in „Selbstheilung durch Entspannung" auf Seite 41-55.

Wissen mit anderen teilen

Der Respekt für unsere Arbeitskolleginnen und -kollegen und die Aufrichtigkeit im Umgang mit ihnen finden ihren natürlichen Ausdruck in der Art der Zusammenarbeit. Der Wunsch, anderen bei der Verwirklichung ihrer Ziele zu helfen, und die gemeinsame Vision dessen, was wir zusammen erreichen können, lassen uns die typischen Einstellungen zu Besitz und Wettbewerb durchschauen, die soviel Frustration in unserer Arbeit verursachen. Dadurch entwickeln wir einen Arbeitsstil, der uns unser Wissen mit anderen teilen läßt. Im Bewußtsein, daß unser Wissen auf diese Weise effektiver wird, ebnen wir den Weg für einen Erfolg auf höherer Ebene.

Wissen weiterzugeben ist die Grundlage menschlicher Zivilisation, doch in Arbeitsbeziehungen horten wir meistens unser Fachwissen. Oft meinen wir, solch einzigartiges Wissen sei der Schlüssel zum Erfolg: der einzige Aspekt, der uns anderen gegenüber auszeichnet. So gesehen wäre es unsinnig, unser Wissen mit anderen zu teilen, denn dadurch könnten wir unseren besonderen Status verlieren und möglicherweise sogar unsere finanzielle Grundlage aufs Spiel setzen.

Diese selbstbezogene Art des Arbeitens und Denkens untergräbt jedoch notwendigerweise unsere Bemühungen, die Arbeit als Mittel einzusetzen, um unsere inneren Ressourcen zu entwickeln. Mehr noch: können wir innerhalb unserer Organisation oder Arbeitsgruppe auf Teamgeist bauen, erreichen wir die Gruppenziele durch kooperatives Bemühen mit Sicherheit leichter.

Sobald eine feste Grundlage für Vertrauen und Kommunikation besteht, erkennen wir, daß gerade unsere Bereitschaft, unser Wissen mit anderen zu teilen, uns zu einem wertvollen Mitglied der Organisation oder des Arbeitsteams macht. Lassen wir andere an unserem Wissen teilhaben, tragen wir zum Wohlergehen des Ganzen bei. Dadurch überwinden wir auch das kurzsichtige und kleinkarierte Denken, das unser eigenes Bemühen um Verwirklichung beschwerlich macht.

Langfristig sollte es unser Ziel sein, unser angesammeltes Fachwissen vollständig weiterzugeben, damit unsere Arbeitskollegen nicht länger auf uns angewiesen sind. Dadurch sind alle in der Lage, sich weiterzuentwickeln, und wir selbst können uns immer wieder neuen Bereichen zuwenden, in denen wir erfolgreich forschen. Haben alle Mitglieder einer Arbeitsgruppe oder eines Unternehmens diese Haltung, werden sie natürlicherweise ihr Bestes geben, um den Erfolg des Ganzen sicherzustellen.

Setzen sich alle dafür ein, ihr Wissen weiterzugeben, fließen Bewußtheit, Konzentration und Energie durch die ganze Organisation, wie Blut durch den Körper zirkuliert. Während die Mitglieder einer Organisation oder eines Teams lernen, wie sich die verschiedenen Aspekte einer Arbeit ergänzen, kann die Gruppe als Ganzes ihre Zeit und Energie besser nutzen. So entwickelt sich eine stabile Grundlage für Erfolg, und Probleme, die zunächst überwältigend schienen, werden leichter zu handhaben.

Teilen wir unser Wissen mit anderen, entwickeln wir als Individuen eine tiefere Sichtweise: eine Wertschätzung für Wissen in allen seinen Manifestationen. Wir erkennen deutlicher, wie sich unsere Arbeit mit der anderer verbindet. Je umfassender unsere Vision wird, desto mehr lernen wir, füreinander zu sorgen und Verantwortung zu übernehmen, ohne uns um Titel, Arbeitsplatzbeschreibung und Vergangenes zu kümmern. Das heißt nicht, sich in die Arbeit anderer einzumischen oder sich dort zu beteiligen, wo keine Notwendigkeit besteht, sondern es heißt, bereit zu sein, einen Beitrag zu leisten und zu helfen.

So zu teilen, überwindet Vorlieben und Abneigungen, manipulative oder selbstsüchtige Freundschaften und Parteilichkeiten, die viele unserer Beziehungen dominieren, sowohl in der Arbeit als auch im übrigen Leben. Die Konzentration auf Erfolg kann ein kraftvoller Katalysator sein, um diese uns schadenden Muster aufzulösen. Im Vertrauen, daß wir alle für gemeinsame Ziele arbeiten, lernen wir, einander zu respektieren, weil wir feststellen, daß jeder einzelne zum Ganzen beiträgt. Weil wir die Stärken und Schwächen unserer Kolleginnen und Kollegen erkennen, werden wir unparteiischer und neutraler, so daß wir zum Besten aller Beteiligten handeln können. Vorurteile und Voreingenommenheit geben Raum für Toleranz und Unterstützung. Wir erkennen an, daß jeder Mensch seinen eigenen Raum, Autorität, Wissen, Werte und Urteile besitzt, und sogar da, wo wir nicht übereinstimmen, ist Raum für Kooperation. Von diesem gegenseitigen Respekt ausgehend, entwickelt sich unsere Intention, andere an unserem Wissen teilhaben zu lassen, zu einer allumfassenden Ethik.

Möglichkeiten des Teilens

Sobald wir uns entschlossen haben, Einzelkämpfertum und destruktiven Wettbewerb aufzugeben, können wir unser Wissen gelassen teilen, immer darauf bedacht, es nur dann weiterzugeben, wenn es wirklich notwendig ist,und wenn die Zuhörer aufnahmebereit sind. Wir haben vielleicht eine bestimmte Technik anzubieten, eigene Erfahrung, Erkenntnisse oder arbeitsspezifisches Wissen. Überall können wir unser Wissen auf eine leichte, inspirierende Weise darstellen. Einfache, manchmal auch humorvolle Beispiele tragen oft zur Klärung bei und erfreuen alle.

Immer wenn wir nützliches Wissen entdecken, können wir eine angemessene Form und den passenden Zeitpunkt suchen, um es weiterzugeben. Immer wenn wir neue Fertigkeiten entwickeln, deren Weitergabe sich lohnt, können wir dies tun. Zusammen können wir uns darüber freuen, wie wir uns dabei unterstützen, unser kollektives Wissen auszugraben und unsere inneren Ressourcen zu entwickeln. Dieses Teilen ist das Zeichen wahrer Freundschaft. Auf die eine oder andere Weise können wir diese Haltung auf alle ausdehnen, mit denen wir zusammenarbeiten.

Wollen wir Wissen mit anderen teilen, ist es wichtig, ihre Beiträge aufrichtig zu schätzen. Damit zeigen wir, daß uns unsere Arbeit und die Menschen, mit denen wir arbeiten, am Herzen liegen. Unsere Fürsorge und Wertschätzung motivieren alle und lassen auf der Grundlage von Stärke und Verpflichtung Beziehungen entstehen.

Sobald wir darauf vertrauen, daß wir unser Wissen miteinander teilen, können wir alle effizient ohne Energie- oder Zeitverschwendung zusammenarbeiten. Wir können gut planen, uns konsequent auf das Ziel zubewegen und überprüfen, ob andere alle ihre Verantwortlichkeiten wahrgenommen haben. Wir können einander unterstützen, uns zu entspannen und unsere Sinne anzuregen, wir können uns gegenseitig zeigen, wie wir die einzelnen Schritte unserer Arbeit schätzen. Tauchen Schwierigkeiten auf, können wir von Schuldzuweisungen absehen und uns dem Wissen zuwenden, mit dem wir die Situation am effektivsten meistern können. So bieten wir einander einen starken Halt – die beste Garantie für gute Ergebnisse.

Es ist äußerst wichtig, diesen Ansatz und besonderen Arbeitsstil den neuen Kolleginnen und Kollegen mitzuteilen. Denn sie müssen einerseits neue Fertigkeiten erlernen, die wir bereits beherrschen, und suchen andererseits nach Hinweisen, wie sich die anderen zu ihrer Arbeit verhalten und welche Möglichkeiten die Arbeit bietet. Vermitteln wir ihnen, wie wertvoll es ist, Spaß an der

Arbeit und an der Produktivität zu haben, so können wir gleichzeitig neuen Mitarbeitern und auch der Organisation helfen. Zudem können wir von jedem neuen Mitglied lernen, wenn wir seine Erfahrungen nutzen und sie in das Verständnis der ganzen Gruppe integrieren.

Jenseits spezifischer Fertigkeiten und Informationen liegt das größte Wissen, das wir miteinander teilen können, darin, wie wir unsere inneren Ressourcen nutzen: Bewußtheit, Konzentration und Energie, Wissen, Disziplin und Verantwortung. Geben wir dieses Verständnis anderen weiter, so vermitteln wir ihnen die Fähigkeit, selbst zu lernen. Es ist wichtig, anderen zu verdeutlichen, wie wir gelernt haben, unsere Grenzen zu hinterfragen und unsere Fähigkeiten zu erweitern, sei es durch Worte oder durch unser Beispiel. Dadurch bringen wir dieses Wissen zur Reife und tragen dazu bei, uns und anderen den Weg zum Erfolg zu ebnen.

Übung 43 Verantwortung für Wissen

A Achten Sie darauf, wie jemand in Ihrer Nähe arbeitet, und überlegen Sie, wie Sie zu ihrer oder seiner Arbeit einen Beitrag leisten können. Vielleicht kann bereits ein Wort der Ermutigung oder der Wertschätzung etwas verändern. Handeln Sie so, wie es Ihnen am besten erscheint, und beobachten Sie die Wirkung.

B Nehmen Sie sich vor, jeden Tag in Ihrem Arbeitsbereich etwas Neues zu lernen. Zögern Sie nicht, andere zu bitten, ihr Wissen mit Ihnen zu teilen. Achten Sie aber darauf, die Arbeitszeit oder Energie ihrer Kollegin oder ihres Kollegen nicht zu belasten.

C Verfügen Sie über Wissen, das Sie noch nicht einsetzen? Wie horten Sie Wissen? Können Sie heute mehr Wissen aktivieren?

Übung 44 Tieferes Wissen teilen

Beginnen Sie noch heute damit, nach Möglichkeiten zu suchen, wie Sie jemandem etwas Wichtiges mitteilen können, was Sie über die Entwicklung von Bewußtheit, Konzentration und Energie gelernt haben. Wahrscheinlich geschieht dies weniger durch Worte als durch Ihr Beispiel, durch die Art von Arbeit, die Sie diesem Menschen geben, oder auch durch Ihr Feedback. Was ist das wertvollste Wissen, das Sie entdeckt haben? Wie können Sie es einem anderen Menschen auf wirkungsvolle Weise zur Verfügung stellen?

TEIL III

Die Arbeit transformieren

Energie aufhellen

Bewußtheit, Konzentration und Energie können als Maßstab unseres Fortschritts dienen und ein Spiegel sein, in dem wir unsere Arbeitsweise zu erkennen vermögen. Wenn wir uns immer wieder darum bemühen, die alltäglichen Angelegenheiten achtsam und bewußt zu erledigen, werden wir sehr schnell feststellen, daß sich unsere Produktivität, die Qualität unserer Erfahrung bei der Arbeit und unser Wohlbefinden deutlich steigern. Sind wir erfolgreicher, wächst auch unsere Bewußtheit. Wir können dann das mit Bewußtheit einhergehende Wissen als Grundlage nehmen, um Kontrolle über Verwirrung, Emotionalität und die gewohnheitsmäßigen Reaktionen zu gewinnen, die unsere Energie schmälern und unsere Erfahrung unterminieren.

Der Geist reagiert ununterbrochen auf die vom Körper wahrgenommenen Sinneseindrücke, so wie er auch die Empfindungen des Körpers benennt und interpretiert. Befindet sich diese Beziehung zwischen Körper und Geist nicht im Gleichgewicht, sind die physischen und psychischen Energien in ihrem leichten und gleichmäßigen Fluß behindert, was zu Spannungen führt. Dadurch wird die Energie in innere Dialoge und Entschuldigungen sowie in Emotionen, wie Angst, Schuld, Feindseligkeit, Mangel an Vertrauen und Abwehr, gelenkt.

Bewußtheit kann die bisher in diesen negativen Mustern gebundene Energie freisetzen. Sie lehrt uns, wie Körper und Geist miteinander in Verbindung stehen, und ermöglicht uns, etwas aktiv zu verändern. Setzen wir Bewußtheit so ein, eröffnet sich uns eine ganz neue Ebene von Erfolg und Wohlergehen. Es geht nicht mehr nur darum, wie wir unsere Ressourcen so effektiv wie möglich nutzen können, sondern darum, ihre Funktionsweise zu transformieren. Erfolg auf dieser Ebene verleiht der Bedeutung von Arbeit eine ganz neue Dimension.

Wir können die für diese Veränderung benötigte Bewußtheit erwecken, indem wir uns darin üben, den Fluß der Energie im Körper und durch die Sinne zu harmonisieren. Eine ausgeglichene Energie läßt die Sinneserfahrung reicher werden und die Bewußtheit lichter und klarer sein. Diese Leichtigkeit und Klarheit können wir dann einsetzen, um unsere Erfahrung zu beobachten. Dadurch entsteht ein Wissen, das unsere Energien auf sinnvolle Weise lenken kann.

Trennungen

Von frühester Kindheit an wird der gleichmäßige Fluß und die harmonische Integration unserer Energien durch ein tiefgreifendes Gefühl der Isolation und Unklarheit unterminiert, das so fundamental ist, daß es möglicherweise sogar auf die Zeit vor der Geburt zurückgeht. Der in dieser Isolation gefangene Geist wirkt in einem eigenständigen Raum, in dem er ein Netz von Gedanken und Ideen, Bildern und Erinnerungen kreisen läßt. In einem anderen, davon getrennten Raum wirken die Sinne und Empfindungen.

Diese Trennung hat weitreichende Konsequenzen. Weil sich das Herz nicht mit dem Kopf austauschen kann, zieht es sich zurück und verfällt in Schweigen. Spricht das Herz dann doch, weiß der Kopf nichts damit anzufangen. Allmählich kümmern wir uns nicht mehr darum, was mit uns geschieht. Die Lebensenergie des Bauchs ist sowohl vom Herzen als auch vom Kopf getrennt, wodurch unseren Handlungen und Gedanken die fließende, dynamische Kraft fehlt.

Während unserer ganzen Kindheit und bis ins Erwachsenenalter suchen wir nach Erfahrungen, die uns wieder das Empfinden einer umfassenderen Seinsweise vermitteln können. Weil wir das Geschehen aber nicht richtig verstehen, erfahren wir nur selten dieses Empfinden von Ganzheit. Unsere Bewußtheit baut nicht auf einer geerdeten Kraft auf. Daher ist unsere Energie ungerichtet und verliert sich in der Regel in Erinnerungen und Bildern, Gewohnheitsmustern, disharmonischen Körperhaltungen und Launenhaftigkeit. Wir lernen, Energie immer wieder in Emotionalität zu leiten, was von neuem zu Unruhe, Dumpfheit und Depression führt und sie verstärkt. Unsere Konzentration wird nicht verläßlich genährt, so daß die Gedanken zersplittern und zusammenhangslos umherwandern. Unsere Begeisterungsfähigkeit und Motivation nehmen ab. Wir verlieren an Selbstvertrauen und versinken immer tiefer in eine Spirale von Versagen und Bedauern. Unser natürliches Empfinden von Stabilität sowie unsere Integrität und Reaktionsfähigkeit schwinden dahin.

Verbinden und integrieren

Zwar sind diese Muster in gewisser Hinsicht fest in uns verankert, trotzdem aber können wir lernen, etwas dagegen zu tun. Die bewußte Sinneswahrnehmung läßt den Fluß der Energie durch die Körperzentren stärker und die Sinneserfahrung qualitativ reicher werden. Wir können die Energie des Herzens sowohl mit dem Bauch als auch dem Kopf verbinden und so die Isolation und die Sehnsucht heilen, die wir fühlen. Sobald diese neuen Verbindungen hergestellt sind, kann eine geerdete Willenskraft stärkend und unterstützend durch das Herz fließen. Die Gedanken können ungehindert und effektiv fließen, sie werden verläßlich und klar. So kann sich eine echte Vision bilden, die unser Leben leitet. Wir fühlen uns nicht mehr so leicht von verwirrenden Erfahrungen überwältigt und verfallen auch nicht sofort in emotionale Reaktionsweisen. Ist das Herz stark und verläßlich vom Willen unterstützt, geben wir bei Hindernissen weder auf noch geraten wir in Panik, wir werden weder ausfallend noch ziehen wir uns zurück.

Sind Körper und Geist besser aufeinander abgestimmt und koordiniert, so erhöht sich unser „normales“ Energieniveau. Ohne uns unter Druck zu setzen oder uns zu etwas zwingen zu müssen, geben wir bereitwillig mehr Energie in unsere Arbeit. Unsere Arbeitsweise wird dynamischer und kreativer, was zu positiven Ergebnissen und echter Zufriedenheit führt, die uns wiederum darin bestärken, Bewußtheit, Konzentration und Energie noch mehr zu steigern.

Lichtere Bewußtheit

Der zunehmende Energiefluß durch die Körperzentren, der die Sinneserfahrung qualitativ bereichert, führt auch zu einer lichteren Bewußtheit. Je lichter die Energie des Kopfzentrums wird und je mehr sich die Brust öffnet, desto lichter wird auch die Bewußtheit. Diese lichtere Energie des Geistes wird zu einem Katalysator für unser Handeln, läßt negative Muster leichter werden und regt neues Wissen an. Wir verkörpern eine heitere und positive Haltung und entwickeln den Elan, das Charisma und die Persönlichkeit, die zu Erfolg führen.

Wir können diese allumfassende lichte Bewußtheit entdecken, die jeden Gedanken umgibt. Sie ähnelt dem sanften Lichtkranz um die Flamme einer Kerze. Diese allumfassende lichte Bewußtheit öffnet und entfaltet sich sanft, erhellt die Sinnestätigkeit, die Bewegung der Wahrnehmung, alle Aspekte des Denkens und sogar die physiologischen Funktionen des Körpers. Wir können deutlicher erkennen, wie emotionale Reaktionen die Offenheit und den Fluß der Energie behindern, und uns auf Bewußtheit verlassen, um die Wirkung derartiger Reaktionen auf Körper und Geist zu mildern.

Fließt die Energie freier durch alle Bereiche des Körpers, können wir reichhaltige Nuancen in den Sinneserfahrungen willkommen heißen und sie zu tief befriedigenden und erfüllenden Empfindungen ausweiten. Diese wertschätzende, heilende Eigenschaft läßt die durchscheinende Energie, die unsere Gedanken umgibt, noch zarter werden. Dadurch wird die Bewußtheit lichter und die Erfahrung immer reicher und tiefer. Wir sind voller Vitalität, und natürliche Intelligenz kann ungehindert wirken.

Die lichte Energie der Bewußtheit lindert den Druck der Gedanken und Ängste, Emotionen, Ausreden und inneren Zwiesprachen. Bewußtheit nimmt jeden Gedanken voll verantwortlich auf. Sie läßt Schweres leichter werden und schmilzt Erstarrtes. Öffnen wir uns ihrem Licht, sehen wir mit den Augen eines Meisters und genießen das Lichterfest der Gedanken und Empfindungen wie spielerische Bilder auf einer Leinwand.

Übung 45 Verhaltensmuster umkehren

Entspannung ist eine der wirkungsvollsten Methoden, um den Fluß der Energie freier strömen zu lassen. Übung B auf S.243 ist eine leicht erlernbare Einführung in Entspannung. Übung P auf S.252 vertieft diesen Ansatz. Nachfolgend werden noch weitere Übungen beschrieben. In „Selbstheilung durch Entspannung" stehen viele Kum Nye-Übungen, die durch Bewegung, Atem und Selbstmassage Entspannung fördern.

Übung 46 Offenheit einladen

Diese Übung wendet sich an Menschen, die einen kontemplativeren Weg zu Bewußtheit und Energie bevorzugen. Sie zielt darauf ab, die Energiezentren im Körper zu öffnen und sie lichter werden zu lassen, indem wir uns der Reihe nach mit jedem einzelnen Zentrum beschäftigen.

Beginnen Sie mit der Kehle. Nehmen Sie sich jeden Tag entweder morgens oder abends eine halbe Stunde, in der Sie sich still hinsetzen und leicht auf die Kehle konzentrieren. Atmen Sie sanft durch Mund und Nase. Der Mund ist ein klein wenig geöffnet, und die Zungenspitze berührt gleich hinter den Schneidezähnen leicht den Gaumen. Diese Art des Atmens mag sich zunächst ungewohnt anfühlen, aber schon nach kurzer Übung werden Sie die wohltuende Wirkung spüren, denn die Energie der Kehle wird ausgeglichener, sie verteilt sich gleichmäßiger auf Kopf und Herz. Entspannen Sie sich in diese Art des Atmens hinein, ohne sich viele Gedanken zu machen, ob Sie es richtig tun. Schon bald wird der Atem eine offene und natürliche Qualität annehmen.

Lassen Sie diesen sanften Atem die Kehle beruhigen und ausgleichen. Erlauben Sie Ihrer Bewußtheit, sich sanft mit dem Atem zu vereinigen. Sobald Sie irgendwo im Körper Entspannung empfinden, so vertiefen und genießen Sie dieses Gefühl, indem Sie es mit Atem und Bewußtheit verbinden. Lassen Sie nach zwei Tagen Ihre Konzentration qualitativ leichter werden, damit die Körperenergie freier strömen kann.

Nachdem Sie sich drei Tage lang auf das Kehlzentrum konzentriert haben, verlagern Sie Ihre Sammlung auf den Kopf. Konzentrieren Sie sich zunächst auf einen Punkt zwischen den Augen. Richten Sie Ihre Sammlung später auf das Herzzentrum und schließlich auf den Bauch. Machen Sie sich mit den verschiedenen Qualitäten dieser Energiezentren vertraut. Die freigesetzte Energie gibt Raum für eine stabilere Konzentration und lebendigere Bewußtheit.

Übung 47 Licht-Zentren

Setzen Sie sich ruhig hin, und visualisieren Sie Licht in dem Energiezentrum zwischen den Augen. Gehen Sie dann weiter zur Kehle, zum Herzen und zum Bauch, und verweilen Sie bei jedem

Zentrum einige Minuten. Lassen Sie das Licht sehr intensiv sein wie vom Schnee reflektierter Sonnenschein.

Übung 48 Raum spüren

Stellen Sie sich ein Gefühl der Weite vor, das im ganzen Körper spürbar ist. Beginnen Sie beim Kopf, und bringen Sie diese Weite der Reihe nach in jedes Körperzentrum. Diese lichte Weite öffnet und dehnt den Raum eines jeden Zentrums aus. Sie löst sanft alle festgehaltenen Energien. Sobald ein fließendes Empfinden entsteht, verbinden Sie es behutsam mit Bewußtheit und Konzentration. Sie können ein bisher unbekanntes Gefühl von Intelligenz, Stabilität und Vitalität erfahren, das die Integration von Bewußtheit, Konzentration und Energie widerspiegelt.

Übung 49 Die Sinne entspannen

Häufig wird die Energie deshalb im Kopf festgehalten, weil wir unsere Sinne allzu angespannt konzentrieren. Üblicherweise blicken unsere Augen starr geradeaus, als seien sie Pferde mit Scheuklappen. Ähnlich beschränkt hören wir: wir konzentrieren uns „im Kopf" auf die Töne. Die folgenden Übungen wirken dieser Enge entgegen und können jederzeit während der Arbeit ausgeführt werden. Sie sind vor allem dann hilfreich, wenn Sie am Computer arbeiten oder viel telefonieren.

A Entspannen Sie mehrfach pro Tag Ihre Augen, bewegen Sie sie leicht von einer Seite zur anderen sowie nach oben und unten. Der Kopf bewegt sich nicht. Entspannen Sie dabei das Bemühen, die Augen auf einen Punkt zu richten, so daß die Bewegung weich und weit wird. Diese Bewegung regt Bewußtheit an und läßt eine offenere, flexiblere Sichtweise zu.

B Versuchen Sie beim Arbeiten so auf Töne zu hören, als seien sie meilenweit entfernt. Wie wirkt sich das auf Ihre Bewußtheit aus? Wie beeinflußt es Ihre Konzentration?

Ausreden und Entschuldigungen durchschauen

Sobald wir neue Energie geweckt und eine lichtere Bewußtheit angeregt haben, können wir mit Hilfe dieser Ressourcen die Begrenzungen in Frage stellen, die wir uns selbst auferlegt haben, und uns höhere Dimensionen der Leistungsfähigkeit eröffnen. Die Arbeit ist unser Versuchsfeld und der Schauplatz, auf dem wir deutlich erkennen können, welche Resultate sich ergeben, wenn wir unser Wissen anwenden. Hier haben wir die Gelegenheit, die Gewohnheitsmuster in ihrem Wirken zu sehen, die uns am kreativen Handeln hindern. Wie reagieren wir beispielsweise, wenn wir in unserer Arbeit wirklich gefordert werden? Wie verhalten wir uns bei geringfügigen Anforderungen, die unsere Routine unterbrechen?

Der Strom der Entschuldigungen

Selbst wenn wir sehr motiviert sind, unsere Arbeit gut zu machen, lösen bestimmte Herausforderungen eine fast automatische Reaktion aus: Gründe und Entschuldigungen, warum wir nicht reagieren. Ein von der eigenen Dynamik angetriebener Strom vernünftig klingender Entschuldigungen durchzieht wie ein unterirdischer Fluß unser Bewußtsein. Mit einem so vertrauten Plätschern, daß wir ihn kaum bemerken, windet er sich durch unsere Gedanken und Bilder. Er formt sich zu Worten, die Botschaften vermitteln und Geschichten erzählen, die so alltäglich und akzeptabel sind, daß wir überhaupt nicht auf die Idee kommen, ihnen besondere Aufmerksamkeit zu schenken: „Das kann ich nicht“, „Ich weiß nicht genau“, „Ich weiß nicht wie“, „Ich will nicht“, „Das mach’ ich später“, „Ich will es versuchen.“ Fast ohne einen Gedanken daran zu verschwenden, tauschen wir solche Aussagen untereinander aus, bis sie zu selbstverständlichen Tatsachen werden.

Der Strom der Entschuldigungen rät uns, Dinge zu verschieben, Anforderungen zu ignorieren und keine Risiken einzugehen. So lullt er unser Bewußtsein ein, wie in einen unruhigen Schlaf. Wollten wir nicht einen Brief schreiben, jemanden anrufen, einen Termin oder eine Verpflichtung einhalten? Unser Geist umwebt uns mit einem dichten Netz aus Träumereien, Gründen und Erklärungen und redet uns ein, es sei in Ordnung, unsere Bedenken fallenzulassen und unsere Verpflichtungen zu verschieben. Wir können es ja später erledigen; vielleicht wird nach einiger Zeit sogar alles völlig aufhören, wenn wir uns einfach nicht darum kümmern. Der Geist kann aber auch eine endlose Kette von Sorgen und Schuldgefühlen auslösen – Entschuldigungen auf einer anderen Ebene –, die uns derartig beschäftigen, daß wir uns nicht mehr darauf konzentrieren können, einfach unsere Arbeit zu erledigen.

Der vertraute Rhythmus und Schwall der Entschuldigungen schützt uns vor allen ungewohnten Situationen. Möglicherweise nehmen wir es kaum wahr, daß wir vor einer schwierigen Aufgabe stehen und ein Entschluß gefaßt werden muß. Wir sind so darin versunken, die alte Melodie zu hören, daß wir ganz schnell Entschuldigungen vorbringen, statt zu entscheiden. Dadurch merken wir kaum, daß unsere Untätigkeit die Entscheidung schon für uns gefällt hat.

Auf einer bestimmten Ebene wissen wir, daß wir unsere Zeit verschwenden und Gelegenheiten verpassen. Der Körper ist ein verlässlicherer Zeuge als unsere Gedanken. Manchmal haben wir ein übles Gefühl im Magen oder ein verzehrendes Empfinden in der

Brust. Vielleicht bekommen wir Kopfschmerzen, spüren einen dichten Nebel zwischen den Augen oder fühlen uns plötzlich müde. Diese Empfindungen sind aber so vertraut, daß wir sie kaum beachten.

Allmählich greifen diese Denk- und Verhaltensweisen die innere Verpflichtung und Begeisterung an, die wir zunächst spürten. Im Laufe der Jahre fragen wir uns möglicherweise, warum unsere Energie und Zuversicht offenbar schwächer werden und unsere Bemühungen zu geringeren Erfolgen führen, als wir hofften. Liegt es nur daran, weil wir älter werden?

Sich selbst rechtfertigende Entschuldigungen

Unsere vorgebrachten Entschuldigungen klingen so einleuchtend, daß wir das Gesagte unabhängig vom Inhalt fraglos als wahr akzeptieren. Oft erkennen wir möglicherweise nicht einmal, daß wir uns entschuldigen. Es war nicht unser Fehler: wir wurden krank, wir haben nie wirklich unser Einverständnis gegeben, irgend etwas Wichtiges kam uns dazwischen. Unsere Empfindungen, unsere Emotionen und selbst unsere Körpersprache passen sich dem sofort an.

Die meisten Menschen lernen schon früh im Leben, wie man einleuchtend klingende Entschuldigungen findet, und gerade die Klügsten sind dabei am erfinderischsten. Wir sagen: „Es tut mir leid" und bitten, uns unsere Unzulänglichkeiten zu vergeben, und das erwarten wir auch mit großer Selbstverständlichkeit. Jede erfolgreiche Entschuldigung steht aber für eine versäumte Gelegenheit. Ist alles wieder „in Ordnung", fehlt uns die Motivation, die Gewohnheitsmuster in Frage zu stellen, die zu dem Versagen geführt haben, oder aus unseren Fehlern zu lernen.

Üblicherweise führen wir Entschuldigungen an, um uns in unserem Leben „mehr Raum" zu geben. Das ist aber eine oberflächliche Sichtweise. Selbst wenn wir durch unsere Entschuldigungen scheinbar Zeit gewinnen, gibt es keine „zusätzliche“ Zeit, die wir gewinnen könnten. Die für die Entschuldigungen benötigte Zeit, und auch die Zeit, die wir darauf verwenden, uns selbst von ihrer Richtigkeit zu überzeugen, steht uns nicht mehr für sinnvolle Ziele zur Verfügung. Das ist aber noch nicht alles. Mit jeder Entschuldigung festigen wir unsere Vorstellung der eigenen Grenzen. Weil wir mit dieser Haltung den Teil unseres Bewußtseins päppeln, der unsere Begrenzungen fördert, lähmen wir schnell unsere Fähigkeiten und entmutigen auch andere. Selbst beiläufige Abschiedsworte wie: „Viel Spaß! Und überarbeite dich nicht!“ sind in Wirklichkeit auf subtile Weise unterminierend.

Entschuldigungen machen unmißverständlich klar, daß wir wirklich nichts mehr tun können und verhindern dadurch, daß wir den Zugang zu positiven Quellen der Inspiration finden. Wir verpassen die Gelegenheiten, Achtsamkeit entstehen zu lassen, denn wir suchen nicht einmal danach. Wir übersehen die Möglichkeiten, in denen wir Motivation, Disziplin und Vertrauen entwickeln könnten. Schlichte positive Botschaften wie: „Ich könnte es einfach tun!“ entziehen sich uns, weil unsere Energie einer negativen Sichtweise verhaftet ist. Wir weigern uns anzuerkennen, wie sehr sich unsere Situation verändern würde, reagierten wir positiv auf Herausforderungen und Chancen, und verstecken unsere besten Eigenschaften hinter einem Schwall von Worten und Emotionen. So präsentieren wir in Wirklichkeit unsere Begrenzungen als die von uns gewählte Seinsweise.

Verantwortung ablehnen

Beobachten wir gelegentlich, wie sich andere in ihren Entschuldigungen verfangen, empfinden wir es vielleicht als unangenehm. Trotzdem handeln wir selbst nach wie vor auf gleiche Weise. Möglicherweise rechtfertigen wir sogar unsere Schwäche mit der der anderen. Niemand geht Risiken ein oder fühlt sich verantwortlich – warum sollten wir uns anders verhalten? Ironischerweise benutzen wir dabei unsere Intelligenz, um an unserer Schwäche festzuhalten. Wir behandeln unsere Schwäche, als sei sie unsere größte Stärke.

Möglicherweise fühlen wir unbewußt eine tiefe Enttäuschung, weil es uns nicht gelang, unsere Fähigkeiten einzusetzen. Dennoch hören wir nicht auf, mit emotionalen Reaktionen die Wahrheit des Geschehens zu überdecken, es sei denn, wir haben uns intensiv für Bewußtheit entschieden. Diese emotionalen Reaktionen werden dann zum Nährboden für eine weitere Schicht von Entschuldigungen. Wir fühlen uns zu verlegen oder zu niedergeschlagen, zu schuldig oder zu beschämt, um uns einzugestehen, daß wir uns selbst betrogen haben. In dem Bewußtsein, unsere Zeit und unser Leben nicht optimal zu nutzen, fühlen wir uns innerlich zerrissen und unglücklich, und wir geben unsere Vision und Inspiration auf.

Der Geist erfindet rücksichtslos immer neue Gründe und Emotionen und spinnt so weiter am Netz der Entschuldigungen. Auf einer gewissen Ebene ist uns das eigene Verhalten bewußt. Daher sind wir möglicherweise voller angstbesetzter Fantasien über das von uns angerichtete Durcheinander und geraten in Panik bei dem Gedanken, es wieder in Ordnung bringen zu müssen. Es kommt zu immer heftigeren körperlichen Reaktionen. Überall tauchen Probleme auf – unter anderem Krankheiten und Unfälle – als Ausdruck unseres Bestrebens, nicht aufzuwachen und keine Verantwortung zu übernehmen.

Sind wir bereit, diesen Prozeß der Suche nach Entschuldigungen bewußter wahrzunehmen, werden wir bald erkennen, wie Entschuldigungen ein Gefühl der Hoffnungslosigkeit, des Mangels und der Unfähigkeit fördern. Bewußtheit stärkt unsere höchsten Ideale und macht uns bereit, die uns zur Verfügung stehende kostbare Zeit auf eine gesündere und ausgewogenere Art zu nutzen.

Übung 50 Gründe durchschauen

A Achten Sie, wenn Sie eine Abmachung oder ein Versprechen nicht einhalten, jedesmal darauf, welche Gründe Sie dafür anführen. Beachten Sie vor allem Aussagen, die mit „Ich" beginnen: „Ich konnte keine Hilfe bekommen", „Ich habe nie gesagt...", „Ich hatte keine Zeit". Achten Sie auch auf Erklärungen, die sich auf Bedingungen beziehen, die außerhalb Ihrer Kontrolle liegen: „Er war im Urlaub", „Der Computer stürzte ab", „Ich hatte nicht das richtige Werkzeug". Bedenken Sie, daß die von Ihnen angegebenen Gründe völlig überzeugend klingen werden, für Sie selbst und wahrscheinlich auch für die anderen. Welche Veränderung ist notwendig, ehe Sie solche Aussagen als Entschuldigungen erkennen können?

B Sobald Ihnen bewußt wird, welche Entschuldigungen Sie früher für gute Gründe hielten, stellen Sie eine Liste der wichtigsten Entschuldigungen auf. Beachten Sie Wiederholungen und Variationen.

Übung 51 Entschuldigungen Einhalt gebieten

A Fragen Sie sich jedesmal, wenn Sie begründen, warum Sie bei Ihrer Arbeit etwas nicht erledigen: „Ist das eine Entschuldigung oder nicht?" Wenn Sie sich dabei ertappen, eine Entschuldigung vorzubringen, versuchen Sie, damit einfach aufzuhören, selbst wenn es bedeutet, mitten im Satz abzubrechen. Was schützen Sie mit Ihren Entschuldigungen? Wie reagieren Ihre Arbeitskolleginnen und -kollegen, wenn Sie sich nicht mehr so oft entschuldigen? Seien Sie darauf gefaßt, daß es ihnen möglicherweise Unbehagen bereitet.

B Dies ist eine drastischere Version derselben Übung. Jedesmal, wenn Sie jemand bittet, etwas bei der Arbeit zu tun, sagen Sie einfach „Ja", und tun Sie es! Üben Sie das einen ganzen Tag lang.

Negative Verhaltensmuster erkennen

Fangen wir eine neue Arbeit oder ein neues Projekt an, spüren wir zunächst, daß uns viele Möglichkeiten offenstehen. Wir sind interessiert, fühlen neuen Schwung, sind aufgeschlossen und voller Energie, sehr aufmerksam und engagiert. Allmählich läßt unsere Begeisterung aber nach. Nach sechs Monaten ist uns die Arbeit schon zur selbstverständlichen Routine geworden. Die Aufmerksamkeit trübt sich, die Konzentration wird schwächer, und die Energie ist in emotionalen Verhaltensmustern absorbiert. Unsere Fähigkeit, etwas Wertvolles zu leisten, nimmt drastisch ab. Andere mögen zwar mit unserer Arbeitsleistung zufrieden sein, verglichen mit unserem vollen Potential sind wir aber fast an einem Stillstand angelangt. Aus einem offenen Bereich der Möglichkeiten sind wir in die vertraute Welt der Begrenzungen geschlittert.

Sinkt unsere Aufmerksamkeit ab, können wir nicht erkennen, wie es zu dieser Veränderung gekommen ist. Wir nehmen die inneren Dialoge und emotionalen Muster, die unsere Fähigkeiten unterminieren, nicht deutlich wahr und lassen zu, daß der Geist uns so manipuliert, daß wir uns gegen unsere ureigenen Interessen entscheiden. Schließlich verschwenden wir unsere Zeit mit negativen Rollen, die uns entmutigen und begrenzen.

Zwar ist uns allen bewußt, daß wir leicht bestimmte negative Rollen annehmen, doch häufig scheuen wir uns, sie genau zu betrachten. Werden sie in Frage gestellt, verteidigen wir sie möglicherweise. Der Weg der Bewußtheit schlägt einen anderen Ansatz vor: Unsere Schwächen zu erkennen ist ein wesentlicher Schritt, um unsere Ressourcen für Erfolg in Augenschein zu nehmen.

Negative Rollen betrachten

Aus dem Unbewußten spüren wir möglicherweise heftigen Widerstand dagegen auftauchen, negative Rollen zu betrachten. Dieser Widerstand kann sich als Ungeduld oder Gereiztheit, Dumpfheit oder Desinteresse zeigen. Hinter diesen Reaktionen verbirgt sich aber die Angst, die Erfahrung könne schmerzhaft sein. Wenn wir den Widerstand in Schutz nehmen, verlängern wir einfach nur die Angst vor dem Schmerz und ignorieren dabei den Schmerz, der gerade durch die Angst erzeugt wird.

Konzentration zu üben bietet uns eine Alternative. Konzentrieren wir uns still auf eine Rolle, die wir bisher gespielt haben, können wir die darin angestauten Emotionen und Gedanken lösen. Selbst wenn wir uns nur für wenige Minuten auf eine negative Rolle zu konzentrieren vermögen, kann der Geist den Geist einholen. Indem der Geist im gegenwärtigen Augenblick der Erinnerung Raum gibt, kann er sein eigenes Wesen erkennen. Das scharfe Schwert schmerzhafter Erinnerungen wird stumpfer. Die von uns gespielte Rolle verliert an Macht und kann sogar völlig verschwinden. Dann können wir die heilsame Kraft der Bewußtheit und Konzentration darauf richten, gesündere Reaktionen zu entwickeln.

Hinweise auf Negativität

Wir können unsere negativen Rollen häufig dadurch erkennen, daß wir beobachten, wie andere sie ausagieren. Es folgen einige Beispiele, auf die wir achten können:

Der Kämpfer Die Brust ist aufgebläht und die Mundwinkel herabgezogen, als wolle er gleich einen Streit anfangen. Ein typischer innerer Dialog: „Ich arbeite so schwer und erhalte kein bißchen Anerkennung – warum soll ich mich überhaupt noch anstrengen?“ Handeln wir mit dieser Einstellung, haben wir keinen Spaß an der Arbeit und fühlen uns schließlich immer unzufrieden. Die Arbeit geht sehr langsam voran. Unsere Aufmerksamkeit schweift ab, vergeudet Zeit oder erfindet alle möglichen Ausflüchte, um sich nicht völlig konzentrieren zu müssen.

Die Gräfin Der Kopf ist etwas nach hinten geworfen, die Lippen sind verkniffen und die Augen schmal. Ein typischer innerer Dialog: „Das habe ich schon erledigt. Du brauchst mich nicht daran zu erinnern. Ich habe Wichtigeres zu tun.“ Wenn wir diese Rolle spielen, erledigen wir unsere Arbeit hastig und meist schlecht. Wir betrachten sie nicht als unsere persönliche Verantwortung.

Der Versager Die Brust ist eingesunken, und der Kopf hängt herab. Ein typischer innerer Dialog: „Ich habe schon viel zuviel zu tun. Ich kann unmöglich noch eine weitere Aufgabe übernehmen.“ Wenn wir diese Rolle spielen, fühlen wir uns überfordert und geraten mit unserer Arbeit immer mehr in Verzug. Zwar können wir scheinbar sehr angestrengt arbeiten, aber wir kommunizieren unzureichend, unsere Energie ist zerstreut, und unsere Bewußtheit ist verschwommen.

Der Nörgler Die typischen Gesten bestehen aus Achselzucken und Kopfschütteln. Ein typischer innerer Dialog: „Ich kann es kaum fassen, wie unprofessionell und unorganisiert diese Leute sind. Dies Projekt kann nur schiefgehen.“ Wenn wir diese Rolle spielen, können wir uns nicht vorstellen, für die Arbeit anderer Menschen Verantwortung zu übernehmen. Es fällt uns sehr schwer, mit anderen konstruktiv in einem Team zusammenzuarbeiten. Wir benutzen die Nörgelei, um mit unserer Umgebung in Kontakt zu bleiben und uns wichtig zu fühlen.

Der Tagträumer Der Kopf ist zurückgeneigt, die Augen blicken ins Leere, und wir seufzen häufig. Ein typischer innerer Dialog: „Wäre nur alles anders, dann könnte ich erfolgreich sein." Wenn wir mit dieser Einstellung handeln, übernehmen wir keine Verantwortung, weder für uns noch für unsere Arbeit. Zwar merken wir, daß wir unsere Fähigkeiten nicht voll ausschöpfen, übernehmen aber keine Verantwortung, sie zu entwickeln.

Sobald wir erkennen, welche Rolle jemand anderes spielt, und uns deren Konsequenzen deutlich bewußt werden, können wir darauf achten, ob auch wir diese Rolle spielen. Vielleicht können wir dann auch verstehen, wie diese Rollen zu Versagen und Enttäuschung führen, was wiederum weitere typische Verhaltensmuster auslöst:

Der Hoffnungslose Wenn wir das Gefühl haben, daß wir trotz aller Bemühungen ständig versagen, so füllen wir unser Herz und unseren Geist mit negativen Fantasien. Wir reden uns ein, wir hätten nicht genügend Wissen, Ausbildung oder Ressourcen. Gefühle der Inkompetenz erdrücken uns. Diese negativen Botschaften treiben uns immer tiefer in Emotionalität, Depression und Lähmung. Schon bald überzeugen wir uns selbst, uns bleibe nichts anderes übrig, als aufzugeben. Möglicherweise haben wir das Empfinden, daß es Alternativen gibt, aber wir fühlen uns zu wertlos, um unsere Energie in eine positive Richtung zu lenken. Körper, Geist und Sinne verschließen sich, bis positive Gedanken, Gefühle oder Energien nicht mehr frei fließen können, selbst wenn sie einmal entstehen sollten. Unsere Kreativität ist blockiert, unsere Intelligenz setzt aus, und wir können keinen Ausweg mehr erkennen. Weil wir nicht wagen, uns Ziele zu setzen und sie zu verwirklichen, müssen wir unsere wertvollsten Hoffnungen und Träume aufgeben – und mit ihnen unsere Selbstachtung.

Der Schaumschläger Auch wenn wir versagen, können wir uns noch einreden, wir seien erfolgreich. Wir verdrehen unsere

Wahrnehmungen und füllen den Geist mit Tagträumereien. „Morgen wird alles besser", sagen wir. „Später einmal werde ich richtig erfolgreich sein. Im Augenblick lerne ich noch." „Ich verstehe gar nicht, warum sie so wütend auf mich sind – alles in allem mache ich es doch ziemlich gut." Statt unsere Schwierigkeiten einzugestehen und uns von ganzem Herzen zu bemühen, unserem Ziel näherzukommen, setzen wir unsere Energie dafür ein, uns selbst und andere davon zu überzeugen, daß wir trotz überwältigender Widrigkeiten unser Bestes geben. Mit unbegründetem Optimismus übertünchen wir unseren grundlegenden Unwillen, Verantwortung zu übernehmen. Wir entwickeln zwar „gute Ideen" und „positive Energie" , ohne aber jemals wirklich zu den Wurzeln eines Problems vorzudringen. Wir sehnen uns danach, daß unsere Bemühungen anerkannt werden, und wir schätzen Zustimmung mehr, als das Ziel zu erreichen, das wir insgeheim schon lange aufgegeben haben. Unsere oberflächlichen Bemühungen führen aber nur zu weiteren Verzögerungen, zu noch mehr Verlust und Enttäuschung. Schon bald ist unsere „positive Energie" verflogen, ohne daß wir viel vorzuweisen haben.

Der Gläubige Erscheinen uns die Probleme überwältigend, können wir immer noch auf ein Wunder hoffen. „Wenn ich daran glaube", sagen wir uns, „wird schon alles in Ordnung gehen. Ich muß mich einfach nur dem Geschehen hingeben." Mit diesem „blinden Glauben" denken wir nicht mehr über unsere Probleme nach und entschuldigen unseren Mangel an Verantwortung. „Irgendwie wird alles gut werden. Irgend jemand wird schon alles ins Lot bringen."

Der Ungläubige Diese Rolle gibt es in vielen verschiedenen Versionen vom „nüchternen Realismus" bis hin zu einer fatalistischen „Spiritualität" . Vielleicht meinen wir: „Alle Ziele sind illusorisch" oder „Alles ist ohnehin sinnlos" oder „Es ist alles Gottes Wille." Welchen Beigeschmack unsere Gleichgültigkeit auch annehmen mag, wir benutzen sie als Rechtfertigung, um keine Verantwortung zu übernehmen.

Lebensverneinende Muster

Diese Geschichten und typischen Verhaltensweisen sind uns so vertraut und allgemein üblich, daß wir nur schwer erkennen können, wie destruktiv sie sind. Sie alle verleugnen den Kern unseres menschlichen Erbes: Freiheit, Wissen, Mitempfinden, Kreativität, Liebe und Fürsorge. Das allem zugrundeliegende Gewebe ist stets das gleiche trotz verschiedener Farben und Muster: „Das Leben ist letztlich sinnlos. Es gibt keine wertvollen Ziele und keine bedeutsamen Leistungen. Alles ist hoffnungslos und überhaupt, ich kann es nicht."

Suchen wir in solchen Gedanken Zuflucht, lassen wir zu, daß der Geist uns mit seinen destruktiven Spielen täuscht. Er mystifiziert und betrügt sich selbst, indem er Gründe und Entschuldigungen erfindet, Anklage erhebt und Lippenbekenntnisse über unser Potential ablegt und damit ständig unsere Fähigkeiten unterminiert. Er redet uns ein, wir hätten zu wenig Zeit, Energie, Material oder Wissen. Er behindert unser Wachstum und erschöpft unsere positiven Kräfte. Was bleibt uns dann noch übrig? Nur noch klagen, träumen oder enttäuscht sein? Diese Selbstverurteilung ist schlimmer als alles, was uns andere antun könnten.

In diesem trügerischen Schutz gefangen, beharren wir auf unseren Fantasien, suchen nach Ablenkung und Vergnügen und werden faul. Wir wagen nicht, unser Potential zu erforschen oder die Leistungen und Erfolge anderer anzuerkennen. Das Ergebnis ist leicht voraussagbar: mehr Versagen, das zu geringerem Interesse und Engagement führt, gefolgt von weiterer Ablehnung und größerer Isolation, was zu weiterem Versagen führt.

Rauben uns lebensverneinende Geschichten unsere Energie, verwandeln sie Vertrauen und gute Intentionen in Zweifel und Unklarheit und lenken unsere Ressourcen und Zeit vom Erfolg ab. Schließlich sind wir überzeugt, Begrenzungen, Konflikte und letztlich Versagen seien unausweichlich.

Die Kraft der Erkenntnis

Indem Bewußtheit uns zeigt, was wir uns selbst antun, kann sie der Negativität Einhalt gebieten. Das erste Anzeichen ist der Schreck des Erkennens: wir sehen, wie sich diese Rollen in unseren eigenen Einstellungen und Handlungen auswirken. Sobald uns aufgeht, wieviel Zeit wir verloren und wie viele Gelegenheiten wir verpaßt haben, überfällt uns sofort das Gefühl, mit unserem Leben verschwenderisch umzugehen.

Um diese Erkenntnis voll nutzen zu können, müssen wir lernen, die Verbindung mit ihrem Wissen nicht abreißen zu lassen. Wie beim Reitenlernen kann der Ritt holprig sein, und wenn wir uns unserer Handlungen nicht sicher sind, geraten wir in Gefahr, auf den felsigen Boden der Ablehnung und Negativität geworfen zu werden. Sobald wir aber wissen, wie wir uns im Sattel halten und unsere Intelligenz anwenden können, entdecken wir Freude und ein besonderes wohliges Gefühl.

Sobald wir erkennen, wieviel uns unsere Negativität und unsere Ausflüchte gekostet haben, sind wir möglicherweise entsetzt oder fühlen uns schuldig. Es können intensive Sorgen und Ängste entstehen. Vielleicht reden wir uns sogar ganz bewußt ein, wir könnten es uns nicht leisten, der Wahrheit ins Antlitz zu blicken. So wie wir morgens nach dem Aufwachen noch ein paar Minuten im Bett liegen bleiben, gelangen wir vielleicht zu der Überzeugung, es sei nicht nötig, schon jetzt etwas zu unternehmen. Wir erliegen der in unserem Bewußtsein eingegrabenen Gewohnheit, alles auf später zu verschieben, und vertagen vielleicht noch einmal die Veränderung: „Jetzt ist nicht der richtige Zeitpunkt, das alles anzugehen."

Dadurch haben wir vielleicht das Gefühl, als seien wir „noch einmal davongekommen" , als hätten wir die Zeit irgendwie ausgetrickst. Es ist aber nicht möglich, die Zeit zu überlisten. Zeit präsentiert sowohl Ursache als auch Wirkung. Zeit bestimmt, was

Realität ist. Vielleicht meinen wir, wir messen die Zeit, in Wirklichkeit aber ist es die Zeit, die uns mißt.

Angesichts von Wahrheit sind Schuldgefühle oder Ängste lediglich emotionale Reaktionen, die den Schock des Erkennens zu verdrängen versuchen. Wenn wir diese Reaktionen entspannen und mit unserer neugewonnenen Bewußtheit in Verbindung bleiben können, so vermögen wir unser Herz zu öffnen und uns über die Kraft unserer neuen Einsicht zu freuen. Diese Freude kann, von Herzen kommend, positiv und aufbauend sein – eine Freude, die selbst unsere größten Fehler einschließt. Zwar ist das Gefühl der Verschwendung wirklich schmerzhaft, aber unser Schmerz läßt sich nicht von Erkenntnis trennen. Jetzt wissen wir, was wir getan haben, und dies Wissen beschützt uns. Wir werden uns nicht wieder in dieser Negativität verfangen.

Erkennen wir, wie wir uns bisher verhalten haben, so schaffen wir eine Grundlage für Verantwortlichkeit und Transformation. Frühere Fehler und verpaßte Gelegenheiten werden zu Boten der Zeit, die uns aufwecken und einladen, an einer neuen Dynamik teilzunehmen. Indem wir unsere Bewußtheit kräftigen, intensivere Konzentration entwickeln und unsere Energie besser zu kontrollieren lernen, können wir unserer Negativität auf die Spur kommen. Wir können sie in unserer Stimme hören, im Körper spüren und in unseren Gedanken beobachten.

Sobald die Bewußtheit unser Wissen vertieft, gelangen wir zu der absolut sicheren Überzeugung, daß uns diese negativen Gewohnheitsmuster nichts zu bieten haben. Dann können wir sie loslassen und uns vollständiger der gegenwärtigen Erfahrung öffnen. Unsere Ohren können die Melodie dieses einzigartigen Augenblicks in der Zeit vernehmen, unsere Augen vermögen seine Schönheit zu erblicken, unser Wissen kann seine Bedeutung enthüllen. Mit diesem neuen Verständnis können wir uns darauf verlassen, daß wir die uns verfügbare Zeit produktiv zu nutzen vermögen.

Aus Erfahrungen lernen

Die Kraft der Bewußtheit läßt uns aus jeder Erfahrung lernen, sei sie positiv oder negativ. Durch sorgfältige Beobachtung können wir unser Verständnis und unsere Entschlossenheit überprüfen, so daß unser Wissen mit jedem Schritt zunimmt. Verfolgen wir in jeder Situation unsere eigene Reaktion, können wir alte Einstellungen transformieren und Möglichkeiten erforschen, wie wir unsere menschlichen Ressourcen einsetzen.

Sobald wir erkannt haben, wie wir unsere alten Muster hinterfragen und transformieren können, ist alles Geschehen Teil des Lern- und Wachstumsprozesses. Sogar emotionale Probleme in unseren Beziehungen oder bei der Arbeit können uns die Gelegenheit bieten, uns bei unserem Tun zu beobachten und unsere Veränderung zu erkennen. Ist unsere Energie blockiert, können wir diese Blockierung und die darin festgehaltene Energie als nützliche Quelle für weiteres Verständnis miteinbeziehen. Wir können uns auf physische oder psychische Schmerzen konzentrieren, behutsam ihre einzelnen Komponenten sichten und ihre vitale Energie freisetzen, so daß sie uns für produktive Arbeit zur Verfügung steht. Wir können absichtlich verschiedene Aspekte unserer Erfahrung in Frage stellen: immer wenn wir uns müde oder dumpf fühlen, bei einer Arbeit keinen rechten Erfolg haben, eine Aufgabe nicht abschließen, ungeduldig oder verärgert sind, können wir Möglichkeiten erforschen, das Geschehen in eine Quelle größeren Verstehens zu verwandeln.

So wie ein Naturwissenschaftler verschiedene Chemikalien mischt, um eine Verbindung zu prüfen, oder ein Künstler auf seiner Palette Farben anrührt, können wir verschiedene Kombinationen geistiger Geschehnisse untersuchen, um unser Bewußtsein auf fruchtbare und interessante Weise zu entwickeln. Wenn wir uns unserer Schwächen bewußt werden, können wir verschiedene Mischungen von Bewußtheit, Konzentration und Energie als Katalysatoren verwenden, so daß sie sich in Stärke verwandeln.

Unterbrechungen unserer Routine können Teil unserer Untersuchung sein, und das gleiche gilt auch für verfahrene Situationen. Was auch immer geschieht, wir können weiterhin unsere Reaktionen, Handlungen, Gefühle und Gedanken kreativ einsetzen und dadurch unsere Lebensqualität erhöhen. So lassen wir alles Leben zu einem herrlich gemusterten Gewebe werden.

Indem wir Konzentration entwickeln, innere Stärke aufbauen und unsere Veränderung beobachten, können wir uns von einer Ebene zur nächsten entwickeln, bis wir schließlich entdecken, wie wir alle unsere Handlungen genießen und unsere Unternehmungen zum Erfolg führen können. Unsere Verkörperung drückt Freude aus, Freude als unsere Realität und unser Grundprinzip. Hinterfragen wir immer geschickter unsere Erfahrung, werden wir uns unaufhörlich weiterentwickeln und dabei unsere Erfolge zelebrieren. Taucht eine neue Herausforderung auf, heißen wir sie furchtlos willkommen und genießen die Neuartigkeit des Unbekannten, ohne uns von Ausflüchten, Bedenken, Trägheit oder Zögern ablenken zu lassen.

Oft sagen wir, das Leben sei eine Reise und Wissen gleiche einem Buch. Vielleicht können wir diese beiden Bilder miteinander verbinden, indem wir sagen, das Leben ist eine Reise durch unser eigenes Buch des Wissens. Lesen wir es mit klarem Geist, spielt es keine Rolle, wie sich die Handlung entwickelt: jedes Kapitel endet mit größerem Verständnis und tieferer Wertschätzung. In diesem Buch des Wissens, unserem Leben, können wir voller Freude die Geschichten unseres eigenen Erfolgs lesen lernen.

Übung 52 Negativität transformieren

Spüren Sie über den Tag verteilt zu beliebigen Zeiten Ihre Körperhaltung, und machen Sie sich bewußt, wie Ihre Gesten und Ihre Haltung Ausdruck gewohnheitsmäßiger Energiemuster und Emotionen sind. Haben Sie zum Beispiel beim Stehen die Hände stolz auf den Hüften? Verschränken Sie die Arme abweisend vor der Brust? Lassen Sie den Kopf düster hängen, oder stützen Sie Ihr Kinn in die Hand, während Sie in den Raum starren? Verspannen Sie angstvoll die Schultern?

Sobald Sie eine typische Haltung entdecken, finden Sie heraus, welche Einstellung sie verkörpert und welche Gestik und Mimik sie charakterisieren. Wie drückt sich diese Einstellung im inneren Dialog aus? Wie taucht das Thema dieses inneren Dialogs in versteckter Form in alltäglichen Gesprächen auf? Wie allgemein verbreitet ist diese Einstellung unter Ihren Kolleginnen und Kollegen?

Nehmen Sie sich in der kommenden Woche täglich fünf bis zehn Minuten Zeit, um über diese Haltung zu reflektieren. Versuchen Sie, sich vollständig und sanft darauf zu konzentrieren, so daß Sie bis zu ihrem Kern vordringen. Wiederholen Sie diese Übung, bis Sie spüren, wie das Festhalten weicher wird oder sich ganz löst. Machen Sie sich immer wieder bewußt, daß Sie etwas Wesentliches leisten, wenn Sie eine negative Einstellung oder Rolle in Frage stellen und dadurch sich selbst – wie auch anderen – helfen können. Halten Sie Ausschau nach deutlichen Anzeichen einer Veränderung Ihres Arbeitsstils und der dadurch erzielten Resultate.

Übung 53 Spiegelbilder

Befinden Sie sich in einer schwierigen oder schmerzhaften Situation und können keinen Ausweg erkennen, hält eine negative Rolle Sie möglicherweise derartig gefangen, daß sie Ihnen völlig real erscheint. Vermuten Sie, dies könne der Fall sein, erzählen Sie sich die Geschichte Ihrer Schwierigkeiten laut vor einem Spiegel. Üben Sie dies jeden Abend fünf Minuten lang. Beobachten Sie sehr aufmerksam Ihr Spiegelbild – Gesten, Ausdrucksweise und Stimmlage – und achten Sie besonders auf die verschiedenen

Gefühlsschichten hinter den Gesten. Die Wahrnehmung dieser Schichten führt zu größerer Flexibilität und ermöglicht Ihnen, Ihre Präsenz bewußt zu verändern. Diese Übung macht Sie sensibler für Ihre verborgenen Motivationen und Selbstbilder und trägt dazu bei, daß Sie mit sich selbst wie auch mit anderen deutlich und aufrichtig kommunizieren können.

Übung 54 Tiefsitzende Widerstände

Spüren Sie einen tiefsitzenden starken Widerstand dagegen, eine bestimmte negative Rolle oder negative Rollen überhaupt anzuschauen, so setzen Sie sich fünfzehn oder zwanzig Minuten lang still hin und reflektieren Sie über diesen Widerstand so vollständig wie möglich. Welche Empfindungen und Gefühle steigen im Körper auf? Was für Erinnerungen und Bilder werden angeregt? Kann Ihre Bewußtheit diese Gefühle und Bilder unmittelbar berühren? Sie können diese Übung immer wiederholen, wenn Sie die Notwendigkeit dazu spüren. Vielleicht möchten Sie Ihre Beobachtungen in Ihrem Notizbuch dokumentieren.

Übung 55 Fehler klären

Jeder akzeptiert die Vorstellung: „Wir alle machen Fehler." Damit akzeptieren wir aber auch, daß unser Bewußtsein zu begrenzt oder zu verschwommen ist, um mit jedem Aspekt unserer Arbeit in Verbindung bleiben zu können.

Erinnern Sie sich an verschiedene kleine Fehler, die Ihnen letzte Woche unterlaufen sind. Vergegenwärtigen Sie sich bei jedem der Fehler den Bewußtseinszustand, in dem Sie sich befanden. Wie war Ihre Stimmung? Welche Emotionen und Geschichten zogen durch Ihren Kopf? Können Sie erkennen, wie sie Ihre Bewußtheit beeinträchtigten? Machen Sie sich deutlich klar, wie größere Bewußtheit diese Fehler hätte verhindern können. Lassen Sie diese imaginäre Bewußtheit an Ihrem damaligen Empfinden vorbeiziehen. Spüren Sie alle Spannungen, und lassen Sie zu, daß sie sich wieder auflösen. Machen Sie sich bewußt: es geht nicht darum, sich Fehler vorzuwerfen, sondern klar zu erkennen, wie sie geschehen können.

Übung 56 Zufriedenheit überprüfen

Überprüfen Sie während des gesamten Tages den Grad Ihrer Zufriedenheit bei der Arbeit. Arbeiten Sie gutgelaunt und voller Energie? Ist Ihr Bewußtsein konzentriert? Haben Sie Vertrauen und spüren Sie eine dynamische Motivation? Sind Sie frei von emotionalen Verstrickungen? Sind Sie bereit, Herausforderungen anzunehmen und sie eine nach der anderen zu überwinden? Gutes Arbeiten führt zu einer natürlichen Zufriedenheit. Haben Sie den Mut, aufrichtig mit sich zu sein, werden Sie erkennen, daß jede Negativität in Ihrer Einstellung ein Hinweis darauf ist, daß Sie Zeit vergeuden oder nicht so gut arbeiten, wie Sie könnten.

Negativität in Frage stellen

Wir können unser Verständnis der Funktionsweise von Geist und Sinnen vertiefen, indem wir uns völlig auf eine negative Haltung oder Rolle konzentrieren. Dann erkennen wir, wie der Geist seine eigenen Inhalte interpretiert und Zwiegespräche erfindet. Wir beobachten, wie die Projektion des Selbst Informationen, Bilder und Wahrnehmungen weiterleitet, die sofort auf eine Subjekt-Objekt-Struktur bezogen werden, was Trennung und Unterscheidungen fördert. Uns wird deutlicher bewußt, wie Bilder zu Gefühlen führen, die sich dann im ganzen Körper verteilen, und wie Interpretationen und Kommentare eine Art Reibung im Geist verursachen. Wir verstehen besser, wie der Geist Muster von Verwirrung und Widerstand entwickelt, die unsere Energie und Intelligenz gefangen halten. Allmählich erkennen wir, daß Versagen häufig auf diesen grundlegenden Strukturen beruht.

Die völlige Konzentration auf eine negative Rolle kann uns eine Schattenbesetzung mit Charakteren erkennen lassen, die auch in anderen Rollen auftauchen, die wir spielen. Da gibt es „den Beobachter", „den Festhalter", „den Interpretierer", „den Wendigen, der sich nie festlegen will," und noch manch andere. Während der beobachtende Geist sich mit jedem einzelnen Charakter beschäftigt, kann er einen nach dem anderen sorgfältig untersuchen, indem er ihn von allen Seiten, von oben und von unten betrachtet und unablässig die Frage stellt: „Wer bist Du? Woher kommst Du? Was machst Du hier? Warum spielst Du diese Rolle? Woher weißt Du, daß es so ist?"

Stellen wir offen und ehrlich diese Fragen, erkennen wir allmählich die in unserem Geist lebenden Charaktere als gespensterhafte Geschöpfe, gewoben aus Bildern, Gedanken und Gefühlen. Das von ihnen aufgeführte Drama verliert zunehmend seine Macht über uns. Wollen wir wirklich unsere Zeit damit verschwenden, auf dieses bellende und kläffende Phantom zu reagieren? Sind wir nur deshalb gefangen, weil wir nicht verstehen, woraus die Falle besteht? Warum halten wir an dieser Seinsweise fest? Können wir uns ändern?

Die Macht der Wahl

Gewähren wir den emotionalen Dramen freien Lauf, werden sie völlig unseren Geist beherrschen – morgens vom ersten Augenblick des Erwachens bis hin zum letzten Gedankenfetzen vor dem Einschlafen – und uns unsere Kraft und Kreativität rauben. In der Illusion gefangen, spielen wir unsere Rolle. Wir überantworten unser Schicksal dem Drama und halten uns strikt an die Bedingungen unseres Engagements, das uns vorschreibt, die Rollen immer wieder von neuem zu spielen. Was wir dadurch bekommen, ist allerdings recht dürftig. Auf der Bühne zu stehen, kann uns zwar manchmal das Gefühl vermitteln, wichtig und lebendig zu sein; zuweilen scheint das emotionale Drama unser Leben auch interessant und unterhaltsam zu machen. Möglicherweise sind wir im Grunde erleichtert, daß wir bei den Problemen, mit denen wir konfrontiert sind, keine aktivere Rolle spielen müssen, denn bei emotionalen Dramen liegt die Verantwortung für ihre Lösung nicht bei uns. Der Preis für die Weigerung, Verantwortung zu übernehmen, ist allerdings hoch. Wir verzichten auf die Macht, darüber bestimmen zu können, ob wir unsere gesetzten Ziele erreichen oder nicht.

Durch die Erkenntnis, was diese Dramen wirklich sind, gewinnen wir einen neuen Grad an Freiheit. Wenn eine Stimme flüstert: „Das kann ich nicht“, können wir antworten: „Wer sagt das?“. Ist die Antwort: „Ich sage das! Ich weiß es!“ können wir dem von neuem entgegnen: „Wer bist du überhaupt? Woher hast du das Recht, mir vorzuschreiben, was ich kann und was ich nicht kann?" Es gibt keinen wirklichen Grund, den Entschuldigungen, Geschichten oder Dramen Glauben zu schenken bzw. sie für wahr zu halten, ganz gleich, welche es sind.

Als Autor unserer eigenen Dramen könnten wir das Spiel umschreiben, wir können sogar einfach den Vorhang fallen lassen. Vielleicht können wir die alten Muster noch nicht völlig durchschauen, ganz bestimmt aber können wir uns fragen, ob wir diese Geschichten von Flucht, Beschränkung und Ohnmacht hinnehmen müssen. Wir können folgende Einstellung haben: wenn wir uns schon manipulieren müssen, warum nicht in eine gesündere und positivere Richtung?

Sich für das Positive entscheiden

Es ist an der Zeit, sich dem Positiven zuzuwenden, nämlich sich darum zu kümmern, etwas zu ändern. Mit der Erkenntnis, wie wir unsere eigene Fähigkeit zu erfolgreicher Arbeit unterminiert haben, übernehmen wir für uns selbst und auch für andere die Verantwortung, nicht wieder in die alten Muster zu verfallen. Wir müssen andere Handlungsweisen finden.

Aus Erfahrung wissen wir, wie inspirierend und aufbauend es ist, etwas Positives zu tun. Es weitet die Vision, stärkt Kraft und Vertrauen und führt zu dauerhaften Erfolgen. Unsere Stabilität, Entschlossenheit und Freude ziehen andere an und unterstützen sie bei ihren Tätigkeiten. Dadurch entsteht zunehmend eine gemeinsame kreative Dynamik, die zum Erfolg führt. So leben und arbeiten wir sinnvoller, und jetzt ist es an der Zeit, sich für das Positive zu entscheiden und es in die Tat umzusetzen.

Jedesmal, wenn wir uns für das Positive entscheiden, geben wir unserer Einsicht, daß sich etwas ändern muß, neue Kraft.

Indem wir unsere Handlungen von diesem Wissen leiten lassen, vertiefen wir unser Verständnis der Erfahrung. Sammelt sich allmählich positive Energie an, wird unser Wissen zu einer verkörperten Erkenntnis; einer Erkenntnis, die sich im Handeln entwickelte.

Schon jetzt wissen wir, wie wir uns besser sammeln und unsere Arbeit energiereicher verrichten können. Dieses Wissen kann uns als Ausgangspunkt dienen, um Schritt für Schritt positive Muster zu stärken und unser Verständnis zu vertiefen. Indem wir uns unablässig bemühen, unsere Einsicht zu entwickeln, können wir immer deutlicher erkennen, was tatsächlich zu Veränderung führt. Auf dieses praktisch anwendbare Wissen können wir voller Zuversicht bauen und es einsetzen, damit wir immer erfolgreicher werden.

Bei unseren Bemühungen, uns dem Positiven zuzuwenden, müssen wir lernen, wie wir unseren Entschluß schützen können, denn wie bei einer Sucht besitzen alte Verhaltensweisen die Macht der Gewohnheit. Immer wieder spuken sie uns durch die Sinne. Deshalb müssen wir morgens, abends und während des ganzen Tages jene Energie und disziplinierte Sammlung entwickeln, die jeder Transformation zugrunde liegt. Wir müssen lernen, wie wir Körper und Sinne nähren können, wie sie sich entspannen und öffnen lassen, damit ihre positiven Energien eine ausgeglichenere Lebensweise fördern.

Positive Einstellungen entwickeln

Die Vorstellung, sich einfach für das Positive zu entscheiden, klingt vielleicht oberflächlich – abgehoben von den konkreten Problemen und Hindernissen, auf die wir bei unserer Arbeit stoßen. Diese Reaktion beruht aber darauf, daß wir die von uns aufgeführten Dramen ernst nehmen. Können wir die gesammelte Konzentration und Bewußtheit entwickeln, die notwendig sind, um diese Dramen zu durchschauen, verlieren die Probleme, denen wir bei unserer Arbeit begegnen, vieles von ihrer Kompliziertheit und Ausschließlichkeit. Viele können sich sogar völlig auflösen. Wenn sich aber die „Oberfläche" unserer Erfahrung vom Negativen zum Positiven wandeln kann, warum sollten wir dann so unbeirrbar an den „Tiefen" dieser Erfahrung festhalten? Was geschieht mit unseren Problemen, wenn wir sie loslassen?

Jedesmal, wenn wir uns weigern, in Entschuldigungen, Aufschieben, Emotionen und Fantasien zu schwelgen, steht uns mehr Energie, Konzentration und Bewußtheit zur Verfügung, die wir in unsere Arbeit einfließen lassen können. Jedesmal, wenn es uns gelingt, ein „Leck" in unserer Energie zu stopfen, stärken wir unsere Konzentration. Unsere Arbeit wird immer fließender und leichter, wir finden von selbst in den befriedigenden Rhythmus von Produktivität und Freude.

Ein klein wenig Disziplin, ein klein wenig Unterstützung unserer Bemühungen, und wir können mehr Verantwortung übernehmen, um mit ganzem Herzen positiv zu sein. Gleicht das Leben einem Drama, können wir uns wie ein Schauspieler verhalten, der neue Rollen probt. Wir können die besten Gedanken hegen, die wir uns vorzustellen vermögen, soweit wie möglich für uns Sorge tragen und jedes einzelne negative Muster transformieren.

Sich für das Positive zu entscheiden bedeutet, sich Wissen und Verantwortung zuzuwenden. Sobald wir das tun, können wir uns vorbehaltlos auf jede Situation einlassen und Erkenntnis und Erneuerung zulassen, denn wir haben nichts zu verbergen oder zu beschützen. Die Energie des Lernens, mit der wir uns verbinden, ist schöpferisch und aktiv. Sie verleiht uns die Kraft, mit anderen klar zu kommunizieren. Die Dynamik des Wachstums eröffnet ein weites Spektrum für Möglichkeiten. Diese Arbeitsweise überwindet Faulheit, belebt den trägen Geist und vertreibt Unklarheiten sowie alle Arten von Engstirnigkeit.

Sich für das Positive zu entscheiden bedeutet, sich ganz unserer Arbeit zu widmen, denn sie ist die Bewährungsprobe und eine Gelegenheit, diese positive Dynamik zu entwickeln. Obwohl dies bedeuten kann, sich über lange Zeiträume intensiv zu bemühen, unterscheidet sich diese Hingabe völlig von der neurotischen Verhaftung eines Workaholics. Der Zwang, ständig etwas tun zu müssen, spiegelt den Schmerz von Unzufriedenheit. Eine positive Einstellung transformiert dagegen negative Zwänge durch erfüllendes Handeln. In dynamischer, produktiver Aktivität entdeckt sie von neuem den Weg zu einem würdigenden Verständnis und aufrichtiger Freude.

Stellen Sie sich vor, wie kreativ und befriedigend unser Leben sein könnte, entwickelten wir mit unserer Bewußtheit und Energie positive Gedanken und Erinnerungen, würdigende Empfindungen und ruhige, ausgeglichene Konzentration. Schon dadurch, daß wir über uns und andere wohlwollend denken, uns Fürsorge, Einfühlungsvermögen und Freundlichkeit schenken und unseren eigenen Zielen und Werten verpflichtet sind, können wir positive Energie und Erfüllung anregen und zur Wirkung bringen. Wir können Erfolg fördern und beleben, indem wir bewußt eine positive Haltung in Körper und Geist fließen lassen.

Lassen Sie uns die Tatsache, daß der Geist zu verändern ist, zu unserem eigenen Vorteil nutzen. Sind wir daran interessiert, ein Drama zu inszenieren, lassen Sie uns ein positives Drama inszenieren! In jedem Augenblick können wir unsere Augen wieder zum Glänzen bringen und unser Wesen mit Freude erfüllen. Wir haben die Freiheit, alles auszuprobieren, alles zu denken und alles zu sein. Lassen Sie uns aufgrund dieses Wissens unser Leben mit Bewußtheit, Konzentration und Energie erfüllen und den Weg bereiten für Vertrauen, Hingabe und Loyalität!

Übung 57 Das Positive aufbauen

Setzen Sie eine bestimmte Zeit fest, um jeden Tag die folgende einfache Zeremonie auszuführen: geben Sie sich auf eine Sie ansprechende Weise das formale Versprechen, nicht mehr der Negativität zu verfallen, sondern sich immer wieder dem Positiven zuzuwenden. Morgens ist möglicherweise die beste Zeit, denn dann bestimmt Ihre Intention den ganzen Tag. Vielleicht warten Sie aber lieber bis zum Abend, weil Ihnen dann mehr Negatives zur Verfügung steht, das Sie miteinbeziehen können. Haben Sie sich für eine bestimmte Zeit entschieden, sollten Sie diese Zeremonie mindestens zwei Wochen lang täglich durchführen. Denken Sie sich ein kleines Ritual aus, das Ihre Verpflichtung sehr lebendig und konkret werden läßt.

Während Sie von neuem das Versprechen ablegen, achten Sie auf negative innere Botschaften wie: „Es tut mir leid", „Ich habe Angst", „Ich mache mir Sorgen.", „Ich bin unwürdig", „Ich bin inkompetent", „Ich bin schuldig". Beobachten Sie, wie sie Ihre Energie beeinträchtigen und Ihre Bewußtheit schwächen. Die Aufgabe besteht darin, die Negativität deutlich zu erkennen, ohne aber dem ihr zugrundeliegenden emotionalen Drama zu erliegen, und immer wieder zu klarer Bewußtheit, tieferer Konzentration und unterstützender Energie zurückzukehren.

Übung 58 Nährende Bilder

Nehmen Sie sich in jeder Stunde einige Augenblicke Zeit, um sich mit Bildern von Liebe zu nähren, mit wohltuenden Gedanken und mit Gefühlen der Wertschätzung für einen schönen oder wertvollen Aspekt Ihrer Tätigkeit. Bemühen Sie sich vor allem darum, Ihren Arbeitsplatz sauber und ansprechend zu gestalten. Berührt Ihre Bewußtheit während des Tages die Schönheit, die Sie umgibt, können Sie ein Gefühl von Klarheit und Weite ermöglichen, das Ihr Herz tief nährt.

Übung 59 Schutz vor Negativität

Entstehen in uns Negativität und Widerstand, können wir dies als erste Warnung verstehen, die uns darauf hinweist, daß wir unsere Verpflichtung und Klarheit schützen müssen.

A *Anfang* Der wichtigste Zeitpunkt, um aufsteigende subtile negative Muster zu erkennen, ist gleich zu Beginn einer schwierigen Aufgabe. Fragen Sie sich in diesen Augenblicken: Verzichte ich auf meine Bewußtheit, um nicht über die Schwierigkeiten nachdenken zu müssen, die auf mich zukommen? Verschwende oder blockiere ich meine Energie, damit die Erfahrung nicht zu lebhaft oder vielleicht überwältigend wird? Setze ich meine Konzentration nicht ein, so daß meine Verantwortlichkeiten vage und undeutlich bleiben?

B *Unwillen* Üben Sie sich darin, Gefühle des Unwillens schon in ihrem frühen Stadien aufzuspüren: gegenüber Ihrer Tätigkeit oder Aufgabe, gegenüber Disziplin oder gegenüber Autorität. Spüren Sie den Unwillen auf, noch ehe Faulheit und Aufschieben gerechtfertigt werden.

C *Ausweichen* Immer wenn Sie nur noch lustlos arbeiten oder versucht sind, einer Verpflichtung auszuweichen, sollte Ihnen das als inneres Warnsignal dienen. Was ist eigentlich los? Seien Sie mißtrauisch, wenn Sie keine Lust mehr haben, sich um etwas zu kümmern. Seien Sie mißtrauisch, wenn Sie sich Gründe ausdenken, warum Sie etwas nicht mit voller Energie ausführen bzw. sich mit mittelmäßigen Ergebnisse zufriedengeben.

D *Widerstand* Haben Sie eine leitende Position inne, so achten Sie darauf, ob Sie sich dagegen wehren, das zu tun, von dem Sie genau wissen, daß es getan werden muß. Gewinnen Sie Klarheit über die Rollen, die Sie in Ihren inneren Zwiegesprächen spielen, und stellen Sie sie in Frage. Beobachten Sie sorgfältig, ob Sie etwas verstecken. Halten Sie Ausschau nach Entschuldigungen, die dieses Verstecken verbergen und somit verhindern, daß Sie aufwachen.

Übung 60 Das Positive stärken

A *Nur 5%* Fassen Sie den Entschluß, in dieser Woche nur 5% mehr Energie in Ihre Tätigkeiten fließen zu lassen als zuvor. Achten Sie auf alle Unterschiede in den Ergebnissen, und versuchen Sie herauszufinden, worauf diese beruhen. Geben Sie in der darauffolgenden Woche weitere 5% mehr Energie. Nach einem Monat können Sie möglicherweise 15% mehr geben als zuvor. Malen Sie sich den Unterschied aus, der sich in nur wenigen Monaten daraus ergeben könnte.

B *Sammlung stärken* Fassen Sie den Entschluß, sich heute und für den Rest des Monats Stunde für Stunde besser zu sammeln. Suchen Sie nach einer Möglichkeit, wie Sie sich während Ihrer Arbeit von Zeit zu Zeit an diesen Entschluß erinnern können. Reflektieren Sie am Ende des Tages, wie erfolgreich Sie waren. Achten Sie auf alle Unterschiede in Ihren Ergebnissen.

C *Positive Atmosphäre* Entwickeln Sie bei Ihrer Arbeit eine frohe Einstellung, eine freundliche Stimme und humorvolle Wärme, die dazu beitragen, eine positive Atmosphäre zu schaffen. Sie können jeden Tag für sich und Ihre Mitmenschen angenehmer werden lassen, indem Sie wohlwollende Worte und Gesten benutzen und auf die Stimmung und Klangfarbe Ihrer inneren Erfahrung achten. Üben Sie dies zwei Wochen oder einen Monat lang, dann ist es Ihnen möglicherweise selbstverständlich geworden.

D *Ergebnisse auswerten* Nehmen Sie sich während des folgenden Monats am Ende jeder Woche ein wenig Zeit, um die Ergebnisse Ihrer Tätigkeiten auszuwerten. Welche positiven Beiträge konnten Sie leisten? Analysieren Sie dies im Hinblick auf Pläne,

Zeiteinteilung, klare Kommunikation, Ermutigung für sich selbst und andere sowie im Hinblick auf bereits verwirklichte Ziele und die Qualität Ihrer Arbeit.

Übung 61 Haltungen auflisten

Die Tabelle auf der folgenden Seite listet Haltungen auf, die für ein hohes Maß an Bewußtheit, Konzentration und Energie stehen (linke Spalte) bzw. für deren Gegenteil (rechte Spalte). Machen Sie sich genügend Kopien dieser Liste, damit sie für mindestens zwei Wochen reichen.

Überlegen Sie, inwieweit jede dieser Haltungen auf Sie selbst zutrifft, auf Ihre Kolleginnen und Kollegen, Ihre Arbeit, Ihre Ausrüstung, Ihre Materialien, Ihre Klienten oder Kunden, Ihre Konkurrenten und Ihre Organisation. Überprüfen Sie während der nächsten Woche zweimal täglich, welche Haltungen vorherrschen. Benutzen Sie verschiedene Farben, um die Aufzeichnungen der beiden Zeitpunkte unterscheiden zu können. Üben sie dies zwei Wochen lang, und stellen Sie am Ende jeder Woche ganz neutral die Ergebnisse fest.

Spezifische Muster

Datum________ Zeit________ Zeit________

Zufriedenheit	Klagen
Verantwortung übernehmen	Entschuldigungen
Gegenwärtigkeit	Fantasien
Bereitwilligkeit	Ärger
Ruhige Offenheit	Geschichten erzählen
Nichts unbeachtet lassen	Verheimlichen
Sich einbringen	Zurückhalten
Scharfes Denken	Spekulierendes Denken
In die Tat umsetzen	Zweifel und Zögern
Planvolles Arbeiten	Mal dies, mal das tun
Verstand einsetzen	Blind akzeptieren
Sanft und freundlich	Schroff und kritisch
Ermutigend	Destruktiv
Positives unterstützen	Respektlos
Verständnisvoll	Isoliert
Fröhlich	Depressiv
Kreativ	Desinteressiert
Zukunftsvision	In der Gegenwart verhaftet sein
Klares Verständnis von Ursache und Wirkung	In der Vergangenheit verhaftet sein
Fantasien erkennen	In der Zukunft verhaftet sein
Mit allen Sinnen verbunden	Im Denken verhaftet sein
Unabhängig	In Emotionen gefangen sein
Sinn erfassen	In Worten gefangen sein
Tiefe erkennen	In Vorstellungen gefangen sein

Übung 62 Neue Muster üben

Versuchen Sie während der nächsten Woche, eine oder mehrere Ihrer vorherrschenden Handlungsweisen so zu ändern, daß sie eine positivere Perspektive ausdrücken. Sie können zum Beispiel anders sprechen oder gehen, etwas anderes essen oder sich anders kleiden, in Ihrer Freizeit etwas anderes unternehmen, Ihrer Stimme eine andere Klangfarbe geben oder eine andere Körperhaltung einnehmen. Experimentieren sie spielerisch, ohne dabei zu ernst zu werden. Stellen Sie am Ende der Woche die positiven Ergebnisse fest, und lassen Sie sich davon inspirieren, noch weiter zu experimentieren.

Zur Güte erwachen

Es gibt viele Möglichkeiten, um eine größere Wertschätzung für die positiven Empfindungen direkter Erfahrung zu entwickeln. So können wir beim Anblick des Sonnenscheins, der die Welt in ein wunderschönes Licht hüllt, unser Herz mit Freude füllen. Menschen, die heute sterben, ist es nicht vergönnt, die Schönheit von Licht und Leben zu erfahren. Wieder andere leben zwar, können sie aber vielleicht nicht wahrnehmen. Warum sollten wir nicht das Glück auskosten, ein gutes Schicksal zu haben?

Kleine Dinge in der Umgebung unseres Arbeitsbereichs, die Freude auslösen, können unser Herz öffnen und unsere Sinne anregen: eine schöne Blume, ein Bild, ein sauberer und aufgeräumter Arbeitsplatz. Jedesmal, wenn wir die uns umgebende Schönheit genießen, können wir die aufsteigenden positiven Empfindungen weit werden lassen und sie über den ganzen Körper ausdehnen, bis in den uns umgebenden Raum.

Das gleiche können wir mit unseren Gedanken tun. Regen positive Vorstellungen oder Ideen Empfindungen im Körper an, so können wir zulassen, daß diese Gefühle unser Herz wärmen und unseren Kopf klären. Positive Gedanken über wirkliche Werte werden uns weder betrügen oder täuschen noch in die Irre führen oder verwirren. Sie können uns eine dynamische Stärke geben, uns ermutigen und dem inneren Wissen näherkommen lassen.

Gestatten wir uns selbst, die positiven Gefühlsschattierungen in Körper und Geist zu entwickeln, können wir entdecken, daß die Sinne eine grenzenlose Quelle inneren Reichtums sind. Es besteht keine Notwendigkeit, Drogen zu konsumieren oder nach Sex, Romanzen und anderen Abwechslungen Ausschau zu halten, um unser Bewußtsein von der Routine abzulenken. Tatsächlich ist es viel befriedigender, den positiven Geschmack alltäglicher Erfahrungen zu entwickeln, denn diese Gefühle und Empfindungen öffnen die Tür zum eigenen Herzen.

Indem wir positive Einstellungen stärken, stärken wir auch unsere Fähigkeit, von unproduktiven Verhaltensmustern abzulassen. Gestehen wir uns zum Beispiel die Zeit zu, unsere Erfahrungen und Leistungen anzuerkennen, werden wir keine Zeit mit Tagträumereien verschwenden. Gelingt es uns, für unsere Leistungen echte Dankbarkeit zu spüren, werden wir uns von selbst fragen, wie wir einen noch größeren Beitrag leisten können. Statt unseren Privatvergnügungen nachzugehen, entwickeln wir Freude als einen natürlichen Teil unserer Arbeit.

Positive Zeiten ausdehnen

Positive Erfahrungen sind zwar sehr schön, scheinen aber allzu oft nur wenige kurze Augenblicke zu währen. Diese Begrenzung läßt sich in Frage stellen, indem wir geschickt unsere Bewußtheit und Konzentration entwickeln und so lernen, positive Erfahrung auszudehnen.

Sobald positive Gefühle auftauchen, können wir die reichhaltigen Empfindungen mit der Kraft unserer Konzentration verlängern und sie tiefer genießen. Werden sie schwächer, können wir sie mit zentrierter Bewußtheit zurückrufen und sie von neuem genießen. Diese kostbaren Augenblicke können wir vor allem dann wertschätzen, wenn unser Geist offen und unbeschwert ist, so daß sie unser Herz höher schlagen lassen, ähnlich der Freude eines Lächelns oder der besonderen Intimität eines liebevollen Blicks. Wir können die Fülle dieser Freude einladen, als Ehrengast tief in unserem Herzen Platz zu nehmen.

Bedenken wir all die Frustrationen und Hindernisse bei unserer Arbeit, scheint es unrealistisch, das Positive zu entwickeln und auszudehnen. Das erscheint uns aber nur deshalb so, weil wir nicht erkennen können, daß die üblichen Erfahrungen unserer täglichen Arbeit eine Quelle tiefer und andauernder Freude sein können. Dieser Ansatz ist weder ein billiger Trick noch eine Übung für ein paar Minuten. Die Fähigkeit, positive Zeit ausdehnen zu können, bedeutet einen entscheidenden Schritt auf dem Weg geistigen Übens, der unsere Fähigkeiten und Möglichkeiten transformiert, so daß wir unsere Ziele verwirklichen können. Warum lassen wir nicht alle Gründe fallen, mit denen wir diese Strategie einfach nur ablehnen, und versuchen es? Was geschieht dann?

Stellen Sie sich zunächst einfach vor, Sie könnten positive Erfahrungen wirklich auf folgende Weise erweitern: indem Sie sich positive Energie vorstellen, bereiten Sie den Raum vor, in dem sie sich entfalten kann. Wird das Bild intensiver, löst es vielleicht tatsächlich körperliche Empfindungen aus, wie etwa Wärme oder Hitze. Vielleicht tauchen negative Gedanken und Gefühle auf, die Sie am weiteren Üben hindern wollen. Statt diese Bewertungen und Gefühle aber für wahr zu halten, kann die Leichtigkeit und Wärme des Positiven sie sanft berühren und die ihnen innewohnende Spannung lösen. So wird es Ihnen bald gelingen, dem Positiven ein Heim in Ihrem Herzen zu schaffen.

Größere Bewußtheit und die Kraft der Imagination können auch dazu beitragen, daß negative Erfahrungen nicht so lange anhalten. Fühlen Sie sich zum Beispiel in der gegenwärtigen Situation hoffnungslos gefangen, können Sie sich daran erinnern, daß die Zeit sich ständig bewegt und verändert. Sie können sich Situationen – eine andere Zeit, einen andern Ort – vorstellen, in denen das für die Transformation Ihrer Situation notwendige Wissen frei verfügbar ist. Oder sie können Vertrauen gewinnen und den Mut zum Handeln entwickeln, indem Sie sich vergangener schwieriger Zeiten erinnern, die dann doch in Bewegung gerieten und sich veränderten. Schließlich können Sie sich auf das in früheren Erfahrungen gewonnene Wissen berufen, um das gegenwärtige Geschehen zu interpretieren und zu verstehen.

Zeit genießen

Genießen wir unsere positiven Gefühle und Gedanken, strahlt das Licht der Bewußtheit klarer und leuchtender, die Konzentration gewinnt an Sammlung und Stetigkeit, und der Rhythmus der Energie schwingt sich auf ein neues, höheres Niveau ein. Die Energien von Körper und Geist werden ausgeglichener, unser Denken produktiver, und unsere Kreativität findet Ausdruck in neuen Handlungsweisen und Initiativen. Unsere Freude und unser gesteigertes Einfühlungsvermögen öffnen Zeit, wodurch wir uns in Zeit „hinein" entspannen und sie in unserem Leben verkörpern können. Die vielfältigen Energien und Empfindungen, die Zeit zur Verfügung stellt, ermöglichen es dem diamantenen Schlüssel der Bewußtheit, das Tor zur Entspannung zu öffnen. Zeit und Energie verbinden sich zu einer Einheit, wodurch sich die Wertschätzung positiver Gedanken und Gefühle steigert und sich tiefere Dimensionen von Befriedigung offenbaren.

Die Qualität dieser Befriedigung kann uns viel Unterstützung geben, vor allem in Zeiten von Streß, wenn die Sinne von negativen Gedanken und Gefühlen bombardiert werden. Ohne jedes Drängen und ohne sich lange bitten zu lassen, lädt Bewußtheit die Sinne ein, einfühlsamer zu sein, und die Sinne antworten ihrerseits mit einer Einladung an die Bewußtheit. Bewußtheit ist einfach bewußt – entspannt und offen – ohne irgendeine feste Position einzunehmen. Es besteht keine Notwendigkeit, etwas zu versuchen, sich einzumischen oder sich anzustrengen. Richten wir diese offene Bewußtheit auf unsere Arbeit, zeigt sie sich in einer fast „nicht-tuenden“ Arbeitsweise. So führt uns unsere Arbeit tiefer in unser eigenes Wesen. Leicht und frei, voller Wertschätzung, vertrauensvoll und kreativ, können wir unbegrenzte Möglichkeiten entdecken, uns wirkungsvoll für wahre Werte einzusetzen. Erfüllung verbindet sich untrennbar mit Leistungen, und unsere Arbeit ist mit Sicherheit erfolgreich.

Die Fülle des positiven Wissens

Selbst wenn wir uns auf erfolgreiches Arbeiten konzentrieren, ist es unsere wichtigste Verantwortung, für uns selber zu sorgen. Das bedeutet, wir müssen lernen, unserem inneren Wissen zu vertrauen, einer gütigeren und verläßlicheren Führung, als es jeder Freund oder Berater sein kann. Inneres Wissen lehrt uns, positive Verhaltensweisen zu stärken, Freude zu entwickeln und unsere Bewußtheit zu schützen, damit der Geist sich nicht selber mit negativen Emotionen und Gedanken unterminiert.

Benutzen wir Arbeit als ein Mittel, um Bewußtheit, Konzentration und Energie zu entwickeln, fördern wir auf ganz natürliche Weise dieses innere Wissen. Bald können wir feststellen, welchen unvergänglichen Wert es für uns und andere hat. Wollen wir Wissen entwickeln, zeigt sich dieser höhere Zweck hinter dem jeweiligen Ziel, das wir mit unserer Arbeit verfolgen. Er ist gegenwärtig, ob wir ihn bewußt wahrnehmen oder nicht.

Das innere Wissen, wie wir die menschlichen Ressourcen entwickeln können, ist unermeßlich positiv. Wir können es anderen schenken, ohne selbst irgend etwas zu verlieren. Während wir für uns sorgen, können wir auch anderen beistehen und ihnen helfen, sie anleiten und beraten. Leben und Arbeiten wird zu einer dynamischen Einheit – voller Kraft und ihrem Wesen nach befriedigend.

Führt unsere Arbeit zu Wissen, sind alle unsere Handlungen sinnvoll und schöpferisch. Jeder Tag lädt Errungenschaften ein und gleicht einem fruchtbaren Garten im Frühling, aus dessen eingesätem Samen herrliche Blumen sprießen. Diesen Garten zu pflegen bereitet immer wieder Freude, und sich jeder neuen Herausforderung zu stellen, vertieft unseren Genuß. Wir können unser Leben bereichern und andere an der Ernte unserer Errungenschaften teilhaben lassen, indem wir auf geschickte Weise Schönheit schaffen und unseren Einsatz an Zeit und Energie zur Reife bringen.

Zur Güte erwachen

Heutzutage bemühen sich viele Menschen um eine harmonischere Beziehung zwischen Umwelt und Gesellschaft. So wertvoll diese Bemühungen auch sind, ihr Ziel ist lediglich ein Hinweis auf zukünftige Schätze. Jenseits der Schönheit der Natur, jenseits der Schönheit von Kunst, Musik und Wissenschaft liegt die Schönheit der Güte. Die Vision von Güte kann eine machtvolle Kraft sein, die uns motiviert, uns durch unsere Arbeit zu entwickeln.

Güte besitzt in unserer Zeit keinen großen Stellenwert mehr. Es gibt nur wenige Menschen, die ein lebendes Beispiel dafür sind, wie man Güte in allen seinem Tun ungekünstelt ausdrücken kann. Nur einigen Menschen gelingt es, ihre Arbeit und ihren Lebenserwerb zu einer positiven Kraft in der Welt zu machen. Dennoch haben so grundlegende Eigenschaften wie ein gütiges Herz und schlichte innere Kraft und Stabilität nichts von ihrer Wirksamkeit verloren. In der heute entstehenden neuen Weltordnung, in der die alten Traditionen kaum noch Kraft besitzen, können wir alle einen Beitrag zur Güte leisten, indem wir unsere inneren Möglichkeiten entwickeln und eine positive Seinsweise verkörpern.

Ist Selbsterforschung, Selbstreflektion und Selbstentwicklung unser Lebensziel, haben wir alle notwendigen Mittel in der Hand, um einen echten Beitrag zu leisten. Es bleibt uns überlassen, diese Gelegenheit wahrzunehmen oder nicht. Wir sind unser eigener Zeuge, wie wir mit Zeit, Bewußtheit und Wissen umgehen. Niemand anderes beobachtet oder überprüft uns. Verlassen wir uns auf das, was wir als hilfreich erkannt haben, und widmen wir uns einem höheren Ziel, so lassen unsere guten Absichten Wärme und Aufrichtigkeit in unserem Herzen und den tieferen Schichten unseres Bewußtseins entstehen. Für den Rest unseres Lebens stärken sie unsere Bemühungen Tag für Tag. Unser Dasein wird ein lebendes Beispiel, und unsere Bereitschaft und Verantwortlichkeit wird zu einer aktiven Meditation über das Wohlergehen der gesamten Menschheit.

Jeden Morgen können wir uns dafür entscheiden, alle unsere Handlungen und alle unsere Fähigkeiten dem Wohlergehen anderer zu widmen. Diese Entscheidung können wir in unserer Arbeit ausdrücken, indem wir auf geerdete Weise Wissen, Entschiedenheit und Energie einbringen. Wir können in unserem Umgang mit anderen Menschen für ihre Bedürfnisse offen sein und ihr positives Wachstum unterstützen. Am Ende des Tages können wir dieses Gefühl der Ganzheit zu einem befriedigenden Abschluß bringen.

Wir können uns einige Fragen stellen, die uns die angestrebten Ergebnisse leichter vorstellbar machen und ihren tieferen Sinn erahnen lassen: „Wie kann ich helfen?“, „Was sind meine höchsten Ziele?“, „Welchen Beitrag will ich für die Welt leisten?“ Über diese Fragen zu reflektieren, sie in unserem Herzen lebendig sein zu lassen, verleiht unserer Vision und Inspiration neue Kraft. Eine tiefere Wertschätzung unserer Vision läßt von selbst in uns das Bild einer Zukunft entstehen, die sich auf die Gegenwart zubewegt, und Ziele und Handlungen nehmen in unserem Geist konkrete Gestalt an. Dann können wir uns ganz in unsere Arbeit einbringen und darauf vertrauen, daß wir dadurch ein Gefühl sanfter Erfülltheit erfahren werden, eine Inspiration, noch mehr zu geben. Unsere Großzügigkeit wird in einem Kreislauf fließen, der zu immer größerer Erfüllung, Wertschätzung und Hingabe führt.

Übung 63 Neue Visionen anregen

Alle Übungen, die den Atem ins Gleichgewicht bringen, Gedanken aufhellen und das Herz öffnen, können dazu beitragen, neue Visionen anzuregen und sie über Fantasien und bloße Vorstellungen hinausgehend wirklich zu verkörpern. Entsprechende Übungen können Sie in dem Buch „Selbstheilung durch Entspannung“ nachlesen: S. 41 – 48, S. 121 – 122 und S. 129 – 130.

Übung 64 Absichten aussprechen

Nehmen Sie sich die Zeit, einen ruhigen Ort in der Natur aufzusuchen, an dem Sie Ihre positiven Gefühle mit Zeit und Raum, Felsen und Bäume teilen können. Überdenken Sie Ihre Arbeit, vergegenwärtigen und genießen Sie Ihre bereits erreichten Leistungen, und widmen Sie im stillen Ihr Wissen und Ihre positiven Energien Ihren Freunden sowie allen heilsamen Ursachen und Absichten. Bestärken Sie so Ihre Intention, einen noch größeren Beitrag leisten zu können. Ist Ihrem Empfinden nach der richtige Zeitpunkt gekommen, so drücken Sie von ganzem Herzen laut Ihre Absicht aus, sich von nun an ganz diesem Ziel zu widmen.

Übung 65 Positive Zeit ausdehnen

Nehmen Sie sich jeden Tag einige Minuten lang Zeit, um alles Festhalten im Körper sanft zu entspannen, und achten Sie dabei auf positive, nährende Empfindungen. Dehnen Sie dann diese Empfindungen aus, und lassen Sie sie Ihren Körper tief durchdringen. Verteilen Sie Gefühle freudiger Leichtigkeit im ganzen Körper, und lassen Sie sie alle Zweifel, alles Zögern und jede Spannung heilen, die Sie wahrnehmen können.

TEIL IV

Sich der Welt öffnen

Durch Bewußtheit Zeit öffnen

Wir alle besitzen die Fähigkeit, Visionen des Wissens zu verkörpern und die Wirklichkeit auf verschiedene Weise zu formen. Die Arbeit ist ein Medium, um diese Fähigkeit zu erweitern. Lernen wir, sie gut zu nutzen, so können wir mit dem Sinn unseres Lebens Verbindung aufnehmen.

Es macht außerordentlich viel Freude, auf diese Art zu arbeiten – als wären wir zum ersten Mal verliebt. Wir fühlen die Freude eines Herzens, das über und über in Licht getaucht ist, eine erwachte Qualität, die uns immerzu bei allen unseren Tätigkeiten begleitet.

Wir können diese Freude anregen, indem wir einen wachen Geist entwickeln, der uns die Tiefen des menschlichen Bewußtseins erforschen und seine vielseitigen Schätze bergen läßt. Die dazu notwendigen Mittel sind Bewußtheit, Konzentration und Energie – unsere kostbarsten Ressourcen. Sobald wir ihren wahren Wert erkannt haben, werden wir uns erst dann zufriedengeben, wenn wir sie zur Vollendung geführt haben.

Das Wissen, wie Bewußtheit, Konzentration und Energie genutzt werden können, läßt sich auf jedes lohnende Ziel anwenden. Die Resultate werden zeigen, wie genau wir etwas verstanden haben und wie weit wir dieses Verständnis beherrschen. Unser Beispiel wird andere Menschen inspirieren, die ebenfalls nach sinnvollen Wegen zu einem erfolgreichen Leben suchen.

In Teil I bis III dieses Buchs haben wir unter verschiedenen Gesichtspunkten untersucht, welche Rollen Bewußtheit, Konzentration und Energie bei unserer Arbeit spielen und wie wir sie im Rahmen jeder beliebigen Arbeitssituation anregen können. Jetzt wollen wir eine umfassendere Arbeitsweise erforschen, die die grenzenlose Kreativität des Wissens öffnet und sie einer neuen Ebene des Wirkens zugänglich macht. Wenn Sie bereits mit den Übungen und Anregungen in den vorhergehenden Teilen dieses Buchs gearbeitet haben und tiefer gehen möchten, so wird dieses weiterführende Material Ihnen eine wertvolle Hilfe sein.

Wissen von Zeit vertiefen

Der natürliche Ansatzpunkt, um Bewußtheit, Konzentration und Energie auf subtileren Ebenen zu entwickeln, ist immer Zeit. Das menschliche Leben ist so eng an Zeit gebunden, daß wir uns von selbst auf eine neue Ebene des Erfolgs und der Verantwortlichkeit begeben, wenn wir Bewußtheit mit dem Fluß der Zeit auf bislang unbekannte Weise verknüpfen.

Zeit zu erforschen ist ein komplexes Thema, und um tiefer in dieses Gebiet einzudringen, wären sorgfältigere Untersuchungen notwendig. Es gibt jedoch eine erste Ebene der Entwicklung in unserer Beziehung zu Zeit, die wir bereits jetzt angehen und meistern können. Indem wir die Bewußtheit schärfen, die Konzentration stärken und die Energie stabilisieren, können wir lernen, Zeit zu berühren und auszudehnen. Wir beseitigen die Hindernisse, die unserem weiteren Wachwerden im Wege stehen.

Wir können zunächst unsere Fähigkeit entwickeln, mit unserer Zeit und Arbeit die bestmöglichen Ergebnisse zu erzielen. Diese Übung kann zum Tor für eine zweite Ebene des Meisterns werden, auf der wir bestimmte Vorgehensweisen transzendieren. Hier tritt Wissen spontan hervor, und Zeit stellt die Energie zur Verfügung, um Wissen zu vertiefen und zu erweitern.

Die ersten Schritte auf dem Weg, die Zeit zu meistern, wurden bereits vorgestellt. Wir können uns entscheiden, die Zeit im Griff zu haben, indem wir unsere Handlungen planen, unsere Disziplin stärken und den Wert eines jeden Augenblicks schätzen. Wir können Zeit mit Bewußtheit berühren und uns dabei so tief auf die Erfahrung einlassen, daß sich unbegrenzt neue Möglichkeiten eröffnen.

Zeit, von Bewußtheit berührt, dehnt sich aus, und wir können zwei Dinge gleichzeitig tun. Während wir schöpferisch tätig und auf unsere Erfahrung konzentriert sind, können wir uns gleichzeitig in jedes Ereignis hinein entspannen wie ein Maler, der das Malen genießt, oder eine Musikerin, die im Geiste die Klänge der Partitur hört, die sie gerade liest.

Je mehr sich die Bewußtheit öffnet, desto mehr öffnet sich auch die Zeit und offenbart neue Dimensionen der Bewußtheit. Geist und Sinne treten miteinander in Wechselbeziehung und malen herrliche Gemälde auf die Leinwand der Zeit. Kreativität fließt unstrukturiert und schafft neue und elegante Muster. Innovatives Wissen bereichert Körper und Geist. Es ist in unserer Arbeit unmittelbar verkörpert und bietet Gelegenheiten und Herausforderungen, die uns unsere Fähigkeiten so vollkommen wie möglich nutzen lassen.

Das kreative Zusammenspiel von Zeit und Bewußtheit schenkt uns unermeßlichen Reichtum. Durch die Kraft der Zeit unterstützt, können wir Energie und Liebe mit anderen Menschen teilen; wir schaffen gemeinsame Freude und gegenseitiges Vertrauen. Jeder kann ein Vorbild sein, sich selbst und andere inspirierend. Wir können Gefühle des Mangels oder des Gefangenseins in Beschränkungen hinter uns lassen und mit Freude auf unsere ersehnten Ziele zugehen. Wir setzen volles Vertrauen in unsere Fähigkeit, unsere Ziele zu verwirklichen.

Sich von Zeitdruck befreien

Gelingt es Bewußtheit und Konzentration nicht, mit Zeit in Verbindung zu treten, drückt sich der Zeitdruck in unserer Arbeit auf typische Weise aus. Jeder Augenblick ist scharfkantig abgesetzt, und jede Kante ist mit der folgenden verzahnt, was eine ständig enger werdende Spirale erzeugt. Die Kraft der Spirale verwandelt zeitliche Momente in winzige Punkte, von denen jeder einzelne das Bewußtsein wie ein Schlag trifft.

Unsere Reaktion auf diese Situation ist voraussehbar. Wir machen uns Sorgen und werden impulsiv, wir können nicht klar erkennen, welche Handlungen sinnvoll sind oder welche Folgen sie haben werden. Unsere Entscheidungen führen zu Fehlern, und unsere Arbeit läuft nicht gut. Von Gedankenketten, Erinnerungen und Bildern überschüttet, verschließen sich unsere Sinne. Auch unsere rationalen Fähigkeiten werden nicht genutzt, unsere Intuition verliert die Verbindung zu unseren Lebensumständen und zu den psychischen Gegebenheiten der anderen. Wir sind unfähig, mit unseren inneren Ressourcen den rasenden Fluß der Zeit zu bändigen, und so haben wir kaum eine Wahl. Wir treffen voreilige Entscheidungen, wir ziehen uns zurück, wir richten unsere Aufmerksamkeit auf etwas anderes. Die Emotionen brechen leicht auf, und kleine Schwierigkeiten geraten schnell außer Kontrolle.

Könnten wir uns in solchen Augenblicken besser konzentrieren, würde uns Zeit das Wissen spiegeln, das wir für eine bessere Entscheidungsfindung benötigen. Aber Konzentration wird von Bewußtheit gelenkt, und diese kann die Konzentration nur dann leiten, wenn sie mit Zeit in Berührung treten und Zeit umfassen kann, während sie jeden einzelnen Augenblick ausdehnt.

Indem wir unsere Bewußtheit beizeiten üben, Pläne erstellen und Voraussagen treffen, indem wir die Folgen unserer Handlungen einschätzen, können wir uns bis zu einem bestimmten Grad davor schützen, das Gleichgewicht zu verlieren, wenn die Zeit zu rasen beginnt und der Druck stärker wird. Auf dieser Erfahrung aufbauend, können wir Bewußtheit als Ressource entwickeln, die zur Stärkung unserer Konzentration auch in Augenblicken intensiven Zeitdrucks beiträgt.

Eine gesammelte Bewußtheit kann Zeit berühren und ausdehnen, indem sie sich auf ihre eigene ausgewogene Energie verläßt, die der überwältigenden Kraft der üblichen zeitlichen Dynamik entgegentritt. Eine weiche, fast seherische Bewußtheit kann jeden Augenblick in eine Gelegenheit verwandeln, die unserer Konzentration Raum gibt, wirksam zu sein.

Gerichtete Bewußtheit springt nicht von hier nach da wie jemand, der in einem Fotoalbum blättert, ohne die Bilder wahrzunehmen, sondern sie nimmt Ereignisse ganz auf und speichert die Besonderheiten sowie deren Bezug zu anderen Ereignissen. Da die Bewußtheit Spuren hinterläßt, wenn sie von einem Augenblick zum nächsten gleitet, kann sie das in jedem Augenblick enthaltene Wissen vollständig aufzeichnen und es für die Zukunft bewahren. Wenn wir uns jeden Zeitpunkt als die Spitze eines Dreiecks vorstellen, so käme dieser Wechsel in der Bewußtheit dem Öffnen des Dreiecks gleich, ähnlich wie eine Blume sich in der Blüte öffnet.

Wach und gelöst kann eine sanfte und gerichtete Aufmerksamkeit durch die Oberfläche der von Zeit präsentierten Ereignisse hindurchschauen. Sinneseindrücke und Begleitumstände werden im weiten Umfang wahrgenommen. Die Bewußtheit ist so empfindlich wie ein Radargerät, sie kann eine distanzierte Perspektive einnehmen und gleichzeitig vollständig in den Ereignissen präsent sein. Ihre erhellende Qualität tritt am Rande jedes Gedankens oder jedes Bildes hervor, ein strahlendes Leuchten, das weder auf einen Gedanken zentriert noch durch einen Gedanken gebunden ist. Wenn Gedanken und Emotionen wie Feuerzungen emporflammen, kann Bewußtheit sie umhüllen und ihrer rasenden Geschwindigkeit Einhalt gebieten. Sowie wir lernen, diese Bewußtheit geschickt im Gleichgewicht zu halten und ihre inneren Qualitäten lichter werden zu lassen, spüren wir, daß wir eine vollständige, strahlende und offene Konzentration verkörpern können. Diese durch Bewußtheit geleitete Konzentration erlaubt es uns, den Zeitdruck zu durchdringen und die Energie der Zeit zu nutzen.

Übung 66 Bewußtheit jenseits der Gedanken

Im allgemeinen glauben wir, daß Bewußtheit innerhalb von Gedanken und Wahrnehmungen entsteht, aber Bewußtheit wirkt auch außerhalb dieser Grenzen. So wie Licht durch den Raum scheinen kann, ohne an eine bestimmte Quelle gebunden zu sein, so kann auch Bewußtheit jenseits der festgelegten Begrenzungen wirken, die wir ihr durch unsere Wahrnehmungen oder Gedanken auferlegen. Fördern wir diese dynamischere, unbeschränkte Bewußtheit, so lassen wir alte Zeitstrukturen hinter uns. Die folgende Übung kann Ihnen dabei helfen, sich mit diesem Wechsel vertraut zu machen.

Wählen Sie eine Zeit, in der Sie entspannt sind, und registrieren Sie jeden Gedanken im Augenblick seines Entstehens. Halten Sie Ausschau nach einem Leuchten der Bewußtheit, das den Gedanken umgibt und mit ihm in Verbindung steht, jedoch nicht in den gedanklichen Inhalt verwickelt ist. Das bedeutet, Sie müssen einen Punkt in angemessener Entfernung von dem Gedanken finden, ähnlich einem Punkt in einem magnetischen Feld, wo die Anziehung des Feldes zwar noch wahrgenommen werden kann, seine Kraft das Objekt aber nicht notwendigerweise anzieht.

Sobald Sie dieses Leuchten der Bewußtheit entdecken, können sie seine Gegenwärtigkeit einladen, ohne sich auf einen Gedanken oder eine gedankliche Tätigkeit zu beziehen. Dafür ist ein ganz behutsames Berühren erforderlich. Sobald Sie sich sagen, Sie müßten aufmerksam sein, beschränken Sie das natürliche Leuchten der Bewußtheit. Sobald Sie nach der Bewußtheit als einem Objekt suchen, beleben Sie die eingefahrene Dualität der Wahrnehmung. Sobald Sie die Präsenz von Bewußtheit beschreiben oder erklären, verwandeln Sie ihre Leuchtkraft in eine ausdruckslose und unfruchtbare Öde.

Die Alternative zu diesen in sich widerspruchsvollen Bemühungen liegt darin, die lichtgleiche Qualität der Bewußtheit selbst als Tor zur Bewußtheit zu betrachten. Sie können behutsam vorgehen, die Subjekt-Objekt-Polaritäten des Denkens ausgleichen und diese Lichtqualität allmählich und sehr einfühlsam berühren. Sie wird sich als entspannende und gelöste Qualität zeigen, als ein „Aufwachen – nicht beschreibbar – in der Mitte des Geistes anzutreffen – das Herzzentrum öffnend".

Wissen mit Zeit verbinden

Fließt Licht in Bewußtheit ein, so kann Bewußtheit die scharfen Kanten der Zeit öffnen. Sie gibt der Erfahrung die Ausgewogenheit zurück – die Grundlage vollständiger Konzentration. Dann erschließt Licht die vielseitigen Qualitäten der Bewußtheit, die untrennbar mit tiefem Wissen verbunden sind. Das hat zur Folge, daß der Geist sofort von den starren Grenzen der Gedanken und Wahrnehmungen befreit wird.

Die befreiende Qualität dieser vollständigen Konzentration verändert die Qualität des Willens und löst die bedrängenden negativen Aspekte fester Positionen auf. Psychische Spannungen, Handlungsweisen, Einstellungen dem Leben und der Zeit gegenüber sowie unsere Selbsteinschätzung, sie alle werden leichter. Ein Reichtum an Wissen erlöst uns aus Unklarheit und Unzufriedenheit.

Indem wir lernen, die lichte Qualität der Bewußtheit in Konzentration fließen zu lassen, können wir in jedem Augenblick eine

Arbeits- und Handlungsweise entdecken, die viel Raum für Einsicht, Wertschätzung und waches Denken gewährt. Wenn sich Zeit öffnet, lösen sich die durch ihre Dynamik hervorgerufenen Spannungen, und unsere Sinne kommen wieder mit der Erfahrung in Berührung. Während sich Bewußtheit weiter vertieft, nehmen wir Töne anders wahr, und wir sehen mit neuen Augen. Wir entdecken eine subtile, wohlschmeckende neue Speise, die unseren Körper und Geist nährt.

Die Grundlage dieser neuen Erfahrung ist die jetzt entstandene Verfügbarkeit von Wissen in Zeit, die durch die lichte Bewußtheit möglich wurde. Sobald alle Augenblicke nicht mehr wie im Fluge vergehen, kann Konzentration die Erfahrung offenhalten, so daß Wissen einzufließen vermag. Schließlich können wir weite neue Räume dort entdecken, wo früher nur ein einziger Augenblick erlebbar war. Hier finden wir einen grenzenlosen Körper des Wissens – präsent und aktiv. Ohne Führung und ohne Lehrer können wir dieses Wissen erforschen und mit ihm eins werden.

Diese Transformation verleiht der Arbeit eine natürliche spirituelle Qualität, die ihr im heutigen Geschäftsleben weitgehend fehlt. Bewußtheit und Konzentration, von Zeit eingeladen, verbinden sich mit Wissen in einem sich ständig vertiefenden Prozeß. Wir fühlen uns unserem Sinn mehr verbunden, und unser Gefühl der Frustration verschwindet. Ohne unsere Methoden oder die Leitlinien unseres Verhaltens gewaltsam ändern zu müssen, handeln wir auf produktivere und ausgeglichenere Weise.

Übung 67 Das Zulassen einladen

Verglichen mit unserer üblichen Wahrnehmung und unserem gewöhnlichen Wissen ist das Licht der Bewußtheit sehr subtil. Möglicherweise kommen Sie im Rahmen Ihrer alltäglichen Erfahrung erst dann mit ihm in Berührung, wenn Sie mit Entspannung vertrauter sind. Sie können jedoch sofort damit beginnen, die besondere Qualität des Zulassens zu untersuchen und herauszufinden, was die Tiefen der Bewußtheit dem Licht öffnet.

Experimentieren Sie mit Möglichkeiten, diese Qualität in beliebige Tätigkeiten einzubringen, und richten Sie Ihr Augenmerk darauf, alle gewollte, angestrengte und eingefahrene Erfahrung aufzuhellen. Tun Sie dies auf spielerische Weise. Sie könnten sich zum Beispiel anders bewegen, Sie könnten anders sprechen oder sogar anders atmen. Sie könnten eine Entscheidung auf eine neue Weise treffen. Sie könnten andere Menschen dazu auffordern, sich auf unerwartete Weise an Ihrem Experiment zu beteiligen, Sie könnten neue Empfindungen einladen.

Sobald Sie eine gewisse Erfahrung mit dieser spielerischen Leichtigkeit haben, lassen Sie zu, daß Bewußtheit direkt mit Zeit in Kontakt tritt, selbst wenn Sie nicht genau wissen, wie das geschehen könnte. Lassen Sie mehr Konzentration in der Bewußtheit zu oder mehr Energie in der Konzentration. Untersuchen Sie auf Ihre Weise, wie Sie das Zulassen immer wieder neu zulassen können.

Machen Sie diese Übung eine Woche lang, und werten Sie dann das Ergebnis aus. Denken Sie über Ihre Erfahrung nach, und entscheiden Sie sich, ob Sie irgendwelche Änderungen vornehmen möchten. Üben Sie dann mindestens noch eine weitere Woche. Wenn Sie sich bereit fühlen, wählen Sie eine Arbeitssituation, in der Sie sich unter Druck fühlen. Während Sie weiterarbeiten, lassen Sie Licht auf offene Weise zu, damit es Ihr Bewußtsein erhellt, befreit von Gedanken- oder Wahrnehmungsformen. Laden Sie dann diese leuchtende Bewußtheit ein, Zeit und Ihre gesamte Situation zu durchdringen. Wie wirkt sich das auf Ihre Konzentrationsfähigkeit aus? Welche Folgen hat es für Ihre Fähigkeit, kreative Lösungen für Ihre Probleme zu finden?

Erfüllung einladen

Sobald wir einen anderen Bezug zur Zeit haben, können wir Arbeit auf ganz neue Weise genießen. Der nächste Schritt zu einem subtileren Verhältnis zur Arbeit besteht darin, diese Qualität der Freude zu entwickeln. Wir erreichen das, indem wir uns auf einer noch tieferen Ebene entspannen, so daß unsere Bewußtheit Zeit in ihrer ganzen Fülle umfassen kann. Auf dieser Ebene herrscht eine tiefe Freude.

Gelangen wir zu dieser zweiten Ebene der Entspannung, brauchen wir keine Anleitungen mehr, um auf Körper, Geist und Sinne zu achten, denn alle Anleitungen beruhen auf einer subtilen Fixierung und Manipulation von Erfahrung. Die durch diese Entspannung ermöglichte Bewußtheit basiert nicht auf Aufmerksamkeit oder Absicht. Sie ist feiner und einladender als das übliche Bewußtsein, empfänglicher für Licht und gewährender. Sie ist sanft und ruhig, annehmend und zulassend, sie entspannt die Absichten und löst sie auf. Allmählich werden die festen, auf Gegensätzen beruhenden Standpunkte weicher, Standpunkte, die üblicherweise die ausführenden Organe eines Geistes bilden, der Anweisungen befolgt. Es gibt weder Anweisungen noch Befehlsempfänger, keine Belehrungen, kein starres Festhalten durch Wahrnehmung. Die Motivation wird entspannter und aufnahmebereiter für die Fülle von Erfahrung, ohne dabei an Intensität zu verlieren.

Auf dieser Ebene ist Bewußtheit sehr gegenwärtig, ohne daß wir deren Besitzer sind bzw. sie unser Eigentum ist. Bewußtheit reflektiert still und ebenso mühelos wie ein Spiegel oder eine Fensterscheibe die Position des Subjekts als den Besitzer von Bewußtheit und die Position von Bewußtheit als den Besitz des Subjekts. Bewußtheit lädt offen diese zweifache Reflektion von Subjekt und Objekt ein, und die Reflektion entspannt sich immer tiefer, so daß Entspannung in die Bewußtheit zurückfließt.

Der Schatz der Sinne

Diese gelöstere, entspannte Bewußtheit wird zum Tor der Sinne. Jetzt ist es die Aufgabe der Sinne, sich zu entspannen und dadurch Wärme in die Körperempfindungen strömen zu lassen. Diese sich entwickelnde Wärme spricht immer wieder von neuem eine Einladung aus. Ein sanftes Empfinden, weich und warm, öffnet das Herzzentrum. Bei manchen Menschen fließt dieses Empfinden mühelos zum Kehl- und Kopfzentrum, manchmal auch zum Scheitelzentrum.

Sobald sich ein Zentrum nach dem anderen öffnet, fühlen wir uns zunehmend und unablässig eingeladen. Die Sinne reagieren darauf und lassen die Erfahrung noch reichhaltiger werden. Körper und Geist werden still, so daß die Sinne immer strahlender leuchten können. Die Sinneserfahrungen werden vollkommen befriedigend, tief nährend und wohltuend. Freude öffnet Bewußtheit, und Bewußtheit läßt zu, daß sich die Sinne noch weiter öffnen, bis das Öffnen sogar jede einzelne Körperzelle umfaßt. Jetzt entstehen zutiefst freudige Empfindungen: die Einladung wurde angenommen, der Gast kommt an. Diese unermeßlichen Empfindungen lassen sich noch weiter entwickeln und ausdehnen. So können wir unsere Freude und unser Glück beliebig lange steigern.

Durch tägliches Üben kann der Geist lernen, in sich die Bereitschaft und Offenheit aufzunehmen, die diese grenzenlosen Schätze der Sinne reifen lassen. Je mehr wir hinhören, sehen, spüren und dasein können, desto mehr ermutigen wir uns zu einem umfassenderen und vielfältigeren Leben.

Dieser Lernprozeß wird zu einem Vorbild für Selbstverwirklichung und läßt uns aus den eigenen Wissensquellen Nutzen ziehen. Wenn wir uns selbst gütig annehmen und unsere Güte mit anderen teilen, entdecken wir einen inneren Segen, der die Leere in unserem Leben füllt. Die einzigartige Schönheit dieser Fülle kann sich in kreativen Handlungen manifestieren, die von den Mysterien des täglichen Lebens künden. Indem wir beständig weiter üben, können wir lernen, diese Empfindungen auszudehnen und sie durch unser gesamtes Bewußtsein fließen zu lassen, so daß der Körper des Wissens in seiner Ganzheit verfügbar wird.

Üben Sie sanft und sorgfältig, aber nicht übertrieben sorgfältig, um diese besondere Entspannung zu wecken. Wir sind daran gewöhnt, unterrichtet und geführt zu werden. Aber unser Intellekt, dem das Innerste des Herzens verschlossen ist, weiß nicht, wie er unseren Geist unmittelbar berühren kann. Doch es gibt eine Möglichkeit: Sprechen ohne Worte, Berührung ohne Bewegung, Erkennen ohne Suchen. Haben Sie den Zugang hierzu gefunden, kann sich das Dasein unbehindert und dynamisch entfalten – besser als jemals zuvor. Das ist kein leeres Versprechen: die Ergebnisse sind da und können wahrgenommen werden. Sie unterstützen ein Wissen, das Menschen erfüllt und ihre höchsten Werte trägt. Die Quellen sind ganz nahe, nämlich im Schatzhaus der menschlichen Sinne und Gefühle.

Konzentration entwickeln

Mit zunehmender Entspannung von Körper und Geist wird die Energie freigesetzt, die bisher in emotionalen Mustern und der Kraft innerer Zwiegespräche gebunden war. Sie steht uns nun zur Verfügung, um die Konzentration zu stärken und sich mit Wissen zu verbinden. Die durch Entspannung ausgeglichenere und offenere Bewußtheit kann Konzentration und Energie in neue Bahnen lenken. Bewußtheit erinnert, ermutigt, läßt zu, regt an und berät; sie fördert eine immer tiefere Konzentration bis hin zur vollständigen Kontemplation.

Das „Gefühl" oder die energiereiche Kraft einer vollständigen Konzentration läßt Erkennen zu einer kostbaren Flüssigkeit werden, die alle Blockaden der natürlichen Wahrnehmungskraft des Geistes auflöst. Diese Energie der Kontemplation kann dazu verwendet werden, noch weitere Schätze des Bewußtseins zu bergen. Das dadurch erreichbare Wissen wurde zu allen Zeiten benutzt, um den Geist für Visionen zu öffnen und um effektive alternative Lösungen für die menschlichen Probleme zu finden.

Völlige Verfügbarkeit

Eine vollständige Konzentration befreit die Energie des Geistes, so daß er nicht mehr innerhalb sich wiederholender Muster hin- und herspringt. Erfrischt, bewahrt und verstärkt fängt die unerschöpfliche, sich selbst erzeugende Energie des Geistes die Zeit ein. Von Bewußtheit unterstützt und gelenkt und durch Konzentration verfügbar gemacht, führen Energie und Zeit zu Handlung und Leistung. Der Geist kann ungehindert seine ganze Leistungsfähigkeit einsetzen, denn Energie und Zeit stehen ihm mehr als genug zur Verfügung. Wissen und Kreativität sind im Überfluß vorhanden und können sich, werden sie angewandt, ebenfalls in Leistung zeigen. Jede Beschreibung durch Worte und Bilder läßt diese schöpferische Tätigkeit zwar unvermeidlich begrenzt erscheinen, tatsächlich aber ist sie allumfassend.

Arbeiten wir kontemplativ, so verbindet sich der Geist harmonisch mit den Inhalten der zu erledigenden Arbeit. Energie und Handlung stehen in so enger Verbindung, daß es zwischen ihnen keinen Konflikt geben kann. Jeder Augenblick der Erfahrung ist inspirierend. Widerwille oder Ablehnung der Arbeit ist unmöglich. Wir erleben Arbeit als einen Ausdruck von Energie, die völlig unserem Wesen entspricht.

Die zunehmende Konzentration während der Arbeit läßt uns immer geschickter die subtilen inneren Qualitäten des Geistes entwickeln. Dringt Bewußtheit tiefer in den Geist ein, erwacht die Weite von Körper und Geist und wird uns bewußter. Die Schärfe der Bewußtheit wird lichter, wodurch wir die Zeit besser ausdehnen und eine sowohl einfühlsame als auch zutreffende Sichtweise entwickeln können. Eine leichtere Bewußtheit läßt ihrerseits die sprudelnde Aktivität des Geistes leichter werden. Ein einfühlsamer, frischer und lebendiger Geist leitet an die Bewußtheit subtile und hochinteressante Projektionen zurück. Während die Bewußtheit feinfühlig diese differenzierten Manifestationen des Geistes erforscht, ereignen sich vielfältige Transformationen: Energie wird zu Zeit, Zeit zu Bewußtheit, und Bewußtheit öffnet Konzentration der Fülle der Kontemplation.

Innerhalb der Kontemplation setzen Bewußtheit und Konzentration gemeinsam dieses Sehen und das bewußte Wahrnehmen fort und führen weiter, was bereits auf einen Punkt gesammelt ist.

Während sich die Seinserfahrung in der Zeit ausdehnt, können wir im Umfeld des Geistes die verborgenen Reichtümer von Bewußtheit, Konzentration und Energie ausgraben.

Wird der geschärfte und subtile Teil der Bewußtheit vollständig, vollkommen und offen, erschließt die Kontemplation immer mehr Offenheit im Raum. Die gewährende Unermeßlichkeit des Raumes läßt Zeit sich noch weiter ausdehnen und führt so zu einem Gleichgewicht, zu einem höheren Energieniveau und zu einer Bereicherung sowohl der Erfahrung als auch der Qualität der Sinne. Das innere Licht der Bewußtheit transformiert die empfindsamen Rhythmen des Geistes und auch die Bewegung der Zeitmomente, wodurch Angst, Gehetztsein und ähnliche Haltungen völlig ausgeglichen werden.

Ein Geist, der sich auf diesen Ebenen auf die Arbeit einläßt, beschäftigt sich auf spielerische und wahrhaft freudige Weise mit Zeit. Er hat zwar immer noch die Eigenschaft, auf die Arbeit konzentriert zu sein – und Erinnerungen, diese Sammlung zu verstärken, sind vielleicht notwendig – aber die Gegenwärtigkeit als solche wird dynamisch und öffnet dem Geist immer weitere Dimensionen der Bewußtheit, Konzentration und Energie.

Schon die ersten Erfahrungen mit dieser Kontemplation können die Beschreibung lebendig und der Gegenwärtigkeit des Geistes verfügbar machen. Die hier benutzten Wörter, wie „Geist“ und „Licht“, sind lediglich Hilfsmittel, deren Nutzen von der unumgänglichen Struktur begrenzt ist, die „von“ etwas „auf“ etwas anderes deutet. Auf einer tieferen Ebene der Erfahrung, auf der keine Erklärung mehr nötig ist, kann ein ausdrucksvollerer Wortschatz auftauchen.

Kontemplation entwickeln

Der Geist kann Kontemplation jederzeit stärken und sie Teil der täglichen Arbeit und des Lebens werden lassen. Konnte ein

Gedanke durch volle Konzentration ausgedehnt werden, so können auch andere Gedanken oder Sinneswahrnehmungen ausgedehnt werden. Vertieft sich unser Verständnis, wie wir Bewußtheit, Konzentration und Energie üben können, entsteht Kontemplation von selbst.

Wir können Kontemplation beim Arbeiten entwickeln, indem wir Bewußtheit auf Zeit, Bewußtheit auf Energie und Bewußtheit auf Bewußtheit richten. Wir können Energie in Energie einbringen, Energie in Zeit und Energie in Konzentration. Wir können uns auf Bewußtheit konzentrieren, auf Zeit und auf Konzentration. Wir können jeden Tag wählen, welchen Aspekt wir für am besten geeignet halten oder an welchem es uns zu mangeln scheint. Bei jeder Tätigkeit und zu jeder Zeit können wir aktiv an diesem Entwicklungsprozeß arbeiten.

Entwickeln wir einfühlsame Übungsmöglichkeiten, speichert die Bewußtheit sie im Gedächtnis und bewahrt dadurch dem Geist das darin verkörperte Wissen. Während wir unsere inneren Qualitäten vervollkommnen, vereinigen sie sich auch im Geist, wo sie in der erwachten Bewußtheit bewahrt werden. Bewußtheit wird so offen und einfühlsam, daß sie das Erkennen von Erfahrung unmittelbar aufzeichnet. Während sich Bewußtheit von selbst entfaltet, zeichnet sie auf, fährt fort und wird immer vollkommener. Dadurch macht sie Wissen verfügbar, ohne daß wir uns besonders bemühen müssen, uns zu entsinnen oder zu erinnern.

Gewinnt die Kontemplation an Einfluß und die Bewußtheit an Intensität, vergessen wir nicht mehr so häufig etwas und machen weniger Fehler. Die Bewußtheit macht in ihrem Prozeß des Sich-Öffnens die Energie des Geistes verfügbar, und die den Willen oder die Geisteskraft umgebende Aura der Bewußtheit – eine entscheidende Quelle ihrer dynamischen Kraft – entsteht von selbst. Bewußtheit nimmt mit fast fotographischer Genauigkeit wahr, und die Bewußtheit der Bewußtheit verdichtet sich zur

Konzentration, wodurch sich die Bewußtheit der Bewußtheit zunehmend schärft.

Innerhalb der vollständigen Konzentration der Kontemplation ist nichts mühsam oder eingeengt. Die Konzentration ist umfassend, durchdringend und leicht. Es herrscht ein Gefühl von Frische, als ob ein stickiger Raum gelüftet wird, ein Gefühl, daß alles gereinigt und erneuert ist. Es entwickelt sich ein tragendes Gleichgewicht, das zwar nicht physisch ist, aber trotzdem völlig stabil. Wir können nun sagen: „Hier ist etwas wirklich Geerdetes, hier ist Sein."

Diese Qualität des Geerdetseins, von allen Verdunkelungen und Hindernissen gereinigt, bedeutet den Höhepunkt der Kontemplation. Darin ist jede Ablenkung unmöglich, denn die Bewußtheit durchdringt und sieht alles, was erscheint, so wie wir ein näherkommendes Flugzeug am weiten Horizont erkennen können.

Kontemplation wirkt auf den dumpfen Geist der Emotionalität wie eine reinigende Initiation. Sie befreit den Geist von Schwerfälligkeit und erweckt ihn dadurch aus Unklarheit und den Ursachen der Unklarheit. Während wir den Schatz dieses erwachten Geistes bergen, können wir Zeit und Energie weder verlieren noch verschwenden, denn unsere Handlungen führen spontan zu schöpferischer Leistung. Wir können unsere Aufmerksamkeit scharf und klar, ausgewogen und frei von Ablenkungen sowohl nach innen wie nach außen richten. Die Sinne bieten uns reichhaltige Freude, und der Geist entwickelt alle Fähigkeiten, die die Führungsqualität ausmachen.

Übung 68 Die Energie der Kontemplation

Setzen Sie sich still hin, und halten Sie Energie im Bauch, ohne der Versuchung zu erliegen, sie in Emotionen oder ruhelose

Gedanken fließen zu lassen. Sie werden feststellen, daß die Gedanken schärfer und die Sinne strahlender werden. Wenden Sie diese Eigenschaften auf verschiedene Probleme an, die sich bei Ihrer Arbeit ergeben. Die klarere Wahrnehmung und erhöhte Urteilsfähigkeit führen dazu, daß Sie Unklarheit fallenlassen und bessere Entscheidungen treffen. Mit Hilfe dieser Übung können Sie Widerstände überwinden und mehr leisten.

Sie können diese wertvolle Energie der Kontemplation jederzeit erwecken, indem Sie für einen Augenblick still sitzen oder stehen und im Bauch Energie ansammeln, wobei Sie ihn in einer leichten Spannung halten. Spüren Sie den Bauch, bis ein Gefühl der Wärme entsteht. Halten Sie weiterhin leicht die Spannung, und setzen Sie Ihre Arbeit fort.

Übung 69 Wechselbeziehungen verstehen

Während Sie sich darin üben, die Kontemplation zu entwickeln, können Sie gleichzeitig die aktiven Wechselbeziehungen zwischen Bewußtheit, Konzentration und Energie erforschen. Ziehen Sie zum Beispiel folgende mögliche Verbindungen in Betracht:

Bewußtheit der Bewußtheit führt zu Einsicht.
Konzentration auf Bewußtheit führt zur Erhellung.
Energie, auf Bewußtheit angewandt, führt zu Klarheit.

Können Sie aufgrund Ihrer eigenen Erfahrung diese Wechselbeziehungen bestätigen? Was geschieht, wenn Bewußtheit, Konzentration und Energie jeweils auf Konzentration angewandt werden? Und was geschieht, wenn sie sich auf Energie richten? Was geschieht, wenn Bewußtheit, Konzentration und Energie vollständig integriert sind und das Ergebnis dieser Integration auf jeden dieser Faktoren angewandt wird? Wie öffnen Bewußtheit, Konzentration und Energie Zeit? In welcher Beziehung stehen sie zu den inneren Strukturen von Wissen?

Lassen Sie diese Fragen in Ihrem Geist gegenwärtig sein, und erforschen Sie sie mit der Kraft der Kontemplation. Wahrscheinlich wird es einige Zeit dauern und viel Erfahrung erfordern, um auf diese Weise zu einem tieferen Verständnis zu kommen. Sind Sie aber geduldig, wird Ihr Vertrauen dabei wachsen. Wenn Sie nach einiger Zeit nicht den Eindruck haben, Fortschritte gemacht zu haben, lassen Sie die Fragen auf sich beruhen, und kommen Sie später wieder zu ihnen zurück.

Das Licht des Wissens

Getragen von Konzentration und Energie, die sich zur vollständigen Verkörperung vertiefen, erwacht Bewußtheit für Zeit. Sie berührt Zeit unmittelbar, und Zeit öffnet sich, um sie zu empfangen. Dabei ereignet sich eine grundlegende Umwandlung: wie eine aus dem Fels hervorsprudelnde Gebirgsquelle schüttet Erkenntnis ihre Fülle aus und weist auf gewaltige Schätze hin, die jenseits unseres gegenwärtigen Vorstellungsvermögens liegen.

Mit Hilfe dieses Wissens kann Bewußtheit Zeit weiter offenlegen und in den Tiefen der Zeit auf mächtige Energien stoßen, so daß sich Erfahrung in ganz neuen Mustern manifestieren kann. Erschließen wir uns dieses Wissen, können wir lernen, uns mit Zeit zu bewegen und ihre Rhythmen und Muster zu genießen. Allmählich gelingt es uns, ihr Potential zu beherrschen.

Innovatives Wissen

Die Quelle des Wissens ist Wissen. Unser Erforschen führt zu einem besseren Verständnis des Geistes und zu einer tieferen Bewußtheit. Dadurch setzen wir die dynamische Kraft des Wissens frei, die sowohl die Theorie umfaßt als auch deren praktische Anwendung. Wir sind nicht auf das eine oder andere Sachgebiet begrenzt, können schöpferisch experimentieren, den Körper des Wissens umreißen und uns die kostbaren Bereiche immer tieferer Befriedigung erschließen.

Sind wir zum Wissen erwacht, wird Wissen unser vertrauter Gefährte, unser Partner, der Verwahrer der Schlüssel und Wächter der Schätze, der seine Reichtümer freigebig unseren Fragen anbietet. Wir können unmittelbar selbst erfahren, wie sich Wissen auswirkt, indem wir unsere Kenntnisse überprüfen und schärfen. Im Laufe der Zeit befindet sich Wissen in unseren Händen und unserer Stimme. Wir kennen es so genau, daß wir es nicht suchen und erst recht nicht bezeichnen müssen. Wenn sich der Sinn unserer Arbeit verkörpert, wird der Körper des Wissens zu unserem Pfad. Die Übung der Bewußtheit und Achtsamkeit während unserer Tätigkeit ermöglicht ein innovatives Verständnis. Neue Ziele und Visionen stehen uns spontan zur Verfügung und eröffnen der gesamten Menschheit neue Möglichkeiten.

Der transformierende Tanz des Wissens

Als Menschen haben wir eine lange Entwicklung voller Irrtümer hinter uns, in der wir Wissen kultiviert, Unvollkommenes vervollkommnet und unsere Intelligenz und Möglichkeiten entwickelt haben. Es gibt aber immer noch viel zu tun. Jetzt ist es an der Zeit, die Grenzen unserer Energie und unseres Geistes in Frage zu stellen, indem wir unverwandt nach geeigneteren Möglichkeiten Ausschau halten, um Konzentration und Energie anzuregen und unsere Produktivität zu erhöhen. Es gibt unzählige neue Möglichkeiten, um Körperenergie und positive Imagination zu stimulieren, Bewußtheit zu erhöhen und eine gesunde, erfrischende und heilsame Lebensqualität anzuregen.

Da unser Verständnis von positiv und wertvoll auf der eigenen Erfahrung beruht, ist es klar und zuverlässig und verleiht unserem Leben einen Sinn. Dieses Wissen kann uns weder verwirren noch täuschen noch in Unwissenheit führen. Es ist die Wahrheit, auf die wir uns verlassen können.

Wenden wir dieses Wissen auf jeden Aspekt unseres Lebens an, können wir Körper, Emotionen, Stimme, Absichten und Gedanken leichter werden lassen und sie umwandeln, so daß sich diese Transformation in allen unseren Handlungen ausdrückt. Wir sind uns sicher, etwas sehr Wertvolles und Schönes anbieten zu können. Daher beginnen wir einen spielerischen und schöpferischen Tanz mit Bewußtheit, Konzentration und Energie.

Andere Menschen sehen unsere positiven Handlungen und spüren unsere positiven Gedanken und Gefühle. Daher fühlen auch sie sich auf natürliche Weise von diesem Weg angezogen. Wir können intelligent und mitfühlend auf sie eingehen, denn wir wissen, wie wir die eigenen Probleme lösen und mit unseren Schwierigkeiten umgehen können. Wir nehmen die Probleme anderer Menschen bereitwillig an und akzeptieren die Verantwortung, das für sie hilfreiche Wissen zu fördern.

Positive Energie erzeugen

Sobald wir auf einer tiefen Ebene eine Verbindung mit Wissen eingegangen sind, behindern Dunkelheit, Fehler und Unwissenheit nicht mehr notwendigerweise den Prozeß der Transformation. Wir erkennen die Ursachen unserer Begrenzungen in der Vergangenheit und verstehen daher, wie Wissen Begrenzungen in der Gegenwart und Zukunft transformieren kann. Wir werden wach für eine Vision des strahlenden Lichts des Wissens, das unser Herz erleuchtet und anderen Menschen Mut macht, die Schönheit von Raum und Zeit zu erfahren, die sich immerwährend manifestieren.

Endlich können wir wirklich unser Leben bestimmen und daher in Eigenverantwortung unsere Gedanken, Vorstellungen, Empfindungen und Gefühle mit positiver Energie aufladen. Wir können ein würdigendes Verständnis anregen, voller Dankbarkeit für positive Gedanken und Gefühle, für Unterstützung, für unsere inneren Ressourcen, für die Lebendigkeit unserer Sinne und für das würdigende Verständnis als solches. Wir können dankbar sein für dieses herrliche Leben, diesen wunderbaren Körper, diesen großartigen, vielschichtig verwobenen Geist.

Das würdigende Verständnis vertieft sich zu einer innigen Vertrautheit mit dem Leben, zu einer tieferen Umarmung als jede körperliche Geste. Diese vertraute Würdigung für das Geschenk des Lebens ist so tief, daß die dadurch erzeugten Gefühle fast sichtbar werden. Wir lieben, erfreuen und genießen uns selbst mit einer vibrierenden, tanzenden Energie. Wir müssen nicht mehr an der hoffnungslosen Perspektive festhalten, daß es nur einen begrenzten Vorrat an Zeit, Energie und Wissen gibt. Raum ist groß genug, um Engpässen Raum zu geben, und Zeit ist reich genug, um Wissen unendliche Möglichkeiten zu eröffnen.

Wir können diese strahlenden Möglichkeiten in einem gemeinsamen Tanz feiern. Was immer auch bisher geschehen ist, wir haben stets eine Chance. Gemeinsam können wir eine positive Sichtweise schaffen, gemeinsam können wir die unermeßliche Fülle des Wissens entwickeln.

Sobald wir Wissen ein Betätigungsfeld geben, in dem es handeln und üben kann, wird es von selbst vielschichtiger. Während wir uns darin üben, eine führende Rolle einzunehmen, vertieft sich unsere Perspektive. Dabei können wir uns auf die Erkenntnis verlassen, daß Wissen Mitempfinden, wahre Verantwortlichkeit und Disziplin fördert. Ein von Mitempfinden getragenes und aufrechterhaltenes Wissen wächst und gedeiht, blüht und trägt reiche Früchte. Es ist die Vollendung aller positiven Eigenschaften und die Erfüllung aller heilsamen Handlungen. Wir können uns vertrauensvoll darauf verlassen, daß unsere Verpflichtung, die Probleme unseres Geistes und die Schmerzen in unserem Herzen zu heilen, zu positiven Ergebnissen führen wird. Wir wissen, daß es diese Möglichkeit gibt, und erkennen, wie kostbar Leben ist. Daher handeln wir spontan, um Wissen in das Universum zu geben.

Für die Menschheit handeln

Jetzt kommen unsere Bemühungen aus einer anderen Dimension. Der Wunsch, anderen helfen zu wollen, öffnet unser Herz und unseren Geist für die Menschheit. Die Übung des Mitempfindens und der liebevollen Zuwendung gegenüber allen Wesen ist möglicherweise zu erhaben für unsere Fähigkeiten. Aber dennoch läßt unser Entschluß, mehr Licht in die Welt zu bringen, für alle Lebewesen wertvolle Möglichkeiten entstehen. Wir sind Gäste auf dieser Welt und können beschließen, sie besser zu hinterlassen, als wir sie vorgefunden haben. Die Wahl liegt bei uns, denn wir kennen das dafür notwendige Geschickte Wirken.

Laßt uns jetzt aufwachen, der Fülle die Türen öffnen und in unserem Herzen die gefundenen Schätze ehren. Wir alle sind einer solchen Erfüllung würdig. Wir sind würdig, mit der Ganzheit Kontakt aufzunehmen, die uns bisher verschlossen war.

Das Licht des Wissens erhellt schon jetzt unseren Geist und unser Herz. Weil wir uns seiner Gegenwart bewußt sind, können wir zulassen, daß sich Wissen ausdehnt, bis es sich überall in unserem Leben bemerkbar macht. Die Ergebnisse können fast augenblicklich eintreten. Die Magie des Geistes läßt uns Bewußtheit und Konzentration einsetzen, um die Kräfte in der Tiefe des Geistes anzuregen. Wir lernen vom Geist und für den Geist und geben dem Geist das Gelernte zurück. Indem wir tatkräftig Wissen anwenden, erzeugen wir mehr Wissen und lassen andere unumschränkt an dieser Fülle teilnehmen. Während wir lernen, anderen wie auch uns selbst Türen zu öffnen, kann unsere Arbeit einen bleibenden Einfluß ausüben.

Übung 70 Das Licht des Wissens

Stellen Sie sich vor, eines Tages eröffnet sich Ihnen und noch einigen anderen Menschen die Möglichkeit für Wissen. Vielleicht sind Sie eine Gruppe von acht, zehn oder vielleicht auch fünfundzwanzig Personen. Plötzlich lösen sich alle Wissen behindernden Schranken auf, und Ihnen ist unmittelbar klar, wie Sie Bewußtheit, Konzentration und Energie einsetzen können, damit bei allen Ihren Tätigkeiten Freude und Zufriedenheit entsteht. Effektives Arbeiten gibt Ihnen die Freiheit, große Schönheit und Freude zu schaffen, und damit eröffnen sich Ihnen die Freuden der Kontemplation. Weil Sie dieses wertvolle Wissen verwirklichen, strahlen Ihre Taten hell in die Welt. Sie bringen dieses Licht dar, damit in Ihrem Leben und in der Welt Harmonie entsteht, als entzündeten Sie eine Kerze in einer Zeremonie der Transformation.

Stellen Sie sich weiterhin vor, das Licht jeder so dargebrachten Kerze inspiriere zehn neue Menschen zum Erwachen, von denen jeder wiederum weitere zehn inspiriert. In kurzer Zeit sind viele Tausende strahlender Kerzen entzündet, wobei sich in jeder Kerze das Licht jeder anderen Kerze widerspiegelt. Ein ganzes Universum voller Licht erstrahlt als Gabe, eine Gabe, die dargebracht wurde, um die Dunkelheit zu erhellen, die das Herz der Menschen umgibt.

Als Freudenritual für ein solches Potential können Sie den Wunsch hegen, diese Vision des Wissens, die überall das Sein erleuchtet, zu vollziehen. Sie können eine Woche oder einen Monat lang jeden Abend eine Kerze entzünden, um das Licht des Wissens in Ihrem Geist und Herzen zu ehren und um anderen den Weg zu erhellen. Stellen Sie sich vor, Ihre aus dem höchsten Wissen geformte Kerze übertrage ihr Licht an zehn weitere Kerzen und jede dieser zehn Lichter entzünde wiederum zehn weitere. Fahren Sie so fort, bis die Dunkelheit der Nacht, so weit Ihr Auge reicht, von einem wunderbaren Licht erhellt ist.

Für die Welt arbeiten

Die Weltgeschichte ist an einem Punkt angelangt, der uns zu einer tiefgreifenden Veränderung auffordert. Die gegenwärtig in der globalen Gesellschaft stattfindenden Umwälzungen bedrohen die Wissenstraditionen, auf die sich Völker über Jahrtausende verlassen haben. Das statt dessen angebotene Wissen ist in Umfang und Anwendungsmöglichkeiten begrenzt. Diese Veränderungen bieten aber auch eine besondere Gelegenheit: Wir können durch unsere täglichen Tätigkeiten – arbeiten und den Lebensunterhalt verdienen – das Licht des Wissens unmittelbar in das Herz der Alltagswelt tragen. Wir haben es uns zur Aufgabe gemacht, uns dieser Herausforderung zu stellen.

Veränderungen, die heute die Welt erschüttern, wirken sich auf alle Bereiche menschlichen Handelns aus, auch auf unsere Arbeitsweise. Eine Technik, die zunehmend komplizierter wird, führt dazu, daß die meisten Menschen Arbeiten verrichten, die keine echte Herausforderung oder Befriedigung enthält. Die an der Spitze der Gesellschaftsstruktur stehenden Menschen sehen sich einer anderen Herausforderung gegenüber. Ihre Ausbildung ist darauf ausgerichtet, ihre schöpferischen Energien immer ausschließlicher auf technischen Fortschritt und Lösungen zu richten. Dadurch paßt sich ihr Denken der Logik von Maschinen an, und sie vergessen die innere Bedeutung von Arbeit. Auf allen Ebenen der Gesellschaft verliert die Arbeitsethik früherer Generationen ihre tragende Kraft und Überzeugung.

Diese Entwicklungen gefährden unsere gesamte heutige Lebensweise. Das demokratische Ideal schreibt vor, daß jeder einzelne die Verantwortung sowohl für sein eigenes Leben als auch für das Wohlergehen der Gesellschaft übernehmen soll. Unterminiert die Industriegesellschaft weiterhin die Möglichkeit für sinnvolle Arbeit, wird dieses Ideal schließlich zerbrechen. Dann werden die Menschen überall immer desorientierter und labiler. Sie sind in Fantasien gefangen und können keine Disziplin einhalten. Deshalb entlädt sich ihre Frustration in Gewalt und in der Suche nach oberflächlicher Befriedigung. Die Gesellschaft wird die Früchte als einen Strudel von Krankheit, Chaos und Verfall ernten.

Obwohl diese Tendenzen schon jetzt sichtbar werden, sind die Ereignisse in der heutigen Gesellschaft möglicherweise nur ein kleiner Vorgeschmack dessen, was die Zukunft bringen mag. Geht der traditionelle Sinn der Arbeit verloren, könnten die Folgen unsere schlimmsten Vorstellungen übertreffen. Heute kämpfen wir darum, den Staatshaushalt auszugleichen und die Umwelt wieder ins Gleichgewicht zu bringen. In Anbetracht dessen, daß alles, was unserem Leben Sinn verleiht, vielleicht kurz vor dem Zusammenbruch steht, schrumpfen diese gewaltigen Probleme jedoch zu Nebensächlichkeiten.

Wir stellen diese zerstörerische Tendenz in Frage, indem wir uns der Arbeit als einer Quelle des Wissens zuwenden. Arbeit lehrt uns, wie wichtig es ist, uns liebevoll darum zu bemühen, unsere Zeit zu nutzen, und sie lehrt uns, welche Bedeutung es hat, Verantwortung für unsere Handlungen zu übernehmen. Sie gewährt uns die Klarheit der Bewußtheit, die nährende Kraft der Konzentration und die Freude an Energie. Das Wissen, wie man die Qualität der Arbeit schätzen kann, wie man sie anzuwenden hat, um die Konzentration zu steigern, tatkräftiger und disziplinierter zu werden, und wie man neue und schöpferische Ideen entwickeln und sie in die Praxis umsetzen kann, sind die entscheidenden Schlüssel für ein sinnvolles Leben und dafür, einen wertvollen Beitrag in der Welt leisten zu können. Das Wissen, das wir auf diese Weise vertiefen und vervollkommnen, kann zu dem notwendigen Einfühlungsvermögen und der Vision führen, die wieder Gleichgewicht und Gesundheit in der Welt herstellen.

Sobald uns der Wert dieser Arbeitsweise bewußt wird, haben wir die Verantwortung, sie anzuwenden und anderen weiterzugeben. Tun wir dies nicht und mangelt es uns an innerer Disziplin und Überzeugung, um unsere Fähigkeiten und positiven Energien zu entwickeln, richten wir möglicherweise einen Schaden an, der weit mehr umfaßt als nur die Ereignisse unseres eigenen Lebens und unserer persönlichen Angelegenheiten. Die heute von uns geduldeten Mängel werden morgen zum gesellschaftlichen Bankrott beitragen. Zeigen sich die Konsequenzen unserer gegenwärtigen Handlungen und Entschlüsse in der Zukunft, haben wir die Chance verpaßt, eine andere Richtung einzuschlagen. Jetzt ist der richtige Augenblick, um sich für Wissen und Bewußtheit zu entscheiden.

Wohltäter im Leben

Arbeit war immer verknüpft mit der Vorstellung von Produktion: einen Beitrag zu leisten und der Welt etwas Wertvolles zu geben. Heute kommen zu diesem Begriff noch weitere Bedeutungsebenen hinzu. In dieser kritischen Zeit, in der so viel auf dem Spiel steht, müssen wir Gebende sein, nicht Nehmende – Meisterinnen und Meister der Arbeit und des Lebens statt Knechte der gerade herrschenden Trends.

Jeder einzelne kann ein Pionier sein, der andere zu sinnvolleren Arbeits- und Lebensweisen führt. Was immer wir auch tun, unsere Arbeit kann zu einer großartigen Geste der Kreativität werden. Indem wir uns der Arbeit als einem Weg des Wissens und der Transformation hingeben, können wir dazu beitragen, daß Wissen auch während der Wirren einer unvorhersagbaren Zukunft verfügbar bleibt. Selbst wenn die von uns geschaffenen Produkte schon lange vergangen sind, können die Arbeits- und Lebensweisen, die wir der Menschheit bewahrt haben, die Welt mitgestalten, so daß sie ein lebenswerter Ort ist.

Umfaßt unsere Vision von Arbeiten und Handeln alle möglichen Mängel und Hindernisse als Herausforderungen, die es zu transformieren gilt, werden wir zu Wohltätern im Leben. Während wir lernen, Wissen auf sinnvolle Weise anzuwenden, zeigen sich die positiven Ergebnisse von Geschicktem Wirken immer deutlicher und eindrucksvoller. Dadurch fließt immer größerer Segen auf uns herab, den wir dann anderen weitergeben können. So entsteht eine positive Dynamik, die in dieser problematischen Zeit bitter benötigt wird. Wir können die Freude aufrechterhalten, die aus einem sinnvollen und weitblickenden Leben erwächst.

Indem wir unsere Verantwortung gegenüber der Gesellschaft erfüllen, erfüllen wir auch unserer Verantwortung uns selbst gegenüber. Sind wir mit unerschütterlicher Motivation und einem auf Wissen beruhenden Vertrauen gesegnet, können wir schnell und energisch auf jede neue Situation eingehen. Wir sind erfüllt von einem würdigenden Verständnis für alles, was das Leben bietet. Daher richtet sich unser Interesse von selbst auf Tätigkeiten, die andere unterstützen und ihnen helfen. Die Dynamik unserer Handlungen vertreibt jede Unzufriedenheit und läßt eine völlig neue Persönlichkeit entstehen. Schließlich können wir jene Vision verwirklichen, die schon lange unsere geheimen Ziele förderte.

Läßt unsere Arbeit Wissen und Erfolg ins Gleichgewicht kommen, umfaßt unser Leben die Rhythmen der Erfüllung. Wir können die Wirkungen in unseren Erfahrungen erkennen, in Körper und Geist, in unserer schützenden Umgebung und in einem sich immer weiter ausdehnenden Umfeld, das schließlich die ganze Gesellschaft umfaßt. Wir sind uns unserer Gedanken bewußt, unserer Sinne, Handlungen und deren Folgen. Wir sind uns unserer Bewußtheit bewußt und stellen fest, daß Arbeit zu einem Tor zur Erkenntnis wird.

Das Morgen ist der Zukunft näher als das Heute. Wir müssen jetzt handeln und unser augenblickliches Verständnis einsetzen, statt es uns entgleiten zu lassen, das ist wichtig. Arbeit kann der Körper unseres Erfolgs sein: Bewußtheit ist sein Rückgrat, und Konzentration sind seine beiden kräftigen Beine. Fließt die Energie des Geistes durch unser Sein, erwachen wir zu Wissen und erkennen, daß es in unserer Macht liegt, für die Welt Wichtiges beizutragen.

Anregungen für meine Schülerinnen und Schüler

Für den Dharma zu arbeiten gibt uns die Gelegenheit, dem Westen neue Formen des Wissens anzubieten, die sowohl für andere als auch für uns hilfreich sind. Vor fünfundzwanzig Jahren war im Westen fast nichts über die traditionellen Elemente des Dharma bekannt. Nur wenige wußten etwas über die Symbole, das künstlerische Erbe und die Texte. Fast niemand konnte einen Stupa bauen, und nur wenige waren in der buddhistischen Kunst bewandert oder hatten ein tieferes Verständnis des tibetisch-buddhistischen Kanons. Heute wissen wir wesentlich mehr, und wir lernen zunehmend, wie wir östliche Methoden des Verstehens in diese Gesellschaft einbringen können. Gleichzeitig konnten wir wertvolle neue Fähigkeiten entwickeln, die unsere Kreativität im Alltag anregen.

Traditionelle Elemente des Dharma in den Westen zu bringen ist lediglich ein Aspekt der Dharma-Übertragung. Die Lehren des Buddha gehen jedoch über diese äußeren Formen hinaus zu einem inneren Verständnis, einem Verständnis, das Herz und Geist transformiert. Zu lernen, wie wir dieses Verständnis verkörpern und leben können, so daß es der modernen Welt gerecht wird, ist der tiefere Aspekt der uns leitenden Vision.

Wir haben uns entschieden, die Lehren durch unsere Arbeitsweise lebendig werden zu lassen. Bei unserer Arbeit üben wir Bewußtheit, Konzentration und Energie und überprüfen dabei unser Verständnis, unsere innere Verpflichtung und unsere

Bereitschaft, Verantwortung zu übernehmen. Diese Qualitäten waren seit jeher für spirituelle Entwicklung notwendig. Wir stellen sie hier auf eine neue Weise in den Mittelpunkt unserer Übung. Wenn wir Geschicktes Wirken üben, streben wir diese Ebene an.

In den sechziger Jahren wurden voller Unschuld und Idealismus viele spirituelle Organisationen gegründet. Als sich die Zeiten änderten, konnten sie sich nur mühsam weiterentwickeln und überleben. Wir legten unseren Schwerpunkt auf Geschicktes Wirken und konnten dadurch auf jede Änderung eingehen. Weil wir unsere Arbeit achten und sie nicht von unserer Übung und unseren Idealen trennen, können wir mit den praktischen Notwendigkeiten erfolgreich umgehen. Indem wir uns auf Arbeit als Übung konzentrierten, konnten wir uns als Gemeinschaft selbst tragen und mit unseren begrenzten Ressourcen das Bestmögliche erreichen und einige bescheidene Beiträge leisten, die meiner Überzeugung nach von dauerhaftem Nutzen sind. So gesehen ist Geschicktes Wirken ein Ausdruck des gesunden Menschenverstands: die Methode, die wir entwickeln mußten, um unsere Ziele zu verwirklichen.

Doch Geschicktes Wirken geht darüber hinaus: es ist ein Experiment, wie wir den Dharma leben und anderen vermitteln können. Die heutige Welt orientiert sich an Ergebnissen, und Geschicktes Wirken ist ein praktischer Weg. Wenn wir Geschicktes Wirken anwenden, zeigen sich die Lehren in unserem Handeln. Unsere Arbeit wird für die Gesellschaft zu einer Geste des guten Willens, denn wenn wir den Dharma in unserer Arbeit verkörpern können, geben wir sein lebendiges Wissen weiter.

Beim Arbeiten üben

Es ist nicht einfach, anderen genau zu erklären, was wir tun und warum wir es tun. Menschen, die einem traditionelleren spirituellen Weg folgen, wundern sich oft, warum wir so viel Zeit mit Arbeiten verbringen. Manchmal fragen sie sich sogar, worin der Unterschied zwischen der Arbeit in unserer Gemeinschaft und der Arbeit in einem normalen Betrieb oder einer Fabrik liegt. Andere, die sich um materiellen Erfolg bemühen, achten vielleicht unsere Leistungen, verstehen jedoch nicht deren tiefere Bedeutung. Sie wundern sich vielleicht, warum wir uns nicht um etwas bemühen, das für die Gesellschaft von direktem praktischen Nutzen ist.

Diese beiden Fragen können wir nur durch unsere Arbeit beantworten. Können wir Arbeiten wirklich zu unserer Übung machen, werden andere, die an spiritueller Entwicklung Interesse haben, schließlich erkennen, daß dies eine wertvolle Methode ist, den Dharma zu praktizieren. Bringt unsere Arbeit für uns selbst und andere langfristigen Nutzen, so werden alle, die meßbare Ergebnisse sehen wollen, zustimmen, daß unsere Bemühungen wertvoll sind. Wir können auch andere Wege wählen, doch ich bin der Ansicht, daß dies für uns eine wirksamere Methode ist, die Lehren zu vermitteln, als inspirierende Zeremonien und gelehrte Diskussionen.

Auf der praktischen Ebene bin ich mit unserer Arbeit zufrieden, denn es ist uns gelungen, einige kleine, doch wichtige Beiträge zu leisten, um die Lehren des Dharma zu erhalten und weiterzugeben. Wir haben uns erfolgreich dafür eingesetzt, den tibetischen Flüchtlingen zu helfen, die Weltfriedenszeremonien durchzuführen, tibetische Texte und Kunstwerke zu bewahren und zu verteilen und dem Dharma im Westen eine Heimat zu geben. Band IV der „Annals of the Nyingma Lineage in America", der zur gleichen Zeit wie dieses Buch verlegt wird, dokumentiert unsere erbrachten Leistungen.

Mitgefühl und Fürsorge

Doch es bleiben Fragen. Konnten wir den Dharma durch unsere Arbeitsweise tatsächlich lebendig werden lassen? Ist es uns gelungen, Bewußtheit, Konzentration und Energie zu entwickeln und in unserem Leben anzuwenden? Und wenn wir dies bejahen, bedeutet dies, daß wir tatsächlich die Lehren des Buddha verkörpern?

Der Mahayana Buddhismus legt großen Wert darauf, Weisheit und Mitgefühl zu vereinen. Vielleicht erscheint die Beziehung zwischen Bewußtheit und Weisheit recht offensichtlich. Doch wie sieht der Zusammenhang zwischen Bewußtheit und Mitgefühl aus? Das ist möglicherweise der entscheidende Punkt.

Die Verbindung, die wir suchen, ergibt sich aus unserer Fürsorglichkeit. Wollen wir klar erkennen, was in unserem Leben geschieht, müssen wir bereit sein, hinzusehen. Aber aus Angst vor dem, was wir entdecken könnten, weigern wir uns oft hinzuschauen. Sobald wir etwas Schmerzhaftes oder Schwieriges sehen, müssen wir entsprechend handeln. Doch wenn wir handeln, können wir scheitern oder unerwünschte Reaktionen hervorrufen.

Um diese Konsequenz zu vermeiden, entscheiden wir uns möglicherweise dafür, gar nicht hinzusehen, oder wir ziehen es vor, dem Sehen keine Handlungen folgen zu lassen. Dieses vorsätzliche Wegsehen beruht nur darauf, daß wir unserer Fürsorge keinen Raum geben. Ohne Fürsorge können wir kein Mitgefühl entwickeln: weder für das Leiden anderer noch für unser eigenes. Statt dessen haben wir uns darauf festgelegt, den Status quo zu erhalten. Egal welche Theorien wir vertreten, unser Handeln beweist, daß im Samsara alles in Ordnung ist.

Der Weg des Geschickten Wirkens arbeitet dem Muster des Wegschauens und Vergessens entgegen. Er beginnt mit der

Erkenntnis, daß dies alles nicht geschehen müsse, hätten wir Vertrauen in unsere Handlungsfähigkeit. Da unsere elementare Lebensenergie schwach entwickelt ist, ist unser Herz verschlossen, und weil unser Herz verschlossen ist, verspannt sich unsere Kehle, wir können nicht fühlen, was wirklich geschieht.

Konzentrieren wir uns auf Arbeit und setzen wir uns von ganzem Herzen für unsere Ziele ein, so stärkt diese gerichtete Konzentration unsere Entschlossenheit und setzt unsere Energie frei, so daß sie durch den Körper fließen kann. Im Bewußtsein, daß wir erfolgreich sein können, lassen wir zu, daß sich unser Herz öffnet. Wir brauchen keine Furcht zu haben, unsere eigene Fürsorglichkeit zu erleben.

Auf der Basis dieser Fürsorglichkeit können wir uns innerlich dazu verpflichten, aufrichtig zu sein, aufrichtig mit dem, wie wir unser Leben gestalten und was wir in unserer Zeit erreichen. Unsere Ehrlichkeit fördert Bewußtheit, und Bewußtheit stimuliert die Kraft unseres Denkens und unserer fünf Sinne. Erneut für Erfahrung empfänglich, öffnet sich die Kehle, so daß Erkenntnis in unser Herz fließt und sich der Kreislauf schließt.

Stehen Kopf, Herz und Bauch miteinander im Einklang, können wir Ziele erreichen, die für uns bedeutsam und für andere hilfreich sind. Wir können uns an dem stetigen Strom von Verständnis und Einsicht freuen. Dies ist der Weg des Geschickten Wirkens, Weisheit und Mitgefühl zu vereinigen: so kann der Dharma in der heutigen Welt wirken.

Ein universaler Weg

Arbeiten wir mit Geschicktem Wirken, können wir einem spirituellen Weg folgen, unabhängig von unserer Rolle in der Gesellschaft oder unserer konkreten Arbeit. Wir können die Lehren des Buddha üben, ohne uns von unseren üblichen

Verantwortlichkeiten abzuwenden, wir können einen Weg ebnen, dem auch andere folgen können.

Setzen wir uns mit unserer ganzen Energie für dieses Ziel ein, können wir unser Herz von der Schönheit des Ziels inspirieren lassen. Indem wir unser Leben und die Bedürfnisse anderer mit neuer Aufrichtigkeit betrachten, können wir uneingeschränkt Verantwortung übernehmen. Fast ohne es zu bemerken, befinden wir uns auf dem spirituellen Weg.

Derselbe Weg steht auch anderen zur Verfügung. Viele Menschen wissen heute, daß sie bei der Arbeit ihre Zeit verschwenden, und sie haben sogar gelernt, dies für normal zu halten. Sie arbeiten nur für ihr Geld und lernen dabei, ihre eigenen Fähigkeiten als sehr begrenzt einzuschätzen. Ihre Energie und ihre Kreativität fließen in Wunschdenken und Vergnügungen. Könnten wir doch durch unser Handeln einen besseren Weg aufzeigen!

Arbeit kann schwierig sein, doch die eigentliche Schwierigkeit liegt darin, daß die Menschen ihre Arbeit nicht als eine reiche Quelle der Zufriedenheit und Freude sehen können. In unserer eigenen Gemeinschaft mußten wir mit dieser Einsicht kämpfen, da diejenigen, die sich in dieser Gesellschaft vom Buddhismus angezogen fühlen, nicht unbedingt eine starke Arbeitsorientierung haben. Doch nach und nach machten wir Fortschritte. Wir lernten, trotz unserer Verschiedenheiten zusammenzuarbeiten und unsere Verpflichtungen einzuhalten. Wir lernten, daß unser Handeln die wirkliche Prüfung für unser Verständnis ist, wir lernten, daß die wirkliche Prüfung für unser Mitgefühl darin besteht, was wir für andere tun, ohne uns in unangemessener Weise um unsere eigenen Impulse und Wünsche zu kümmern. Da alle sehr motiviert waren und die notwendige Bereitschaft hatten, konnte etwas Positives entstehen.

Ich denke, wir haben in den letzten fünfundzwanzig Jahren bewiesen, daß Menschen, die sich auf einem spirituellen Weg befinden, sich auch in der Arbeit auskennen. Ohne irgendwelche fachliche Ausbildung lernten wir, in den verschiedensten Bereichen erfolgreich zu arbeiten: auf dem Bau, in der Metallverarbeitung, beim Verfassen, der Herausgabe und Produktion von Büchern, im Druckgewerbe, Verkauf, Unterricht, bei Kunstprojekten, im Gartenbau und der Landschaftsgestaltung, der Meditation und auf anderen Gebieten. In Zukunft können wir unseren Horizont erweitern und Bereiche, wie Philosophie, Dienstleistungen und professionelle Fähigkeiten verschiedenster Art, erschließen. Wir können buddhistische Gebete sprechen und Zeremonien durchführen und uns in traditionellen Visualisierungen, der Rezitation heiliger Texte und formaler Meditation üben.

Auch wenn wir immer noch viel lernen müssen, denke ich, daß wir uns bereits einige Werte erarbeitet haben, die wir mit anderen teilen können. Je mehr wir uns durch unsere Arbeit herausfordern, desto mehr Freude werden wir an unserem Tun haben, und um so mehr werden wir anbieten können.

Durch unser sich vertiefendes Verständnis können wir Kraft und Motivation entwickeln und auf andere einen wirklich positiven Einfluß ausüben. Damit das geschehen kann, müssen wir zuerst lernen, diese Lehren in unserem Leben zu verkörpern. Das ist ein wirklicher Weg des Mitgefühls und eine Möglichkeit, die Wohltaten, die wir durch den Dharma empfangen haben, mit anderen zu teilen.

Praktizieren wir Geschicktes Wirken aus der Perspektive des Dharma, so sind Bewußtheit, Konzentration und Energie unsere Werkzeuge. Darin unterscheiden wir uns nicht von anderen. Wenn wir von uns erwarten, daß wir mehr als andere tun, geschieht dies auf der Grundlage einer festen inneren Verpflichtung, aufrichtiger Fürsorge und stetiger Praxis. Setzen wir uns das Ziel, daß unsere Erfahrung und unser Handeln unser tiefstes Verständnis zum Ausdruck bringen, so hat es sich gelohnt.

Teilen und Beteiligen

Bringen wir in unsere Arbeit eine Haltung der Freude und Wertschätzung ein, bietet sie eine fortwährende Gelegenheit für Wachstum, für ständige Herausforderung und Meditation, die letztlich von Samadhi nicht zu trennen ist. Sobald wir dies verstanden haben, können wir Erfahrung freudig herausfordern und unser Wissen mit unseren Kolleginnen und Kollegen sowie mit unseren Freunden teilen. Ich empfehle, daß wir das auch tun. Je mehr wir andere beteiligen, desto mehr werden wir lernen. Mit anderen zu teilen bringt uns nur Positives.

Indem wir auf die Anforderungen unserer Arbeit reagieren, können wir das Gelernte immer weiter vertiefen und es durch unser Beispiel weitergeben. Wir können fundierte Entscheidungen treffen, klar delegieren, zu Verantwortung anhalten und Führungsqualitäten in anderen fördern. Wir können Aufgaben verläßlich weiterführen, zuverlässig sein und andere veranlassen, auch zuverlässig zu sein. Wir können positive Gefühle, Gedanken und Gesten entwickeln, die der Qualität unserer Arbeit kreativen Auftrieb geben. Wir können unseren Teil dazu beitragen, unseren Arbeitsplatz sauber und schön zu gestalten.

Darüberhinaus können wir andere durch eine leichte und humorvolle Haltung ermutigen und unterstützen, eine Haltung, die Fürsorge und Verbundenheit ausdrückt und das Herz wärmt. Wir können anderen unsere Hilfe anbieten, um bewußter, konzentrierter und energievoller zu werden. Wir können andere Menschen an den wichtigen Erkenntnissen teilhaben lassen, die uns wach werden ließen. Wir können die kleinen Schritte deutlich machen, die einen wesentlichen Unterschied in unserem Leben bewirkten. Wir können Listen und Diagramme machen, die aufzeigen, wie wir wichtige Erkenntnisse mit Entwicklungsschritten verbunden haben, und dieses Wissen so strukturieren, daß andere es leicht erfassen und verstehen können. Wir können unsere Kolleginnen und Kollegen dazu ermutigen, Neues auszuprobieren und neue Wege zu entwickeln. Und wir können veranlassen und ermutigen, ihre positiven Eigenschaften zu entwickeln. Wir können den Wunsch wachsen lassen, daß andere schneller lernen mögen, als wir es konnten, und alles uns Mögliche tun, damit sich dieser Wunsch verwirklicht.

Lernen wir die wegweisende Vision des Dharma, wie sie sich in allen unseren Projekten widerspiegelt, zu schätzen und zu würdigen, so können wir dankbar sein für den Beitrag, den jeder einzelne zum Erfolg unserer Bemühungen leistet. Wir können die Stärke unserer Kolleginnen und Kollegen respektieren und allen aufrichtig Erfolg wünschen, um ihre Schwächen in Stärken zu transformieren. Wir können uns dazu entscheiden, diese Gelegenheit zu nutzen, um mit anderen zu arbeiten, zu lernen und unser Verständnis zu teilen. Dabei können wir die notwendige Aufrichtigkeit, Integrität und Disziplin entwickeln, so daß sich unser Entschluß in die Praxis umsetzen läßt. Wir können uns an dem Zusammenspiel von Wissen und Zeit mit Bewußtheit, Konzentration und Energie freuen.

Gesten der Großzügigkeit

In unserer Gemeinschaft haben wir die Gelegenheit, miteinander freundlich umzugehen, zu kooperieren und uns respektvoll zu begegnen. Diese Übung führt zu einem größeren Verständnis, läßt uns gute Freundschaften aufbauen und einen ausgewogenen Lebensstil finden, in dem wir uns entwickeln und wachsen können. Es mag zwar höhere Ebenen der Verwirklichung geben, trotzdem kann Erfolg auf dieser Ebene viel dazu beitragen, freudige und befriedigende Erfahrungen zu machen und den Weg zur Verwirklichung und Erfüllung zu ebnen.

Jede Gesellschaft hat ihre eigenen Ausdrucksformen und ihre eigenen subtilen Nuancen der Kommunikation. Ich schätze besonders die freundliche, zuvorkommende Höflichkeit, die in den westlichen Gesellschaften gelehrt wird. Obwohl ich ein recht gutes Verständnis habe, gelingt es mir nicht immer, auf dieser Ebene erfolgreich zu kommunizieren. Wir alle – vom Diplomaten bis zur Verkäuferin – wissen, daß ein freundlicher Umgangston positiv wirkt, selbst wenn es nicht ganz ehrlich gemeint ist. Auf der Ebene unseres üblichen Bewußtseins erzeugen freundliche Worte und kleine Gesten der Anerkennung sanfte Wellen positiver Energie, die uns inspirieren und glücklicher machen.

Indem wir uns jeden Tag um Freundlichkeit, Freundschaft, Großzügigkeit und hilfreiche Seinsweisen bemühen, können wir eine positive Alternative zu den destruktiven Haltungen entwickeln, die so großes Leid über Menschen und sogar ganze Kulturen bringen. Kommen wir in Positionen, in denen wir andere beeinflussen oder Macht und Kontrolle ausüben können, sollten wir lernen, unsere Ziele nicht mit Hilfe von Zwang und Negativität durchzusetzen, sondern unsere eigenen Ideale zu leben. So sollten wir uns nicht nur heute oder morgen verhalten, sondern von jetzt an in jedem Augenblick.

Wir stehen in der Übertragungslinie einer großen spirituellen Tradition. Viele große Meister haben uns tiefgründiges Wissen geschenkt, so daß wir viel weitergeben können. Dank ihrer mitfühlenden Großzügigkeit machten sie uns das allergrößte Geschenk: das Wissen, wie sich menschliches Bewußtsein entwickeln läßt. Denken Sie stets daran, daß der Sinn dieses Geschenks darin liegt, es weiterzugeben. Nehmen wir das Wissen, das wir in diesem Leben gefunden haben, mit in den Tod, so war unser Leben nicht sehr wertvoll.

Es ist unsere Geste der Großzügigkeit, das Gelernte anderen weiterzugeben. Möglicherweise ist unser Beitrag nicht sehr groß, doch wenn es in unserem Leben auch nur einen kurzen Augenblick von höherem Wissen gegeben hat, so können wir Methoden finden, um es zu vermitteln und damit die Lebensqualität zukünftiger Generationen zu verbessern. Kommen wir unseren täglichen Verantwortungen nach, kann das Ausdruck von Geduld, Ausdauer und Mitgefühl sein. Wenn wir alle geben, was wir geben können, so werden wir Gutes leisten und anhaltende Wohltaten erzielen.

Anhang

Mittel zur Transformation

Mittel zur Veränderung

Übung A Stille, Klarheit und Leichtigkeit

Diese Übung entspannt den Körper und erfrischt den Fluß geistiger Aktivitäten. Sie ist ganz besonders hilfreich, wenn Sie sich unklar oder träge fühlen. Sie schafft ein Reservoir erfrischender Bewußtheit, Konzentration und Energie, das Ihre Zentrierung und Konzentration schärft und Ihrem Bemühen Stabilität verleiht: sie unterstützt Sie bei allen Ihren Tätigkeiten.

Sie können die Übung jederzeit praktizieren. Sie besteht aus drei Teilen, die sich auf Atem, Körper und Geist beziehen. Machen Sie die Übung dreimal täglich, um mit ihr vertraut zu werden. Richten Sie Ihre Aufmerksamkeit dabei morgens und abends auf den Körper und nachmittags auf den Atem. Sobald die Übung Ihnen vertrauter geworden ist, wird sich Ihre Aufmerksamkeit ganz natürlich auf die geistigen Aktivitäten verlagern. Später können Sie dann auch den auf den Geist bezogenen Aspekt einzeln üben, zweimal oder mehrmals täglich.

Die Haltung ist bei dieser Übung wichtig. Sitzen Sie auf einem Kissen oder Stuhl, so daß Ihr Rücken aufrecht, jedoch nicht starr ist. Legen Sie die Hände auf die Knie, und ziehen Sie das Kinn leicht zur Brust hin, so daß der Adamsapfel leicht nach innen gerichtet ist und die Wirbelsäule sich im Nacken etwas aufrichtet. Lockern und entspannen Sie die Schultern sanft, so daß Nacken und Schultern eine natürlich nach unten fließende Linie bilden.

Lassen Sie den Mund leicht geöffnet, die Zähne ein wenig voneinander entfernt. Entspannen Sie leicht die Muskeln des Unterkiefers, gerade so, als wollten Sie zu lächeln beginnen. Beachten Sie jegliche Spannung in oder hinter den Augen, und versuchen Sie, diese zu lösen. Die Augen können halb geöffnet sein, ohne irgendetwas direkt anzusehen.

Atem

Richten Sie Ihre Aufmerksamkeit leicht auf den Atem, atmen Sie durch Nase und Mund gleichzeitig. So zu atmen ist ungewöhnlich und kann anfangs unbequem sein, doch es hat einen energetisierenden Effekt, und Sie werden damit bald leichter und mit angenehmeren Empfindungen fortfahren.

Sobald Sie sich an diese Atemweise gewöhnt haben, fühlen Sie, wie der Fluß des Atems aus dem Körper strömt und dann wieder zurückkehrt. Sie können sich vorstellen, daß der Atem horizontal austritt wie ein Fluß, der sanft durch eine Ebene fließt und dann zurückkehrt. Andererseits kann der Fluß des Ausatmens aber auch eine sanfte abwärtsgerichtete Kurve bilden, die sich mit dem Einatmen zu einem Ring oder Kreis schließt. Konzentrieren Sie sich in jedem Fall sanft auf die fließende Bewegung des Atems in seinem gesamten Verlauf. Berühren Sie den Atem mit Bewußtheit, so können Sie vielleicht erleben, daß Sie dem Fluß des Atems ungefähr fünfundzwanzig Zentimeter weit folgen können. Achten Sie dabei, ohne sich anzustrengen, besonders auf den Anfang und das Ende jedes Atemzuges.

Anfangs wird mit dem Ein- und Ausatmen eine gewisse Spannung auftauchen. Doch mit fortgesetztem, bewußten Atmen wird diese Spannung sich lösen und die Bewegung einfach von selbst weitergehen – es gibt keinen Anlaß, ihr eine Richtung zu geben. Wenn der Körper zur Ruhe kommt, wird der Atem auf ganz natürliche Weise sanfter und leichter.

Körper

Fühlen Sie den Fluß des Ein- und Ausatmens im Körper, können Sie sich allmählich eines sanften Gefühls von Wärme im Nacken und in der Kehle bewußt werden. Schätzen Sie diese sanfte Wärme, und genießen Sie diese. Lassen Sie die Empfindungen mit der ihr folgenden Bewußtheit verschmelzen, lassen Sie sie reicher und tiefer werden. Lassen Sie die Wärme sich langsam nach unten zu den Schultern und zum Herzen sowie hinauf zum Kopf ausbreiten, und von dort aus über den ganzen Körper, tief in die Gewebe, die Muskeln und Organe, sogar bis hin zu den einzelnen Zellen.

Die gleiche sanfte Wärme kann sich auch in den Raum hinein ausbreiten, der Ihren Körper unmittelbar umhüllt. Stellen Sie sich vor, daß eben dieser Raum warm, sanft, leicht, ruhig und still wird. Die Qualität dieses Raumes ist besänftigend und beglückend, bis tief in den Körper hinein entspannend.

Berühren Sie diese ruhige Stille mit Bewußtheit, so können Sie fühlen, wie ihre Wärme sich einige Zentimeter über die Haut hinaus ausdehnt. Versuchen Sie die Wärme empfindsam zu erforschen, und spielen Sie mit ihren Grenzen. Sie kann sich immer weiter ausdehnen, sogar die doppelte Größe Ihres Körpers erreichen. Innerlich ist der Körper ruhig, äußerlich ist alles sanft und still. Allmählich können die Sinne diese Gefühle schätzen und innerlich und äußerlich mit dem stillen, ruhigen Raum verschmelzen.

Je umfassender die Stille, desto tiefer ist die Entspannung. Lassen dann die verbalen Anweisungen nach, findet der Körper tiefere Ruhe. Raum öffnet sich und gestattet der Energie, innerhalb und außerhalb des Körpers frei zu fließen. Dieses Zusammenspiel zwischen innen und außen ähnelt dem Schwimmen in einem Teich zur Abenddämmerung, es ist ruhig und voller Freude. Kehle, Kopf, Bauch und Herz sind gelöst, die Stille gleicht einem schlafenden Baby.

Geist

Alle noch vorhandene Spannung ist auf die Aktivität des Geistes zurückzuführen. Doch jetzt können die Ruhe und Stille des Atems und Körpers die Sinne – und auch den Geist – verlangsamen und entspannen. Lebhafte Bilder, Erinnerungen und Einsichten können im Geist auftauchen, aber Sie können diese loslassen. Anweisungen und Dialoge gehen zurück, bis Worte, wie „loslassen" oder „versuchen", nicht mehr stimmen. An diesem Punkt wird keine Methode mehr gebraucht, ein innerer Lehrmeister oder Beobachter ist nicht hilfreich.

Mit zunehmender Stille wird die geistige Bewußtheit gelöster und entspannt sich, weiter Raum gebend. Bewußtheit nimmt direkten Kontakt zum Denken auf, ohne Bilder zu benutzen. Die Gedankenkette, in der ein Gedanke zum nächsten führt, verliert an Spannung. Die Geschwindigkeit der selbstgeschaffenen Gedanken nimmt ab. Allmählich enden Bewegung und Dynamik und führen zu der vollständigen Stille der Kontemplation. Es gibt keine Beziehung, in der an einem Bild festgehalten werden kann. Das Bild ist Stille selbst. Es gibt keine Vergangenheit, Gegenwart, Zukunft, keine Schöpfer der Erfahrung – nur vollständiges Alleinsein, Stille. Je stiller wir sind, desto eher können wir die Stille fast schmecken und hören. In dieser Stille sind wir vollständig wach.

Innere Transformation

Mit Hilfe dieser Übung können Sie an jedem Ort und bei jeder Tätigkeit Wohlbefinden entdecken. Inmitten von Geräuschen gibt es Stille. Im Zentrum der Dynamik ist die Energie ruhig und still.

Eine solche Stille führt zu tiefster Entspannung, die sowohl Energie als auch Bewußtheit erfrischt. Energie kann sich Zeit aneignen, sich dabei wieder aufladen und einen offenen Fluß herstellen, der emotionales Ungleichgewicht aufhebt und das Denken belebt. Ein Gefühl vollständiger Offenheit ermöglicht Zugang zu einem neuen Geist, es ist, als würde man ein neuer Mensch.

Wenn Sie diese Übung regelmäßig machen, wird sie Ihnen leicht präsent sein. Bereits die Erinnerung an die Erfahrung mit dieser Übung wird Ihnen helfen, sich während der Arbeit zu entspannen. Ist Ihnen die Übung vertrauter, wird die Erinnerung daran ein Gefühl des Wohlbefindens anregen.

Auch wenn es höhere Ebenen der Kontemplation und Meditation gibt, bietet diese erste Ebene der Entspannung alles, was Sie für ein effizientes Arbeiten benötigen. Zusätzliche Anweisungen für eine weiterführende Praxis unterscheiden sich im Hinblick auf die jeweilige Arbeit, im Hinblick auf die Ziele, für die Bewußtheit, Konzentration und Energie eingesetzt werden, und im Hinblick auf die Persönlichkeit des einzelnen.

Übung B Entspannung bei der Arbeit

Sie können während der Arbeit ein Gefühl von Entspannung entwickeln, indem Sie Ihre Bewußtheit auf Körperempfindungen richten und eine leichte Konzentration üben. Werden Sie sich jedes Gefühls und jeder Empfindung auf leichte Weise bewußt. Vielleicht fühlen Sie eine Enge in der Kehle, Druck an den Schläfen oder Enge im Bauch. Bewußtheit hilft, diese Gefühle der Enge aufzulösen. Während Sie lernen, die Sinne zu entspannen und zu öffnen, kommen Körper und Geist zusammen und gleichen einander aus. Die Erfahrung wird reicher, gesünder und schöner.

Übung C Die Energie der Kehle öffnen

Entspannen Sie Ihren gesamten Körper, und lassen Sie ihn ganz ruhig werden. Lassen Sie alle Sorgen oder negativen Vorstellungen los, so daß der Geist so weit wie möglich in Stille ruhen kann. Laden Sie dann einen sanften, warmen Atem in die Kehle ein. Lassen Sie ihn sich ausdehnen, bis hin zur Rückseite des Nackens und in den Kopf hinein bis in Augenhöhe. Lassen Sie dann allmählich diese warme Energie in einem Ring innen und außen durch Kopf und Kehle fließen, so daß die Blockaden sich auflösen. Stellen Sie sich vor, daß diese Wärme sie innerlich massiert, bis Kopf und Kehle sich anfühlen, als schwebten sie in Empfindungen. Lassen Sie das warme, empfindsame Gefühl auch in Ihr Herz fließen, während Körper und Geist zueinanderfinden.

Üben Sie morgens und abends und auch während des Tages, wenn Schwierigkeiten auftauchen und negative Emotionen sich melden. Sie werden vielleicht bemerken, daß Sie besser denken können, Ihre Ideen klarer werden und Ihre Kommunikation sich verbessert. Nervöse Spannung weicht einer ruhigen und scharfen Gegenwärtigkeit, die gleichzeitig angenehm und sehr energiereich ist.

Übung D Positive Energie visualisieren

Strecken Sie sich ein paarmal am Morgen direkt nach dem Aufwachen, um den Körper zu lockern. Sitzen Sie dann still, mit aufrechtem Rücken, und atmen Sie tief. Atmen Sie dreimal vollständig durch Mund und Nase aus.

Lassen Sie Körper und Geist völlig still werden. Diese Stille kann so tief und vollständig sein, daß es keine Gedanken mehr gibt. Lassen Sie dann aus der Stille heraus positive Energie und positive Gedanken auftauchen. Visualisieren Sie die Tätigkeiten, die Sie für diesen Tag geplant haben in einem positiven Licht. Stellen Sie sich vor, wie positive Gefühle ihren Glanz über den ganzen Tag und darüber hinaus über Ihr gesamtes Leben schicken. Erinnern Sie sich daran, daß Sie sich nicht nur auf einen einzigen Tag vorbereiten, sondern auf Ihre gesamte Zukunft. Wünschen Sie sich von Herzen ein schönes Leben, und lassen Sie gute Gedanken und Gefühle frei fließen. Üben Sie dieses fünf oder zehn Minuten lang.

Übung E Eigene Leistung achten

Strecken Sie sich ein paarmal, bevor Sie am Abend ins Bett gehen, und setzen Sie sich mit geradem Rücken hin. Atmen Sie dreimal vollständig durch Mund und Nase aus, atmen Sie dann tief weiter. Blicken Sie zurück auf Ihre Tätigkeiten während des Tages, würdigen Sie jeden geleisteten Schritt, und freuen Sie sich über jeden positiven Gedanken und jede positive Handlung. Wenn Sie Situationen entdecken, in denen Sie sich hätten besser einbringen können, so versprechen Sie sich, daran zu arbeiten. Umhüllen Sie alle Ihre Tätigkeiten mit positiver Energie, und schlafen Sie mit dieser Energie ein.

Übung F Gesten der Sensibilität

A *Positive Haltung* Wenn Sie emotionalen Druck spüren, sollten Sie stets eine Haltung einnehmen, die Ihnen Raum läßt. Lächeln Sie breit, halten Sie die Augen weit geöffnet, und lassen Sie sie leuchten. Entspannen Sie die Kehle, nehmen Sie die Schultern zurück und öffnen Sie die Brust. Diese Haltung stimmt Bewußtheit und Körper aufeinander ab und fördert den Fluß frischer und klarer Energie.

B *Tageszeit* Wenden Sie diese Übung immer an, wenn sie Ihnen einfällt: achten Sie morgens besonders auf den Energiefluß im Kopf, nachmittags auf das Fließen in Kehle und Herz, und fühlen Sie abends Ihr Herz.

C *Gleichgewicht in der Kehle* Um ein Gleichgewicht zwischen den Energiezentren zu entwickeln, achten Sie den ganzen Tag über auf das Kehlzentrum, halten Sie es entspannt und offen. Die Energie sollte weder zu sanft noch zu gespannt und bedrohlich sein. Prüfen Sie von Zeit zu Zeit jedes der anderen Zentren: Wie klar ist der Kopf? Wie offen ist das Herz? Wie ruhig ist der Bauch?

Übung G Ein kleiner Schritt

Hier finden Sie ein kurzfristiges Ziel, mit dem Sie jederzeit üben können. Sagen Sie sich: „Heute will ich keine entmutigenden Äußerungen machen, weder mir selbst noch anderen gegenüber." Gelingt es Ihnen, gratulieren Sie sich. Bedenken Sie, daß es viele Menschen gibt, die einen solchen Schritt nicht machen könnten, und widmen Sie Ihren Erfolg deren Wohlergehen.

Übung H Mitgefühl üben

Entwickeln Sie eine Bereitschaft, offen, hilfreich und verständnisvoll zu sein. Handeln Sie anderen gegenüber so, wie Sie selber behandelt werden möchten. Sehen Sie sich sorgfältig die Situation an, in der das scheinbar nicht möglich ist, zum Beispiel im Umgang mit Konkurrenten. Gibt es dort wirklich einen Konflikt?

Übung I Wunde Punkte finden

Betrachten Sie alle Ihre Arbeits- und Verantwortungsbereiche. Stellen Sie sich jedem einzelnen mit Ihrer ganzen Aufmerksamkeit? Wo liegen Ihre persönlichen Schwachpunkte? Fällt es Ihnen schwer, sich um Details zu kümmern, neue Fertigkeiten zu lernen, Pläne einzuhalten, sich um Materialien zu kümmern oder Teamarbeit zu entwickeln? Haben Sie das Gefühl, einen bestimmten Punkt nicht anschauen zu wollen, so ist das ein guter Hinweis, daß Sie sich mit diesem Thema beschäftigen sollten.

Übung J Zeitstrukturen einhalten

A Immer wenn Sie Zeitstrukturen setzen, sollten Sie auch von sich fordern, den geplanten Rhythmus einzuhalten. Versuchen Sie eine Woche lang, Ihre Zeit straff zu planen, um bestimmte Ziele zu erreichen. Beobachten Sie sich dabei sorgfältig und genau. Wann halten Sie die Disziplin ein? Wann scheitern Sie? Wie können Sie Ihre Fähigkeit verbessern, das Ziel im Auge zu behalten? Fühlen Sie sich unter Druck, wenn Sie sich an die Struktur halten? Wenn ja: Können Sie die geistigen Muster aufspüren, die diese Reaktion auslösen?

B Stellen Sie einen Wochenplan auf, und legen Sie für verschiedene Aufgaben und Projekte bestimmte Zeitspannen fest. Ordnen Sie die Aufgaben in Gruppen an, so daß der jedem Arbeitstyp gemäße Rhythmus beibehalten wird. Beobachten Sie sich dabei über mehrere Wochen. Wie gut gelingt es Ihnen, bei dieser Struktur zu bleiben? Beschäftigen Sie sich nicht mit den Fehlern, die Ihnen dabei unterlaufen, sondern lassen Sie das Feedback aus positiven Ergebnissen Ihre weiteren Bemühungen unterstützen.

Übung K Aufgaben bündeln

Versuchen Sie verschiedene kleine Aufgaben zu bündeln, so daß Sie sie alle nacheinander in einer bestimmten Zeitspanne erledigen können. Üben Sie sich darin, verschiedene Ziele gleichzeitig im Auge zu behalten. Kann ein Bericht, ein Material oder eine Reise mehrfach verwendet werden, so daß Sie Zeit und Geld sparen?

Übung L Aufgaben beenden

Machen Sie es sich zur Regel, keine Reste unerledigter Arbeit zu hinterlassen, damit der Geist unbelastet bleibt, bereit, sorgfältig zu denken und zu handeln.

A „Einfach beginnen". Siehe Übung 8, Seite 37.

B Bemühen Sie sich darum, sich täglich eine halbe Stunde Zeit für kleine Aufgaben zu nehmen. Beschließen Sie, in dieser Zeit so viel wie möglich zu erledigen. Hören Sie tatsächlich nach dieser halben Stunde auf. Was können Sie beobachten?

C Gewöhnen Sie sich daran, wenn eine Aufgabe nicht vollständig beendet werden kann, alles so zu ordnen, daß Sie leicht wieder zu ihr zurückkehren können.

Übung M Loslassen

Einigen Menschen fällt es schwer, eine Aufgabe oder ein Projekt loszulassen: sie kehren immer wieder zurück und versuchen das fertige Produkt zu verbessern. Wenn Sie das auch tun, können Sie üben, dieses Muster zu durchbrechen. Wenn etwas beendet ist, lassen Sie es beendet sein. Was können Sie beobachten?

Krisenmanagement

Bei jeder Arbeit und in jedem Unternehmen können wir außerordentlich frustrierende Zeiten erleben, in denen es den Anschein hat, als würden alle unsere Ressourcen nicht ausreichen: unsere Belegschaft ist zu klein, das leitende Personal reagiert emotional, ist unzufrieden und hat nur wenig Energie, das Geld reicht nicht aus, Termine können nicht eingehalten werden, uns stehen nicht die geeigneten Materialien oder Werkzeuge zur Verfügung, unerwartete Notsituationen tauchen auf.

In solchen Zeiten können wir sehr aufgeregt werden. Wird der Konflikt in Körper und Geist intensiver, geraten wir in Panik, werden von dem Gedanken verfolgt, Fehler zu machen, oder bekommen Wutanfälle, in denen wir uns oder anderen unsere Probleme vorwerfen. Weil wir mit anderen nicht offen sprechen können, schaffen wir uns möglicherweise Feinde, ohne zu verstehen, wie es dazu kam. Unsere Intelligenz scheint uns zu verlassen: unsere Perspektive verengt sich auf Selbstmitleid, Verfolgungswahn oder Wut. Wir halten uns für inkompetent und neurotisch oder geben alle Hoffnung auf und fühlen uns als Opfer. Weil wir in negativen Gedanken und Bildern verfangen sind, fördern wir offenbar geradezu die Negativität. Unsere Energie ist starr und eingeschränkt, die Emotionen geben den Ton an, und wir verlieren die Kontrolle über unser Leben. So können ganze Tage wie im Nebel verstreichen.

In solchen Zeiten ist es besonders wichtig, unsere Anstrengungen zu verstärken, um uns von Emotionalität zu befreien und eine umfassendere Bewußtheit zu entwickeln. Die folgenden Übungen können uns dabei unterstützen. Sie zielen darauf ab, die Bauch-Energie anzuregen, Negativität aufzulösen, das Herz zu öffnen und den Fluß der Energie durch alle Körperzentren zu fördern. Übung P löst auch Emotionalität auf und regt eine leichte Bewußtheit an.

Übung N Die kraftvolle Energie der Selbstheilung anregen

A Setzen Sie sich ruhig hin, und entspannen Sie den Körper. Konzentrieren Sie sich auf den Bauch, atmen Sie vollständig aus, und entspannen Sie den Unterleib. Atmen Sie nun wieder ein, halten Sie den Atem im Bauch, und spannen Sie gleichzeitig den Unterleib ein wenig an. Halten Sie den Atem weiter an, und energetisieren Sie den Bauch, so daß dort Wärme entsteht. Lassen Sie das Gefühl für den Bauch größer werden, und entspannen Sie sich in die dabei entstehenden Empfindungen hinein. Spüren Sie die Energie. Lassen Sie den Körper einfühlsam und entspannt sein, so weich und leicht wie Milch, die sich mit Wasser mischt. Halten Sie dies bis an die Grenze des Unwohlseins oder noch ein wenig länger, und lassen Sie dann sehr langsam los. Sitzen Sie ein paar Minuten ruhig, ehe Sie die Übung wiederholen. Üben Sie so insgesamt drei- oder neunmal.

Lassen Sie nach jeder Wiederholung, wenn Sie still sitzen, die vom Bauch aufsteigende innere Wärme Ihre Kontemplation tragen. Verteilen Sie diese Empfindung über den ganzen Körper: in die Zellen, die Gewebe, die Organe und Muskeln, in das Innere der Gesichts- und Nackenmuskulatur, in Rücken, Brust, Arme, Hände und Finger, in Beine und Füße. Sogar Gedanken und Bilder können in warmen, freundlichen, ruhigen und entspannenden Empfindungen gebadet werden. Lassen Sie diese innere Massage der Empfindung durch Ihren gesamten Körper kreisen, und öffnen Sie sich der fließenden Bewegung von Wärme und Energie. Erinnern Sie sich tagsüber an diese wärmende Empfindung und die damit verbundene Freude.

B Diese Übung läßt sich weiterführen, indem Sie sich leicht auf Ihr Herz konzentrieren und spüren, wie das im Bauch entstandene Gefühl innerer Wärme das Herz durch Liebe und Freude entspannt und heilt. Lassen Sie alle Versager- oder Schuldgefühle los. Stärken Sie Ihre Bewußtheit, und geben Sie der völlig verkörperten Energie der Wertschätzung alles Positiven Raum. Gestatten Sie sich, Ihre natürliche Intelligenz und Fürsorge, Ihre Stärken und Fähigkeiten und den Wert Ihrer Arbeit zu schätzen.

C Wiederholen Sie bei Bedarf Teil A und B dieser Übung täglich morgens und abends mindestens zwanzig Minuten lang. Werden Sie nach drei Wochen immer noch von Negativität bedrängt, so üben Sie vorher jedesmal ein paar Minuten lang Kopfkreisen, Beinedehnen und Bauchkreisen (siehe Übung 26 in: „Selbstheilung durch Entspannung“) sowie das Dehnen der Körperseiten (siehe Übung 21 im gleichen Buch). Sitzen Sie anschließend ungefähr fünf Minuten lang ruhig, und genießen Sie die Gefühle und Empfindungen, ehe Sie die hier beschriebenen Übungen ausführen.

Übung O Die Energie des Bauches anregen

Immer wenn Sie bei Ihrer Arbeit merken, daß in Ihnen Fluchtgedanken, Entschuldigungen und Zögern auftauchen, konzentrieren Sie sich auf die Energie im Bauch statt auf die Worte und Bilder im Kopf. Fällt Ihnen diese Verlagerung der Konzentration schwer, so vergegenwärtigen Sie sich die Ziele, für die Sie arbeiten, und lassen Sie diese Motive zu Empfindungen im Herzen werden. Entspannen Sie den Bauch, und verbinden Sie den Bauch mit den Empfindungen im Herzen.

Übung P Ein Strahlenkranz leuchtender Wärme

Sie können tagsüber positive Gedanken und Bilder unterstützen, indem Sie ein leuchtendes Empfinden in Ihren Kopf fließen lassen. Wenn es Ihnen möglich ist, setzen Sie sich mit geschlossenen Augen ruhig hin, und stellen Sie sich vor, daß – von oben kommend – Licht in Ihre Stirn strömt und von dort nach außen und unten, nach rechts und links und nach vorne und hinten fließt. Es bildet einen Strahlenkranz, der den ganzen Körper umhüllt. Überlassen Sie sich diesem warmen, leuchtenden Feld.

Dieses Feld der Wärme und des Lichtes kann wie ein Raum sein, der den Körper umgibt. Er kann sich sogar bis in den Körper hinein ausdehnen, bis in jede Zelle. Das löst ein Empfinden aus, frei von Spannungen zu sein und Verwicklungen völlig loslassen zu können. Unsere Lebensqualität wird hell, einfach und offen, ist voll und reichhaltig, ein sehr angenehmes und einladendes Gefühl. Bringen Sie diese Qualität in Ihre tägliche Arbeit ein. Sie können diese Übung weiterentwickeln und vertiefen, indem Sie abends inmitten dieses Strahlenkranzes einschlafen.

Übung Q Kopf und Bauch verbinden

Tauchen während des Tages Probleme auf, braucht die Bewußtheit des Kopfes die Unterstützung der starken, konzentrierten Energie des Bauches. Sie können die beiden Zentren miteinander verbinden, indem Sie die Kehle weit öffnen, den unteren Bereich des Nackens entspannen und den Atem sanft und weich fließen lassen. Entspannen Sie den Bauch, und atmen Sie leicht, aber tief, bis in den Unterleib. Üben Sie so etwa eine Minute lang, und kehren Sie dann zur Arbeit zurück.

Gute Geschäftspraktiken

Die folgenden Anregungen wenden sich an Menschen, die noch keine Erfahrung im Geschäftsleben haben, sowie an neu gegründete gemeinnützige Organisationen mit freiwilligen Helfern. Wir haben mit ihnen sehr gute Erfahrungen gemacht und hoffen, sie können dazu beitragen, teure Fehler oder Verluste an Zeit und Einsatz zu vermeiden.

Aufzeichnungen und Arbeitsanleitungen Eine klare und disziplinierte Haltung drückt sich in vollständig und übersichtlich geführten Ablagen aus – vor allem über die Finanzen – und in detaillierten schriftlichen Beschreibungen jeder Tätigkeit und aller Abläufe in Ihrem Geschäft. Checklisten und Gebrauchsanweisungen, wie die verschiedenen Aufgaben auszuführen und Maschinen zu betreiben und zu warten sind, fördern den Austausch von Information und tragen dazu bei, eine hohe Arbeitsqualität zu bewahren. Werden diese Aufgaben dann vernachlässigt, können die Verantwortlichen daran erinnert werden, ohne ihnen Schuld oder Gründe für Ausreden zu geben.

Den genauen Gewinn ermitteln Jedem Geschäftsmann ist sehr bewußt, daß die Kenntnis der genauen Gewinnspanne eines Projekts oder eines Unternehmens ein präzises Bild des Geschehens vermittelt. Bleibt unter dem Strich nur wenig übrig, ist es an der Zeit, grundsätzliche Fragen zu stellen. Was hat beispielsweise Ihr Geschäft im Vergleich zur Konkurrenz anzubieten? Ist es Qualität, ein guter Kundendienst, schnelle Ausführung der

Arbeit, spezielle Kenntnisse? Wie können die Gewinne gesteigert werden?

Die Ressourcen schützen Indem Sie Ihre Ressourcen schützen und bei unerwarteten Ereignisse die Übersicht bewahren, stellen Sie sicher, Ihre Ziele erreichen zu können. Gute Entscheidungen in Ihrem Geschäft setzen die Ressourcen der Organisation – Geld, Fahrzeuge, Werkzeuge oder Materialien – nicht unnötig aufs Spiel. Geld, das ohne vorherige Planung für außergewöhnliche Zwecke ausgegeben wird, muß unverzüglich verantwortungsvoll notiert werden.

Alternativen ermitteln Alternativen zu ermitteln kann Kosten senken, die Optionen vermehren und ganz neue Möglichkeiten eröffnen. Alternativen umfassen verschiedene Lieferanten, neue Finanzplanungen, unterschiedliche Materialien und andere Zeitplanungen sowie neue Methoden, die Arbeit zu organisieren. Nehmen Sie sich die Zeit, für jede Aufgabe mehrere Pläne zu entwickeln. Achten Sie gleichzeitig darauf, daß Sie mit dieser Planungsarbeit nicht Inaktivität entschuldigen.

Mit Geld umgehen Geringfügige Ausgaben, etwa bis 20 DM, werden oft ignoriert oder als selbstverständlich hingenommen. Im Laufe der Zeit können sie sich aber zu Tausenden von Mark addieren. Vergeudet Ihr Projekt täglich lediglich 5 DM, sind das über 1.000 DM im Jahr. Sie können ein besseres Verständnis für Geld als Ressource entwickeln, indem Sie Ihren persönlichen Ausgaben besondere Aufmerksamkeit schenken. Achten Sie bei kleinen Ausgaben darauf, ob Sie lässig denken: „Das ist egal", „Ach, warum denn nicht?", „Das macht sowieso keinen Unterschied." Was geschieht, wenn Sie auch der kleinsten Ausgabe mehr Aufmerksamkeit schenken?

Legale Folgen Informieren Sie sich rechtzeitig über die gesetzlichen Erfordernisse, denn das vermeidet teure Fehler. Viele Menschen beschäftigen sich nur ungern mit Rechtsfragen, was rechtliche Angelegenheiten zu einem der wichtigsten Punkte für Mißverständnisse, unzureichende Kommunikation, mangelhafte Vorsichtsmaßnahmen oder ungenügende Beachtung von Einzelheiten werden läßt. Eine klare und rechtzeitige Kommunikation über mögliche rechtliche Probleme mit dem zuständigen Mitarbeiter innerhalb der Organisation oder mit Rechtsberatern ist von entscheidender Bedeutung, um die Organisation vor möglichen Schäden zu bewahren.

Sicherheit und Qualität prüfen Spezielle Arbeitsgruppen oder Einheiten zur Überwachung von Qualität, Sicherheit, Produktivität und Organisationsstrukturen können Strukturen überwinden, die im Laufe der Zeit häufig inflexibel werden. Klare Abläufe der Entscheidungsfindung und ihrer Umsetzung tragen dazu bei, das Wissen der Arbeitsgruppen in die Tat umzusetzen.

Finanzielle Reserven schaffen Jedes Unternehmen braucht ein finanzielles Polster als Sicherheit bei Problemen, Fehlern, Zeitverlust, vergeblichem Aufwand, schlechten Investitionen und unkontrollierbaren Umständen. Eine Faustregel besagt: Ein seit einem Jahr bestehendes Unternehmen sollte über genügend Geldreserven verfügen, um auch ohne Einnahmen die laufenden Geschäfte einen Monat lang fortführen zu können. Ein seit zwei Jahren bestehendes Unternehmen sollte über genügend Reserven für zwei Monate verfügen, und so weiter.

Wissen mit anderen teilen Manager können in Zusammenarbeit mit jeder einzelnen Abteilung oder Arbeitseinheit festlegen, welche Informationen frei zugänglich sein sollen. Kennen beispielsweise alle die Kosten eines Projekts, führt das zu einem größeren Verantwortungsbewußtsein. Wieviel kostet ein Projekt an Zeit, Energie, Arbeitskraft, Geld und Inventar? Was kostet es genau, jeden Morgen die Tore des Geschäfts zu öffnen, einschließlich der Betriebsunkosten? Was kostet das Unternehmen jede Stunde, die vergeht? Was kosten die immer wieder benötigten Materialien? Welche Schulden und Verpflichtungen muß das Unternehmen bewältigen?

Stehen Ihnen diese Informationen nicht zur Verfügung, können Sie danach fragen. Bereiten Sie sich darauf vor, erklären zu können, warum es sinnvoll ist, diese Informationen allen zugänglich zu machen. Wieviel Geld wird täglich für Ihren Arbeitsplatz ausgegeben? Wieviel Geld geht verloren, wenn ein Fehler gemacht wird? Für die verschiedenen Projekte können interessante Kalkulationen aufgestellt werden, die jedem sehr deutlich vor Augen führen, welchen Wert die eingesetzten Materialien und Dienstleistungen haben.

Auch das allgemeine Wissen um die terminlichen Verpflichtungen fördert eine gute Zusammenarbeit im Team. Jeder Koordinator eines Projekts kann monatliche, wöchentliche und tägliche Zeitpläne entwickeln und sie den anderen im Team zugänglich machen. Sind solche Zeitpläne nicht vorhanden, bitten Sie darum, damit Sie mehr Verantwortungsbewußtsein entwickeln können.

Den Qualitätsstandard kennen Bei der Entwicklung einer Organisation muß die Führungsebene wissen, welche Qualitäten in jeder einzelnen Position verlangt werden. Auch diejenigen, die diese Position einnehmen, müssen wissen, welche Anforderungen an sie gestellt werden. Für jede Arbeit können Beschreibungen der jeweils geforderten Qualität aufgestellt werden. Machen Sie sich bewußt, daß es hier vor allem um die Qualitäten geht, die durch die Arbeit entwickelt werden können.

Ein leitender Angestellter oder Projektleiter muß beispielsweise ganz bestimmte Qualitäten besitzen: Klarheit und Auffassungsgabe, die Fähigkeit, Dinge im Auge zu behalten und Details nicht zu vergessen, andere und sich selbst rechtzeitig zu erinnern, das Einfühlungsvermögen, um andere zutreffend beurteilen zu können, die Fähigkeit zur Kommunikation und Kontrolle über die Stimme, Informationen korrekt weitergeben können, ein klares Verständnis der gesamten Situation, Loyalität gegenüber der

Organisation und die Fähigkeit, bestimmte Dinge für sich behalten zu können.

Ein Finanzplaner muß wissen, wann eine Ausgabe zu machen ist und wann nicht. Er muß in der Lage sein, Entscheidungen anderer zu überprüfen und eine Sicht der Dinge gegen ein andere abzuwägen. Er muß angesichts ständiger Anträge für immer größere Ausgaben mit einem kleinen Budget auskommen können. Er muß dafür sorgen, daß finanzielle Investitionen nur bei Aussicht auf sicheren Erfolg und guten Gewinn riskiert werden. Er sollte etwas von Zahlen und Psychologie und den Bezügen zwischen beiden verstehen. Er sollte etwas über richtige zeitliche Einteilungen wissen, zum Beispiel die Zeitspanne für Umsatz, die richtige Zeit für Anschaffungen und das Verhältnis von Inventar und Geldfluß.

Zehn Fragen zur Reflektion

Was ist ein guter Grund?
Was ist Gewinn?
Was ist der wirkliche Gewinn?
Was ist eine Investition?
Was ist Wert?
Was ist lohnenswert?
Was hält lange?
Was ist ein Geschäft?
Was bedeutet Redlichkeit im Geschäftsleben?
Wie kann der Nutzen an andere weitergegeben werden?

Register

Weitere Bücher
von Dharma Publishing Deutschland

TARTHANG TULKU:
Dynamik von Zeit und Raum
Dieses Buch enthüllt Raum als die Quelle von Erscheinung und bietet die Dynamik von Zeit an als die verborgene Quelle von Bedeutung. Durch sorgfältige Analyse, furchtlose Spekulation und schöpferische Imagination können wir unsere natürliche Affinität zu Wissen erwecken. 25 Übungen transformieren Denk- und Verständnisweisen. Das Buch ist Teil der „Raum, Zeit und Erkenntns"-Vision.
Münster 1999, 388 Seiten, DM 54,00

TARTHANG TULKU:
Befreiendes Wissen – Zeit zur Veränderung
Eine Vision menschlicher Freiheit und eine herausfordernde Reise in unsere Bewußtheit, die die in uns liegenden unbegrenzten Fähigkeiten zu Wissen wachruft. ›Ein meisterhaftes Buch der Synthese von Herz und Verstand‹. (Prof. Michael von Brück)
Münster 1992, 390 Seiten, DM 39,80

TARTHANG TULKU:
Geschicktes Wirken – Arbeit erfolgreich meistern
Erfolgreiches Arbeiten bringt unsere Fähigkeiten und unsere Intelligenz zur Entfaltung. Über achtzig Übungen, die uns bei der Arbeit begleiten, zeigen auf, wie wir mit Freude, Enthusiasmus und tiefer Befriedigung arbeiten können. Arbeit wird zu einem Weg der Verwirklichung und Transformation.
Münster 1994, 268 Seiten, DM 32,80

TARTHANG TULKU:
Wege zum Gleichgewicht
Das Buch beschreibt, wie wir gerade in unserer heutigen schnellebigen Zeit zu innerer Ruhe, Klarheit und individuellem Glücklichsein finden können. In einer warmen offenen Sprache, teilweise in Dialogform,

führt dieses Buch in das tiefgründige Wissen der tibetisch-buddhistischen Nyingma-Tradition ein. Wir lernen, Bewußtheit zu entwickeln, schöpferisch mit Gedanken und Emotionen umzugehen und unsere geistigen, emotionalen und physischen Energien auszugleichen. Es öffnet uns den Weg zu einer ausgeglichenen Seinsweise, die in jedem Augenblick verfügbar ist.
Münster 1997, 196 Seiten, DM 29,00

TARTHANG TULKU:
Offene Bewußtheit
Meditation zeigt sich als ein Weg, unser Bewußtsein dem Reichtum der Erfahrung zu öffnen. Ein praktischer Zugang, um Bewußtheit zu entwickeln, die Grenzen unseres Selbstbildes zu überwinden, Konzentration zu stärken und unsere Lebensweise heilsam zu gestalten.
Münster 1992, 194 Seiten, DM 25,90

TARTHANG TULKU (Hrsg.):
Die Drei Juwelen – Buddha, Dharma und Sangha
In einer klar verständlichen Sprache werden wir in die Bedeutung von Buddha, Dharma und Sangha eingeführt. Das Buch stellt die grundlegenden buddhistischen Lehren vor und gibt einen Überblick, welche Ausprägung der Dharma in unterschiedlichen Kulturen und zu verschiedenen Zeiten angenommen hat.
Münster 1996, 257 Seiten, DM 45,80

TARTHANG TULKU (Hrsg.):
Schritte auf dem Diamantweg
„Schritte auf dem Diamantweg" ist eine exzellente Einführung in den Vajrayana Buddhismus anhand von drei Schwerpunkten: Übertragungslinie, traditionelle Lehren und Lehren für den Westen. Die Übersetzungen von alten Meistern wie Paltrul Rinpoche, Longchenpa und anderen sowie die Artikel von Tarthang Tulku Rinpoche illustrieren die Relevanz dieser alterhrwüdigen Lehren für unsere heutige Zeit. In einer einfachen und ansprechenden, auf wissenschaftliche Terminologie bewußt verzichtenden Sprache verfaßt, ist dieses Buch besonders gut geeignet, dem westlichen Menschen buddhistisches Gedankengut näher zu bringen.
Münster 2000, 251 Seiten, DM 45,80

PADMASAMBHAVA:
Die Legende vom großen Stupa
Die legendäre Entstehungsgeschichte des großen Stupa bei Kathmandu in Nepal handelt von Inkarnation, Hingabe, Niedergang und Neubeginn. Eine Terma-Schrift von Padmasambhava an Yeshe Tsogyal.
Münster 1993, 75 Seiten, DM 22,00

LAMA GOVINDA:
Einsichten eines Pilgers im Himalaya
Aufsätze über Buddhismus, Kunst und Dimensionen der Spiritualität, die Lama Govinda im hohen Alter schrieb; u.a. Pilger und Klöster im Himalaya, Buddhistische Kunst und Architektur, Die Acht Formen von Guru Padmasambhava, Die Bedeutung von Mantras im Vajrayana.
Münster 1993, 195 Seiten, DM 25,90

Demnächst erscheint:

TARTHANG TULKU:
Innere Kunst der Arbeit – Ein sanfter Weg zum Erfolg
In der Arbeit können wir die Zufriedenheit und Erfüllung finden, die das Leben wirklich lebenswert machen. Doch heutzutage hat Arbeit für die meisten ihre inspirierende Kraft verloren. Das Buch zeigt auf, wie wir die Freude am Arbeiten wiedergewinnen und uns den Reichtum unseres inneren Seins in allen unseren Handlungen erschließen können. Jede Erfahrung wird zu einer Herausforderung, die uns einlädt, gemäß unserem ganzen menschlichen Potential zu leben und zu arbeiten.

Reihe: Jataka Geschichten für Kinder erzählt

Die Jataka Geschichten haben ihren Ursprung in jahrtausendealten Erzählungen Asiens. Als Tierfabeln zeigen sie, wie die Kraft von Mitgefühl und Weisheit jede Situation verändern kann. Für Kinder von 3 - 8 Jahren. Mit Seiten zum Ausmalen. Bisher sind erschienen:

Das kleine Kaninchen und die Angst
Die Angst eines Kaninchens bringt viele Tiere in Gefahr. Ein weißer Löwe rettet die Tiere.
26 Seiten, broschiert, DM 18,50

Gute Freunde sind viel wert
Eine Falkenfamilie lernt den Wert der Freundschaft kennen.
28 Seiten, broschiert, DM 18,50

Der Papagei und der Feigenbaum
Ein Papagei wird in seiner Treue zu einem Feigenbaum auf die Probe gestellt.
28 Seiten, broschiert DM 18,50, gebunden DM 28,50

Dharma Publishing Deutschland
Wilhelmstraße 28 · D-48149 Münster
Telefon: 0251-296247 · Telefax: 0251-272710
e-mail: NyingmaD@aol.com